# 경제 금융 약어 사전

**경제 금융 약어 사전**

**발행일** 2024년 10월 31일
**지은이** 서승종

**발행처** 인디펍
**발행인** 민승원
**출판등록** 2019년 01월 28일 제2019-8호
**전자우편** cs@indiepub.kr
**대표전화** +82-70-8848-8004
**팩스** +82-303-3444-7982

정가 30,000원
© 서승종
ISBN 979-11-6756-619-5 (13320)

이 책은 저작권법에 따라 보호받는 저작물이므로 무단 전재와 복제를 금합니다.

# 경제 금융 약어 사전

## 프롤로그

경제는 우리의 삶 그 자체다. 경제는 단순히 경제학 전공자나 금융업 종사자들만의 것이 아니라, 우리가 모두 이해하고 적용해야 하는 분야다. 일상에서 우리가 구매하는 물건의 가격, 주거비, 저축, 그리고 소비 패턴까지 경제와 밀접하게 연결된다. 경제에 대한 기본적인 이해가 있어야 우리는 변화하는 사회와 시장 상황에 능동적으로 대처할 수 있다. 따라서 경제는 특정 전문가들만의 영역이 아니라 모든 사람이 알아야 할 중요한 지식이며, 이를 통해 더 나은 삶을 만들어 갈 수 있다고 믿는다. 그렇기에 건설 엔지니어이지만 경제와 관련된 용어를 정리하고 싶었다. 물론 나는 경제학을 전공하거나 관련 실무를 수행하지는 않았다. 학술적으로나 실무적으로 나보다 뛰어난 사람이 많다. 비전공자가 어떻게 사전을 발간할 수 있느냐는 질문이 있을 수 있기에 답한다. 나는 다만 정보들을 정리하여 기록을 남기고 싶었을 뿐이다. 기록 관리 전문가이자 정보 관리자인 'Archivist'가 되고 싶었다.

소통은 말과 글을 통해서 이루어진다. 전문적인 정보들을 주고받을 때는 영어 약어를 사용함으로써 더욱 효율적으로 소통할 수 있을 것이다. 경험과 지식이 풍부한 사람은 웬만한 약어를 접할 때, 그것이 무엇을 의미하는지 이해할 수 있을 것이다. 그렇지만 그 약어가 무엇을 의미하는 것인지 알지 못하는 이에게는 암호에 불과할 것이다. 약어의 정의에 대한 공통된 이해가 선행되어야 의사소통도 효율적으로 진행될 수 있는 것이다.

이 사전에서는 해당 약어가 어떠한 의미를 지니고 있는지 쉽게 이해할 수 있게 개념만 정리하였다. 약어를 체계적으로 정리하고 간략한 해설만 수록하였다. 이 사전을 통해 약어들에 대한 개념만 이해하고, 상세한 의미와 전문 지식을 파악하는 것은 독자의 몫으로 남겨 놓는다. 또한 이 사전을 통해 처음 접하게 되는 약어도 있을 것이므로, 새로운 지식을 습득하는 계기가 될 수 있을 것이다.

1장에는 경제 금융과 관련된 영어 약어들이, 2장에는 경영 관리에 필요한 일반적인 약어들이 포함되어 있다. 3장에는 내가 평소 관심을 두고 있는 무역과 관련된 약어들을 정리했다.

아는 만큼 경험한 만큼 의도한 만큼, 알아듣고 읽고 말하고 쓸 수 있다는 것이 나의 평소 지론이다. 이 사전을 읽는 이들이 경제 금융에 대해서 조금이라도 더 알게 되고 간접적으로나마 경험할 수 있었으면 한다.

어느 해보다 무더웠던 여름이 지나갔다. 가을이다 싶더니 겨울이 코앞이다. 아직은 가을이고 싶다. 낙엽이 지기 전에 책을 완성할 수 있어서 기쁘다. 연로하신 부모님, 사랑하는 아내와 세 아이들, 오늘의 내가 있게 은혜를 베풀어 준 모든 이들에게 고마움을 전하고 싶다. 글을 쓸 수 있어서 행복했다. 글을 계속 쓸 생각에 가슴이 설렌다.

2024년 10월
서승종

## 목차

1장   경제 금융           7

2장   경영 일반           171

3장   무역 영어           213


영문 색인                 279

한글 색인                 309

# 1장 경제 금융

| | |
|---|---|
| AB (Accommodation Bill) | 25 |
| ABL (Asset Backed Loan) | 25 |
| ABS (Asset Backed Securities) | 25 |
| ADS (Alternative Depreciation System) | 26 |
| ALM (Asset Liability Management) | 26 |
| AML (Anti-Money Laundering) | 27 |
| AR (Annual Report) | 27 |
| AS (Adverse Selection) | 28 |
| ASF (Available Stable Funding) | 28 |
| BA (Banker's Acceptance) | 29 |
| BC (Block Chain) | 29 |
| BCR (Benefit Cost Ratio) | 30 |
| BE (Bandwagon Effect) | 30 |
| BE (Base Effect) | 30 |
| BEP (Break Even Point) | 31 |
| BIS (Bank for International Settlements) | 31 |
| BMS (Budgetary Management System) | 32 |
| BOP (Balance of Payments) | 32 |

| | |
|---|---|
| BPS (Book-value per Share) | 33 |
| BR (Bank Run) | 33 |
| BS (Balance Sheet) | 34 |
| BW (Bond with Warrant) | 34 |
| CAPEX (Capital Expenditure) | 35 |
| CB (Circuit Breaker) | 35 |
| CB (Commercial Bank) | 36 |
| CB (Commercial Bill) | 37 |
| CB (Convertible Bond) | 37 |
| CB (Covered Bond) | 37 |
| CBO (Collateralized Bond Obligation) | 38 |
| CC (Credit Creation) | 38 |
| CC (Credit Crunch) | 39 |
| CCB (Contingent Convertible Bond) | 39 |
| CCF (Credit Conversion Factor) | 40 |
| CCP (Central Counter Party) | 41 |
| CCSI (Composite Consumer Sentiment Index) | 41 |
| CD (Certificate of Deposit) | 42 |

| | |
|---|---|
| CD (Countervailing Duties) | 42 |
| CD (Credit Derivative) | 43 |
| CDO (Collateralized Debt Obligation) | 44 |
| CEA (Credit Equivalent Amount) | 44 |
| CET1 (Common Equity Tier 1) | 45 |
| CF (Crowd Funding) | 45 |
| CFC (Common Fund for Commodities) | 46 |
| CFS (Cash Flow Statement) | 46 |
| CI (Composite Indexes of Business Indicators) | 47 |
| CIA (Certified Internal Auditor) | 48 |
| CL (Credit Leverage) | 48 |
| CLN (Credit Linked Notes) | 48 |
| CLO (Collateralized Loan Obligation) | 49 |
| CM (Capital Market) | 50 |
| CMA (Cash Management Account) | 50 |
| CMO (Collateralized Mortgage Obligation) | 50 |
| CMS (Cash Management Service) | 51 |
| CMS (Credit Management System) | 52 |

| | |
|---|---|
| CO (Call Option) | 52 |
| COFIX (Cost of Funds Index) | 53 |
| COGS (Cost of Goods Sold) | 54 |
| CP (Capital Productivity) | 54 |
| CP (Commercial Paper) | 55 |
| CP (Contractionary Policy) | 56 |
| CPA (Certified Public Accountant) | 56 |
| CPI (Consumer Price Index) | 57 |
| CPI (Cost-Push Inflation) | 57 |
| CR (Capitalization Rate) | 58 |
| CRAs (Credit Ratings Agencies) | 59 |
| CS (Credit Spread) | 59 |
| CSD (Central Securities Depository) | 60 |
| CSI (Consumer Survey Index) | 60 |
| CSS (Credit Scoring System) | 61 |
| CWM (Chain Weighted Method) | 61 |
| D&A (Depreciation and Amortization) | 62 |
| DCB (Dual Currency Bond) | 63 |

| | |
|---|---|
| DDM (Dividend Discount Model) | 63 |
| DE (Demonstration Effect) | 64 |
| DF (Direct Financing) | 64 |
| DLT (Distributed Ledger Technology) | 65 |
| DPI (Demand-Pull Inflation) | 66 |
| DPI (Disposable Personal Income) | 66 |
| DPL (Deposit Placement Line) | 67 |
| DR (Depositary Receipts) | 67 |
| DSCR (Debt Service Coverage Ratio) | 68 |
| DSR (Debt Service Ratio) | 68 |
| DTI (Debt to Income Ratio) | 69 |
| DVP (Delivery versus Payment) | 69 |
| EAD (Exposure at Default) | 70 |
| EB (Exchangeable Bond) | 70 |
| EBITDA (Earnings Before Interest, Tax, Depreciation, and Amortization) | 71 |
| ED (External Debt) | 72 |
| EEF (Exchange Equalization Fund) | 72 |
| EITC (Earned Income Tax Credit) | 73 |

| | |
|---|---|
| ELD (Equity Linked Deposit) | 73 |
| ELF (Equity Linked Fund) | 74 |
| ELS (Equity Linked Security) | 74 |
| EM (Electronic Money) | 75 |
| EMBI (Emerging Market Bond Index) | 76 |
| EMV (Expected Monetary Value) | 76 |
| EOS (Economy of Scope) | 77 |
| EPS (Earnings per Share) | 77 |
| ESI (Export Similarity Index) | 78 |
| ETF (Exchange Traded Fund) | 78 |
| EURIBOR (Euro Interbank Offered Rate) | 79 |
| EVA (Economic Value Added) | 79 |
| FC (Factor Cost) | 80 |
| FC (Forward Contracts) | 80 |
| FD (Final Demand) | 81 |
| FD (Financial Derivatives) | 81 |
| FE (Fountain Effect) | 82 |

FOP (Free of Payment) ............................................. 83

FRN (Floating Rate Note) .......................................... 83

FRS (Fractional Reserve System) ................................ 84

FT (Futures Transactions) ......................................... 84

FV (Face Value) ....................................................... 85

FWM (Fixed Weighted Method) ................................. 86

FX (Foreign Exchange) ............................................. 86

GAAP (Generally Accepted Accounting Principles) ...... 86

GDI (Gross Domestic Investment Ratio) ..................... 87

GDP (Gross Domestic Product) ................................. 87

GDR (Global Depositary Receipts) ............................. 88

GDS (General Depreciation System) .......................... 89

GFCF (Gross Fixed Capital Formation) ....................... 89

GL (General Ledger) ................................................ 90

GL (Gross Loss) ....................................................... 90

GMA (Geometric Moving Average) ............................. 90

GNI (Gross National Income) .................................... 91

| | |
|---|---:|
| GP (General Provisions) | 91 |
| GP (Gross Profit) | 92 |
| GVA (Gross Value Added) | 92 |
| GVC (Global Value Chain) | 93 |
| HDI (Household Disposable Income) | 93 |
| HE (Hidden Economy) | 94 |
| HHI (Herfindahl-Hirschman Index) | 94 |
| HSS (Hybrid Settlement System) | 94 |
| IB (Investment Bank) | 95 |
| IC (Intermediate Consumption) | 95 |
| ICO (Initial Coin Offering) | 96 |
| IF (Indirect Financing) | 96 |
| IFRS (International Financing Reporting Standards) | 97 |
| ILG (Income-Led Growth) | 97 |
| IOT (Input-Output Tables) | 98 |
| IRR (Internal Rate of Return) | 98 |
| IRS (Interest Rate Swaps) | 99 |

| | |
|---|---|
| IT (Impossible Trinity, Impossible Trilemma) | 100 |
| JB (Junk Bond) | 100 |
| KIKO (Knock-In Knock-Out) | 101 |
| KYC (Know Your Customer) | 102 |
| LBO (Leveraged Buy Out) | 102 |
| LCR (Liquidity Coverage Ratio) | 103 |
| LDR (Law of Diminishing Returns) | 103 |
| LE (Leverage Effect) | 104 |
| LGD (Loss Given Default) | 104 |
| LT (Liquidity Trap) | 105 |
| LTV (Loan to Value Ratio) | 105 |
| MACRS (Modified Accelerated Cost Recovery System) | 106 |
| MBS (Mortgage Backed Securities) | 107 |
| MMF (Money Market Fund) | 108 |
| MOS (Margin of Safety) | 108 |
| MPB (Monetary Policy Board) | 109 |
| MTM (Mark to Market) | 110 |

MVA (Market Value Added) 111

NCD (Negotiable Certificate of Deposit) 111

NDC (Net Debit Caps) 112

NDF (Non-Deliverable Forward) 112

NDI (National Disposable Income) 113

NEER (Nominal Effective Exchange Rate) 113

NGDP (Nominal Gross Domestic Product) 114

NGT (New Growth Theory) 114

NI (Net Income) 115

NI (Nominal Income) 116

NIM (Net Interest Margin) 116

NL (Net Loss) 117

NM (Natural Monopoly) 117

NNI (Net National Income) 118

NOC (No Occupancy Cost) 119

NOE (Non-Observed Economy) 120

NOI (Net Operating Income) 121

| | |
|---|---|
| NP (Notional Principal) | 121 |
| NPV (Net Present Value) | 122 |
| NSFR (Net Stable Funding Ratio) | 122 |
| OB (Offshore Banking) | 123 |
| OCC (Occupancy) | 124 |
| OI (Operating Income) | 124 |
| OPEX (Operating Expenditures) | 125 |
| ORA (Official Reserve Assets) | 126 |
| OS (Operating Surplus) | 126 |
| OTC (Over-The-Counter) | 127 |
| PAC (Planning Advisory Committee) | 127 |
| PB (Protection Buyer) | 128 |
| PBR (Price on Book-value Ratio) | 128 |
| PD (Probability of Default) | 129 |
| PDI (Personal Disposable Income) | 129 |
| PED (Price Elasticity of Demand) | 130 |
| PER (Price Earnings Ratio) | 130 |

| | |
|---|---:|
| PG (Payment Gateway) | 131 |
| PI (Payment Instruments) | 131 |
| PI (Property Income) | 132 |
| PL (Profit and Loss Statement) | 132 |
| PLG (Profit-Led Growth) | 133 |
| PM (Primary Market) | 133 |
| PO (Put Option) | 134 |
| PPI (Producer Price Index) | 134 |
| PPP (Purchasing Power Parity) | 135 |
| PR (Principal Risk) | 135 |
| PS (Protection Seller) | 136 |
| PT (Program Trading) | 136 |
| PTC (Propensity to Consume) | 137 |
| PV (Present Value) | 137 |
| PVP (Payment versus Payment) | 138 |
| QE (Qualitative Easing) | 138 |
| QE (Quantitative Easing) | 139 |

| | |
|---|---|
| RB (Reserve Base) | 139 |
| RCA (Revealed Comparative Advantage) | 140 |
| RE (Ratchet Effect) | 140 |
| REER (Real Effective Exchange Rate) | 141 |
| REITs (Real Estate Investment Trust) | 141 |
| RI (Real Income) | 142 |
| RML (Reverse Mortgage Loan) | 142 |
| ROA (Return on Asset) | 143 |
| ROE (Return on Equity) | 143 |
| ROI (Return on Investment) | 143 |
| ROR (Return on Revenue) | 144 |
| RP (Repurchase Agreements) | 144 |
| RPS (Retail Payment System) | 145 |
| RSF (Required Stable Funding) | 145 |
| RT (RegTech; Regulatory Technology) | 146 |
| RWA (Risk-Weighted Assets) | 146 |
| S&P (Standard & Poor) | 147 |

| | |
|---|---|
| SAP (System Application and Programs in Data Process) | 147 |
| SAS (Statistical Analysis System) | 148 |
| SB (Specialized Banking) | 148 |
| SB (Straight Bond) | 149 |
| SC (Sunk Cost) | 149 |
| SC (Supplementary Capital) | 150 |
| SCF (Sunk Cost Fallacy) | 150 |
| SCM (Supply Chain Management) | 151 |
| SDR (Special Drawing Rights) | 151 |
| SE (Snob Effect) | 152 |
| SEEA (System of Integrated Environmental and Economic Accounts) | 152 |
| SF (Settlement Finality) | 153 |
| SI (Social Insurance) | 153 |
| SIFIs (Systemically Important Financial Institutions) | 153 |
| SIO (Stock Index Options) | 154 |
| SM (Secondary Market) | 154 |
| SNA (System of National Accounts) | 155 |

| | |
|---|---|
| SO (Smoothing Operation) | 155 |
| SO (Stock Option) | 156 |
| SOHO (Small Office Home Office) | 156 |
| SP (Sterilization Policy) | 157 |
| SR (Swap Rate) | 157 |
| ST (Security Thread) | 158 |
| ST (Stress Test) | 158 |
| SU (Statistical Underground) | 159 |
| SUT (Supply and Use Tables) | 159 |
| SWIFT (Society of Worldwide Interbank Financial Telecommunication) | 160 |
| TB (Trading Book) | 160 |
| TDE (Trickle-Down Effect) | 161 |
| TFR (Total Fertility Rate) | 161 |
| TiVA (Trade in Value Added) | 162 |
| TRS (Total Return Swap) | 162 |
| TSR (Total Share Return) | 163 |
| TUE (Trickle-Up Effect) | 163 |

| | |
|---|---|
| UB (Universal Banking) | 164 |
| UE (Underground Economy) | 164 |
| USDI (US Dollar Index) | 165 |
| VAIC (Value Added Inducement Coefficients) | 165 |
| VAR (Value at Risk) | 166 |
| VC (Virtual Currency) | 167 |
| VE (Veblen's Effect) | 167 |
| WACC (Weighted Average Cost of Capital) | 168 |
| WLG (Wage-Led Growth) | 168 |
| YTM (Yield to Maturity) | 169 |

## AB (Accommodation Bill)

AB(융통 어음)는 신용 보강을 목적으로 발행되는 어음으로, 발행자가 실제 거래 없이 자금 조달을 위해 타인의 신용을 빌려 발행하는 어음이다. 주로 신용이 낮거나 자금 조달이 어려운 기업이 금융기관 또는 제삼자의 신용을 이용해 자금을 확보하는 방식이다. AB는 어음 발행자와 제삼자 간의 신뢰를 바탕으로 이루어지며, 담보 없이 신용만으로 발행된다는 점에서 리스크가 크다. 따라서 금융기관은 이 어음의 만기 이전에 발행자의 신용 상태를 철저히 검토하며, 상환 능력을 평가하는 경우가 많다. 융통 어음은 신용 거래가 주를 이루는 금융 시장에서 자주 사용되며, 단기 자금 조달 수단으로 활용된다.

## ABL (Asset Backed Loan)

ABL(자산 담보부 대출)은 기업이 보유한 자산(재고, 매출채권, 장비 등)을 담보로 자금을 대출받는 방식을 말한다. 자산을 담보로 하는 대출이므로, 대출자는 해당 자산의 가치와 유동성을 평가해 대출 가능 금액을 결정한다. 이 대출 방식은 신용 등급이 낮더라도 보유 자산의 가치에 따라 자금을 조달할 수 있어, 특히 현금 흐름이 불규칙하거나 자금이 필요한 기업에서 유용하게 활용된다. ABL은 유동성이 부족한 상황에서 필요한 자금을 빠르게 확보하는 데 유리하며, 기업의 운전자금 확보를 지원한다. 담보로 제공된 자산에 따라 대출 조건이 달라지며, 금융기관은 자산의 상태를 주기적으로 평가해 리스크를 관리한다. ABL은 제조업, 유통업 등 자산을 많이 보유한 기업에서 자주 사용되는 금융 수단이다.

## ABS (Asset Backed Securities)

ABS(자산 유동화 증권)는 채권자가 보유한 대출채권, 리스, 할부금 등 다양한 자산을 유동화하여 발행한 증권이다. 대출채권, 신용카드 채권, 자동차 할부금 등에서 발생하는 현금 흐름을 기반으로 발행되어, 이를 투자자들에게 판매해 자금 조달을 가능하게 한다. 이 과정에서 발행자는 자산을 유동화해 현금화를 이룰 수 있으며, 투자자들은 비교적 안정적인 현금 흐름을 기대할 수 있다. ABS는 자산의 위험을 분산하고 유동성을 확보하는 데 유리하며, 기업과 금융기관에서 자주 활용되는 자금 조달 수단이다. 투자자들은 이러한 증권을 통해 안정적이면서도 매력적인 수익을 얻을 수 있으며, 발행자는 자산의 부채를 줄이고 자산을 효과적으로 관리할 수 있다. ABS는 특히 금융 시장에서 다각적인 투자 상품으로 자리 잡고 있다.

### ADS (Alternative Depreciation System)

ADS(대체 상각법)는 일정한 기간에 걸쳐 자산의 감가상각을 보다 천천히 계산하는 방식으로, 세금 목적에 따라 감가상각 비용을 조정하는 제도다. 자산의 사용 수명에 따라 더 긴 상각 기간을 적용해 감가상각을 계산하며, 일반적인 감가상각법(MACRS)보다 보수적인 방식이다. 미국 세법에서는 특정 자산이나 상황에 따라 ADS 사용을 요구하기도 한다. ADS는 감가상각을 천천히 인식함으로써 세금 공제를 연기하고, 과도한 감가상각으로 인한 소득 감소를 방지하는 역할을 한다. 예를 들어, 외국에서 사용되는 자산이나 세금 혜택을 받는 자산은 ADS를 적용해야 하는 경우가 많다. 이를 통해 기업은 보다 신중하게 자산 비용을 배분할 수 있으며, 자산의 장기적 사용을 반영해 재무 성과를 더 정확히 평가할 수 있다.

### ALM (Asset Liability Management)

ALM(자산 부채 관리)은 기업이나 금융기관이 보유 자산과 부채의 만기, 수익률, 리스크 등을 조정하여 재무 안정성을 유지하고 수익을 극대화하는 전략이다. 금리 변동, 환율 변동, 유동성 위험 등 다양한 금융 리스크를 효과적으로 관리하기 위해 자산과 부채 간의 균형을 맞춘다. 특히 금융기관에서는 예금(부채)과 대출(자산)의 수익성과 리스크를 조정해 유동성을 확보하고 수익성을 극대화하는 데 중요하다. ALM은 리스크를 완화하고 장기적으로 안정적인 재무 구조를 유지하는 데 중요한 역할을 한다. 예를 들어, 금융기관은 만기가 긴 대출과 만기가 짧은 예금의 불균형을 조정하여 금리 변화에 따른 리스크를 줄인다. ALM 전략은 기업의 재무 건전성과 안정성을 강화하며, 불확실한 시장 환경에서도 유연하게 대응할 수 있는 재무 관리 기반을 제공한다.

### AML (Anti-Money Laundering)

AML(자금 세탁 방지)은 불법 자금이 금융 시스템을 통해 합법적으로 보이도록 숨기는 자금 세탁을 예방하고 탐지하기 위한 규제와 절차를 의미한다. 금융기관과 기업들이 거래 기록을 모니터링하고, 의심스러운 활동을 보고하여 불법 자금이 경제에 유입되지 않도록 하는 데 중점을 둔다. 주요 조치로는 고객 신원 확인(KYC; Know Your Customer) 절차와 거래 감시 시스템 등이 있으며, 이는 금융 기관의 규제 준수에 필수적이다. AML 규제는 테러 자금 조달과 같은 범죄 행위를 예방하고, 금융 시스템의 투명성과 신뢰성을 유지하는 데 중요한 역할을 한다. 각국 정부와 국제기구는 AML 규제를 강화해 금융 기관들이 자금 세탁 리스크를 효과적으로 관리하도록 요구하고 있으며, 이는 금융기관의 평판 보호와 법적 리스크 감소에 필수적이다.

### AR (Annual Report)

AR(연례 보고서)은 기업이 한 해 동안의 재무 성과, 운영 활동, 전략적 성과 등을 주주와 이해관계자들에게 보고하는 공식 문서다. 대개 경영진의 메시지, 재무제표(손익계산서, 대차대조표, 현금흐름표), 주요 성과, 시장 환경 분석, 미래 전략 등을 포함한다. 이를 통해 주주들은 기업의 재무 상태와 경영 실적을 확인하고, 투자 의사 결정을 내리는 데 필요한 정보를 얻을 수 있다. 연례 보고서는 기업의 투명성과 신뢰성을 높이며, 법적 의무를 충족하기 위한 중요한 자료다. 특히 상장 기업은 법적 규제에 따라 매년 연례 보고서를 발행해야 하며, 이를 통해 기업의 재무 건전성, 리스크 관리, 성장 가능성을 주주와 투자자에게 전달한다.

## AS (Adverse Selection)

AS(역선택)는 정보 비대칭으로 인해 품질이 낮은 상품이나 서비스가 시장에서 선택되는 현상을 의미한다. 특히 보험, 금융, 채용 등에서 발생하며, 정보가 부족한 측(예: 보험사, 투자자)이 잘못된 결정을 내리게 될 위험을 높인다. 예컨대, 건강 상태가 나쁜 사람이 보험 가입 시 건강 상태를 숨기면 보험사는 높은 리스크를 가진 고객을 받아들일 수 있다. 역선택은 시장의 효율성을 저해하고 리스크를 증가시키는 요인이다. 이를 방지하기 위해 정보 공개 의무, 심사 절차 강화 등의 전략이 활용된다. 보험사나 금융기관은 역선택을 최소화하기 위해 신용 조사나 리스크 평가를 강화해 정보 비대칭 문제를 줄이려 한다.

## ASF (Available Stable Funding)

ASF(가용 안정 자금 조달)는 금융기관이 자산 운영을 위해 장기적으로 활용할 수 있는 안정적인 자금의 총량을 나타내는 지표다. 이는 주로 예금, 장기 대출, 자본 등 변동성이 낮고 만기가 긴 자금으로 구성되며, 금융기관이 갑작스러운 유동성 위기에 처했을 때 안정적으로 운영을 지속할 수 있도록 한다. ASF는 금융기관의 유동성 리스크를 관리하기 위해 중요한 역할을 하며, 규제 당국은 이를 NSFR(Net Stable Funding Ratio) 계산에 포함해 금융 안정성을 평가한다. ASF는 금융기관이 다양한 자금원을 확보하여 리스크를 최소화하고, 장기적 재무 안정성을 유지하는 데 필수적이다. 특히 불확실성이 큰 시장 환경에서 ASF 비율을 높이면 금융기관의 안정성이 강화되며, 외부 충격에 더 잘 대비할 수 있다.

## BA (Banker's Acceptance)

BA(은행 인수 어음)는 은행이 지급을 보증하는 어음으로, 주로 국제 무역 거래에서 신용을 보강하기 위해 사용되는 금융 수단이다. 은행이 발행자의 대금 지급을 보장함으로써 어음의 신뢰도를 높이며, 기업은 이를 통해 자금을 조달하거나 거래 상대방에게 지급 보증을 제공할 수 있다. 어음이 만기되면 은행이 발행자의 대금 지급을 대신한다. BA는 주로 단기 자금 조달과 국제 무역에서 중요한 역할을 하며, 시장에서 할인되어 유통될 수 있다. 은행의 신용을 바탕으로 한 금융상품이기 때문에 낮은 금리로 자금을 조달할 수 있는 장점이 있다. BA는 특히 기업의 유동성 관리와 무역 거래에서 신뢰를 확보하는 데 유용한 수단이다.

## BC (Block Chain)

BC(블록 체인)는 거래 기록을 여러 블록에 분산하여 저장하고, 이를 연결해 형성된 탈중앙화된 데이터 저장 기술이다. 각 블록에 거래 정보를 기록한 후 이전 블록과 연결해 체인 형태로 데이터를 저장하며, 이로 인해 데이터의 위변조가 어려워 높은 보안성을 제공한다. 블록 체인은 주로 비트코인과 같은 암호화폐 거래에 사용되지만, 최근에는 금융, 물류, 의료 등 다양한 산업에서 신뢰성 높은 데이터 관리 방식으로 채택되고 있다. 블록 체인은 중앙기관 없이 거래 참여자들이 데이터를 검증하고 관리함으로써 투명성과 효율성을 높인다. 이는 거래 비용 절감과 정보 공유의 신속성을 가능하게 하며, 스마트 계약 등 자동화된 거래 절차를 통해 비즈니스 프로세스를 혁신할 수 있다. 블록 체인은 장기적으로 투명하고 안전한 데이터 관리가 필요한 분야에서 중요한 역할을 할 것으로 기대된다.

## BCR (Benefit Cost Ratio)

BCR(편익 비용 비율)은 프로젝트나 투자의 경제적 타당성을 평가하는 지표로, 총 비용 대비 예상되는 편익의 비율을 나타낸다. BCR 값이 1보다 크면 편익이 비용을 초과하여 경제성이 있다고 평가되며, 1보다 작으면 비용이 더 커서 비효율적인 투자로 간주된다. 이를 통해 투자자는 프로젝트가 얼마나 경제적 가치를 제공하는지 쉽게 비교할 수 있다. BCR은 공공 인프라, 환경 프로젝트 등에서 투자 결정에 중요한 역할을 하며, 제한된 자원을 최적으로 배분하는 데 유용하다. 예를 들어, 도로 건설과 같은 공공 사업에서 BCR을 분석해 경제적 편익이 높은 프로젝트에 우선적으로 투자하는 데 활용된다.

## BE (Bandwagon Effect)

BE(밴드웨건 효과)는 다수가 선택하거나 지지하는 것을 개인도 따라 하게 되는 심리적 현상을 의미한다. 이 효과는 특정 제품이나 의견이 대중적으로 인기를 얻으면 더 많은 사람들이 이에 동조하거나 선택하게 되는 소비 및 행동 패턴에서 자주 나타난다. 편승 효과는 패션, 정치, 미디어 등 다양한 분야에서 나타나며, 사람들은 "다수가 선택하니 나도 선택해야 한다"는 심리로 인해 특정 트렌드나 의견에 동조하게 된다. 편승 효과는 소비자 행동에 영향을 주어 시장에서 제품의 수요를 급격히 증가시키고, 유행을 확산하는 데 기여한다. 마케팅에서도 편승 효과를 활용해 인기를 끌고 있는 제품임을 강조하거나 긍정적인 리뷰를 활용해 소비자의 구매를 유도하기도 한다.

## BE (Base Effect)

BE(기저 효과)는 지표의 변화율을 평가할 때, 비교 대상 기간의 기준치가 높거나 낮아 현재 수치가 과대 또는 과소평가되는 현상을 의미한다. 주로 인플레이션, 성장률 등 경제 지표에서 나타나며, 이전 기간의 값이 비정상적으로 높거나 낮을 경우 변화율이 왜곡되어 실제 경제 상황을 정확히 반영하지 못할 수 있다. 예를 들어, 전년도 물가가 급락했다면, 다음 해 인플레이션율이 실제 경제 상황보다 더 높게 나타나는 경우가 기저 효과의 한 예다. 기저 효과는 경제 지표 해석 시 주의가 필요한 요소로, 장기적 추세와 비교하여 과도한 해석을 피하는 데 도움을 준다. 이를 통해 경제 분석가는 일시적인 수치 변화에 지나치게 의존하지 않고, 더 정확한 경제 판단을 내릴 수 있다.

### BEP (Break Even Point)

BEP(손익 분기점)는 기업이 수익과 비용이 같아지는 지점으로, 이 지점에서 기업은 이익도 손실도 발생하지 않는다는 의미를 가진다. 총 매출이 고정비와 변동비를 모두 충당할 수 있을 만큼 충분히 높아졌을 때 도달하게 된다. 이를 통해 기업은 최소한의 수익 목표를 설정하고, 필요한 판매량이나 매출액을 예측할 수 있다. 손익 분기점은 비용 구조를 이해하고 가격 설정이나 비용 절감 등의 전략을 세우는 데 중요한 역할을 한다. 예를 들어, BEP를 초과한 판매는 이익을 창출하며, 반대로 BEP 이하일 경우 손실이 발생하게 된다. 기업은 BEP 분석을 통해 경영 계획을 세우고, 자원 활용을 최적화할 수 있다.

### BIS (Bank for International Settlements)

BIS(국제 결제 은행)는 중앙은행 간 협력을 촉진하고 금융 안정성을 지원하기 위해 설립된 국제 금융 기구다. 각국 중앙은행의 중앙은행 역할을 하며, 글로벌 금융 시스템의 안정성을 유지하는 데 중요한 역할을 수행한다. 스위스 바젤에 본부를 두고 있는 BIS는 금융 규제와 관련된 연구를 수행하고, 바젤 합의(Basel Accords)와 같은 국제적 금융 규제 표준을 마련해 금융 리스크 관리 및 자본 요건을 설정한다. BIS는 금융 위기 예방과 중앙은행 간 정보 교환을 통해 글로벌 금융 시장의 안정성을 지원한다. 이를 통해 회원국 중앙은행들이 경제 불안정성에 대비하고, 금융 시스템의 투명성과 효율성을 높이는 데 기여한다. BIS는 또한 글로벌 금융 데이터를 수집하고 분석해, 금융 정책의 일관성을 유지하는 데 필요한 정보를 제공한다.

## BMS (Budgetary Management System)

BMS(예산 관리 시스템)는 기업이나 조직이 재정 자원을 효율적으로 배분하고 예산을 체계적으로 관리하기 위해 사용하는 시스템이다. 예산 편성, 승인, 모니터링, 분석 과정을 포함하여 조직의 재정 계획과 실행을 돕는다. 이를 통해 기업은 예산 초과나 낭비를 방지하고, 목표 달성을 위한 자원 배분을 최적화할 수 있다. BMS는 실시간으로 재정 상태를 추적하고 분석해 재정 의사 결정을 지원하며, 조직의 비용 효율성을 높이는 데 중요한 역할을 한다. 예산 대비 실제 지출을 비교하고 예산 초과 경향을 분석해 문제를 조기에 파악할 수 있다. BMS는 대규모 조직이나 공공 기관에서 특히 유용하며, 자원의 적절한 활용과 재정 목표 달성을 위한 도구로 활용된다.

## BOP (Balance of Payments)

BOP(국제 무역 수지)는 한 나라가 일정 기간 동안 다른 나라와 거래한 모든 경제적 거래를 기록한 통계다. 이 수지는 크게 경상 수지(Current Account), 자본 수지(Capital Account), 금융 수지(Financial Account)로 구성되며, 각 항목이 수입과 수출, 자산 매입과 매각 등으로 나뉜다. BOP는 국가 경제의 대외 거래 상태를 평가하는 중요한 지표로, 외환 보유고와 환율 정책에 영향을 미친다. BOP는 국가 경제의 건강을 평가하고, 국제 금융 거래의 균형 상태를 유지하는 데 중요한 역할을 한다. 경상 수지 적자는 대외 의존도가 높음을 의미하며, 흑자는 수출 의존도가 높거나 외국 자본 유입이 활발함을 나타낸다. 이를 통해 정부는 무역 정책과 경제 전략을 조정하고 경제 안정성을 확보할 수 있다.

## BPS (Book-value per Share)

BPS(주당 순자산)는 기업의 순자산을 발행 주식 수로 나눈 값을 나타낸다. BPS는 기업의 재무 건전성을 평가하는 중요한 지표로, 주주가 보유한 한 주당 해당 기업의 자산 가치를 알 수 있다. 이는 주식 시장에서 기업의 실질적인 가치와 현재 주가를 비교하는 데 사용되며, 투자자들에게 기업의 자산 대비 주가가 적정한지를 평가할 수 있는 정보를 제공한다. 이 값은 기업이 모든 자산을 청산하고 부채를 모두 상환한 후, 주주들이 받을 수 있는 자산 가치를 나타낸다. 주가는 시장에서 투자자들의 기대와 수요에 따라 변동하지만, BPS는 기업의 회계 장부상 실질 자산 가치를 반영하는 지표이다. BPS는 기업의 자산 가치만을 평가하기 때문에, 기업의 미래 성장 가능성이나 수익성을 반영하지 못한다. 또한, 자산의 회계 장부상 가치를 사용하므로, 시장에서의 실제 자산 가치와 차이가 있을 수 있다. 예를 들어, 기업이 보유한 자산이 장부상으로는 높은 가치를 지니지만, 실제 시장에서는 더 낮게 평가될 수 있다.

## BR (Bank Run)

BR(뱅크 런)은 은행의 파산 가능성에 대한 불안감이 퍼지면서 다수의 예금자들이 동시에 은행에서 예금을 인출하려는 현상을 의미한다. 뱅크 런이 발생하면 은행은 단기간에 대규모 자금 인출 요청을 처리해야 하며, 보유한 현금이 부족해질 경우 지급 불능 상태에 빠질 수 있다. 이로 인해 은행은 도산하거나 심각한 유동성 위기를 겪을 수 있다. 은행은 예금된 자금을 일부만 현금으로 보유하고, 나머지는 대출이나 투자 형태로 운용한다. 따라서 예금자들이 동시에 대규모 인출을 요구하면, 은행은 즉시 이를 충당하지 못할 수 있다. 뱅크 런은 보통 경제적 불안, 금융 위기, 은행의 재정 건전성에 대한 의심 등으로 인해 발생하며, 예금자들이 더 늦기 전에 자금을 회수하려는 심리에서 촉발된다.

## BS (Balance Sheet)

BS(대차 대조표)는 특정 시점에서 기업의 자산, 부채, 자본 상태를 나타내는 재무제표로, 기업의 재정 상태를 직관적으로 보여준다. 자산 항목에는 현금, 부동산, 장비 등 기업이 소유한 가치 있는 자산이 포함되며, 부채 항목에는 은행 대출과 미지급금 등 갚아야 할 채무가 기록된다. 자본은 자산에서 부채를 뺀 값으로, 소유주나 주주의 지분을 나타낸다. 대차대조표는 자산의 합계가 부채와 자본의 합계와 균형을 이루도록 작성된다. 대차대조표는 기업의 유동성, 재정 건전성, 부채 수준을 평가하는 중요한 재무 도구로, 투자자와 경영진이 기업의 재무 상태를 종합적으로 분석하는 데 활용된다. 이를 통해 기업의 수익성과 안정성을 평가하고, 장기적인 재무 전략을 수립할 수 있다. 대차대조표는 또한, 자산의 구성과 부채의 만기 등을 파악해 기업의 재정적 리스크를 예측하는 데 중요한 기초 자료가 된다.

## BW (Bond with Warrant)

BW(신주 인수권부 사채)는 채권과 신주인수권이 결합된 금융상품으로, 투자자가 채권을 보유하면서 일정 기간 동안 미리 정해진 가격으로 발행사의 주식을 매수할 수 있는 권리를 제공한다. 채권의 이자 수익과 더불어 주식 가격이 상승할 경우 추가적인 수익 기회를 제공해, 투자자들에게 매력적인 투자 옵션으로 작용한다. 이로 인해, 발행사는 일반 채권보다 낮은 이자율로 자금을 조달할 수 있는 장점이 있다. BW는 투자자가 채권의 안정성과 주식의 성장 가능성을 동시에 추구할 수 있도록 하며, 발행사 역시 자금 조달 비용을 절감하고 미래의 주식 발행 효과를 기대할 수 있다. 투자자는 채권 만기까지 이자 수익을 얻고, 주가가 오를 경우 주식 전환을 통해 추가 수익을 실현할 수 있다. BW

는 특히 성장 가능성이 높은 기업이 투자 유치를 위해 활용하는 방식으로, 주식과 채권의 특성을 모두 갖춘 유연한 금융상품으로 인식된다.

## CAPEX (Capital Expenditure)

CAPEX(투자 비용)는 기업이 자산을 취득하거나 기존 자산을 개선하기 위해 지출하는 비용을 의미한다. 이는 기업이 향후 수익을 창출할 수 있도록 장기적인 자산에 투자하는 것으로, 주로 설비, 건물, 기계, 장비 등의 물리적 자산을 구입하거나 유지, 보수하는 데 사용된다. CAPEX는 기업의 성장과 확장에 필요한 자금을 투입하는 중요한 지표로, 재무제표에서는 주로 현금흐름표나 대차대조표에 반영된다. 기업이 CAPEX에 많은 자금을 투자한다는 것은 미래 성장을 위해 물리적 자산을 확장하고, 향후 수익을 늘릴 준비를 하고 있다는 것을 의미한다. 반대로 CAPEX가 감소한다면, 기업이 자산 투자를 줄이고 있음을 나타낼 수 있으며, 이는 기업의 성장 둔화 가능성을 시사할 수 있다. CAPEX는 장기적인 자산에 대한 투자 비용을 의미하는 반면, OPEX(Operating Expenditure)는 일상적인 운영비용을 의미한다. OPEX는 기업이 제품을 생산하거나 서비스를 제공하는 데 필요한 단기 비용으로, 예를 들어 급여, 임대료, 원자재 비용 등이 포함된다.

## CB (Circuit Breaker)

CB(서킷 브레이커)는 금융 시장에서 주식 가격의 급격한 변동을 막기 위해 도입된 제도이다. 주식 시장이 특정 폭 이상으로 급락하거나 급등할 때 일시적으로 거래를 중단함으로써, 투자자들에게 냉정을 되찾고 시장 변동성을 완화할 시간을 제공하는 장치이다. 이는 주로 과도한 시장 변동성으로 인한 공황 매도(panic selling) 또는 투기적 매수를 방지하기 위한 목적으로 사용된다. 서킷 브레이커는 일정한 하락 폭에 도달할 때 발동된다. 예를 들어, 주가가 기준 범위를 벗어나 하락하면 서킷 브레이커가 작동하여 일시적으로 거래가 중단된다. 이러한 제도는 주로 증시 폭락을 방지하기 위해 설계되었으며, 대규모 매도세로 인해 발생할 수 있는 시장 혼란을 줄이는 데 도움을 준다. 각국의 증권거래소는 각기 다른 기준으로 서킷 브레이커를 설정하고 운영하고 있다. 서킷 브레이커 제도는 주로 1987년 블랙 먼데이로 알려진 주식 시장 폭락 이후 도입되었다. 당시 뉴욕 증시는 하루 만에 20% 이상 폭락하며 전 세계 금융 시장에 큰 혼란을 가져왔다. 이 사건을 계기로, 주식 시장의 극단적인 변동성을 완화하고 투자자 보호를 위해 서킷 브레이커 제도가 도입되었다. 서킷 브레이커는 시장의 과도한 변동성을 막아 투자자들에게 분석할 시간을 제공하고, 공황 상태에서 나오는 비이성적 거래를 줄일 수 있다. 이를 통해 금융 시장의 안정성을 높이고, 보다 질서 있는 거래가 이루어지도록 유도할 수 있다. 반면에, 일시적인 거래 중단이 시장 참가자들에게 혼란을 야기할 수 있으며, 서킷 브레이커가 해제된 후에도 투자자들이 여전히 공황 상태에 빠져있다면, 추가적인 급격한 변동성이 발생할 수 있는 단점도 있다.

## CB (Commercial Bank)

CB(상업 은행)는 일반 개인과 기업을 대상으로 예금, 대출, 지급결제 등 다양한 금융 서비스를 제공하는 은행이다. 개인과 기업이 자금을 예치하고, 필요시 대출을 통해 자금을 조달하는 데 도움을 주며, 예금 이자와 대출 이자 차이를 통해 수익을 창출한다. 주요 기능으로는 수표 계좌 운영, 신용카드 발행, 외환 거래, 투자 서비스 등이 있다. 상업은행은 경제의 핵심적인 자금 순환 역할을 하며, 기업과 개인의 재정적 필요를 지원하고, 금융 안정성을 유지하는 데 기여한다. 대출을 통해 기업의 성장을 지원하고, 개인에게는 주택 자금이나 교육비 등을 대출해 금융 접근성을 높인다. 중앙은행의 규제 아래 신용 공급과 금리 변동을 관리해 경제 활성화와 안정성을 유지하는 중요한 역할을 한다.

## CB (Commercial Bill)

CB(상업 어음)는 기업 간 거래에서 발생하는 외상 채무를 결제하기 위해 발행되는 단기 금융 수단으로, 주로 상품이나 서비스의 대금 지급을 목적으로 발행된다. 일반적으로 만기가 짧으며, 기업이 일정 기간 후 대금을 지급할 것을 약속하는 형태로 발행된다. 이러한 어음은 금융기관에 할인하거나, 다른 기업에게 양도하여 유동성을 확보할 수 있다. 상업 어음은 단기 자금 조달의 중요한 수단으로, 기업들이 외상 거래에서 발생하는 현금 흐름을 관리하고, 일시적인 유동성 부족을 해결하는 데 도움을 준다. 특히 상업 어음은 금융기관에서 할인되거나 담보로 활용될 수 있어, 기업은 필요할 때 쉽게 자금을 확보할 수 있다.

## CB (Convertible Bond)

CB(전환 사채)는 채권 보유자가 일정 조건에 따라 채권을 발행사의 주식으로 전환할 수 있는 권리가 부여된 채권이다. 채권의 이자 수익과 더불어 주식 전환을 통한 자본 이득 가능성을 제공해, 채권과 주식의 성격을 동시에 지닌 금융상품으로 분류된다. 투자자는 채권 만기 이전에 주가가 상승할 경우 채권을 주식으로 전환해 더 높은 수익을 얻을 수 있다. 전환 사채는 발행사가 낮은 이자율로 자금을 조달할 수 있도록 하며, 주가 상승 시 투자자에게 추가 수익 기회를 제공한다. 기업은 일반 채권보다 유리한 조건으로 자금을 확보할 수 있고, 투자자는 채권의 안정성과 주식의 성장 잠재력을 동시에 누릴 수 있어 매력적이다. 전환사채는 주로 성장 가능성이 높은 기업이 자금 조달을 위해 활용하며, 투자자에게는 리스크 관리와 수익성 추구를 동시에 가능하게 하는 유연한 투자 방식으로 인식된다.

## CB (Covered Bond)

CB(커버드 본드)는 발행사가 자산을 담보로 제공하여 발행한 채권으로, 발행사의 지급 보증과 담보 자산의 이중 보호를 갖춘 안전한 금융 상품이다. 주로 주택 담보 대출이나 공공 자산을 기초로 발행되며, 채권 보유자가 발행사의 채무 불이행 상황에서도 담보 자산으로부터 우선 변제를 받을 수 있다. 이러한 구조는 커버드 본드를 매우 안전한 투자 상품으로 만든다. 커버드 본드는 높은 신용도를 유지하면서도 비교적 낮은 이자율로 자금을 조달할 수 있는 방법으로, 특히 유럽에서 널리 활용된다. 금융기관은 커버드 본드를 통해 안정적인 자금 조달이 가능하고, 투자자는 신용 리스크가 낮은 자산을 확보할 수 있어 매력적인 투자 상품으로 평가된다.

## CBO (Collateralized Bond Obligation)

CBO(회사채 담보부 증권)는 여러 개의 채권을 기초 자산으로 묶어 이를 담보로 발행된 금융 상품이다. 주로 투자 등급이 낮거나 고수익 채권을 집합하여 채권을 발행하고, 이를 여러 등급(트랜치)으로 나누어 투자자에게 판매한다. 투자자는 자신의 리스크 선호에 따라 특정 등급을 선택해 투자할 수 있으며, CBO 구조는 포트폴리오 분산을 통해 리스크를 줄이는 효과를 갖는다. CBO는 다양한 채권의 현금 흐름을 하나로 통합해 리스크를 분산하면서도, 높은 수익률을 제공할 수 있는 금융 상품으로, 주로 기관 투자자에게 인기가 많다. 다만, CBO는 기초 자산의 성과에 따라 투자 수익이 달라질 수 있어, 투자자는 해당 자산의 신용 위험과 수익 구조를 면밀히 검토해야 한다.

## CC (Credit Creation)

CC(신용 창조)는 은행이 예금 받은 금액의 일부를 대출하여 새로운 신용을 창출하고, 이를 통해 전체 통화 공급을 확대하는 과정이다. 은행은 예금의 일정 비율만을 지급준비금으로 보유하고 나머지를 대출로 활용하여, 각 예금이 경제 내에서 여러 번 대출되고 다시 예금되면서 신용이 확대된다. 이 과정을 통해 은행은 경제 전반에 자금을 공급하며, 경제 성장을 지원한다. 신용 창출은 경제 내 통화 공급을 늘리고 자금 흐름을 원활하게 하여 생산과 소비 활동을 촉진하는 역할을 한다. 다만, 과도한 신용 창출은 인플레이션과 금융 불안정을 초래할 수 있어 중앙은행의 관리와 규제가 필요하다. 이를 통해 경제가 지속 가능한 성장을 유지하도록 조절된다.

### CC (Credit Crunch)

CC(신용 경색)는 은행과 금융 기관이 대출을 줄이거나 대출 조건을 강화하여 자금 조달이 어려워지는 상황을 나타낸다. 신용 경색은 주로 경제 위기나 금융 시스템의 불안정성으로 인해 발생하며, 이는 기업과 개인이 자금을 구하기 어렵게 만들어 경제 전반에 큰 영향을 미칠 수 있다. 은행이 자산 건전성 문제나 유동성 부족을 겪으면, 대출을 제공하는 데 더욱 조심하며, 이로 인해 대출을 받을 수 있는 사람이나 기업의 수가 줄어든다. 또한, 경기 침체 시 대출 상환 능력이 떨어지기 때문에 금융 기관은 대출을 줄이고 위험을 최소화하려 한다. 신용 경색은 경제 활동을 둔화시키는 중요한 요인으로 작용할 수 있다. 기업은 자금 조달이 어려워지면 투자나 확장을 줄이고, 개인 소비도 줄어들 수 있다. 이러한 자금 부족은 경제 성장을 저해하고, 장기적으로 경기 침체로 이어질 수 있다. 대표적인 사례로는 2008년 글로벌 금융 위기가 있으며, 당시 대규모 부실 자산 문제로 인해 은행들이 대출을 줄이며 신용 경색이 심화되었다. 신용 경색을 해결하기 위해서는 중앙은행과 정부의 개입이 필요하다.

### CCB (Contingent Convertible Bond)

CCB(우발 전환 사채)는 특정 조건이 충족될 때 주식으로 전환될 수 있는 사채로, 주로 금융 기관의 자본 구조를 강화하기 위해 발행된다. 은행이 자본 적정성을 유지하지 못할 경우 자동으로 주식으로 전환되거나, 일부 경우에는 채권의 가치가 상각(손실 처리)된다. 이러한 특성 때문에 CCB는 금융 위기 시 손실 흡수 장치로 활용될 수 있다. 이 조건이 발동되는 이유는 금융 기관이 자본 부족에 빠졌을 때 손실을 흡수하고, 자본을 강화하기 위함이다. 주식 전환을 통해 부채가 줄어들고 자본이 증가하게 되므로, 발행 기관의 재정 건전성을 강화할 수 있다. 금융 위기나 손실 발생 시, CCB는 발행 은행의 자본 비율을 빠르게 보충해 금융 시스템의 안정성을 높일 수 있다. 높은 위험을 감수하는 대신, CCB는 일반 채권보다 더 높은 이자율을 제공하여 투자자들에게 유리한 수익을 제공할 수도 있다. 단점으로는, 투자자 입장에서 발행 은행이 특정 조건에 도달할 경우, 보유한 채권이 주식으로 전환되어 투자 원금을 잃을 위험이 있다. 이로 인해 CCB는 고위험 고수익 투자 상품으로 분류된다. 조건이 복잡하고, 시장 상황에 따라 전환 가능성이 높아지기 때문에 투자자들은 이에 대한 면밀한 분석을 해야 한다.

## CCF (Credit Conversion Factor)

CCF(신용 전환 계수)는 금융 기관이 외부에서 제공받은 비대출성 신용상품(예: 신용 보증, 신용카드 한도 등)에서 발생할 수 있는 신용 리스크를 계산할 때 사용하는 비율이다. 이는 금융기관이 제공한 신용의 일부가 실제 대출로 전환될 확률을 추정하여, 해당 비율을 바탕으로 위험 가중 자산(Risk-Weighted Assets; RWA)을 계산하는 데 사용된다. CCF는 주로 바젤 III 규제 프레임워크에서 사용되며, 금융 기관이 신용 리스크를 평가할 때 비대출성 상품이 대출로 전환될 확률을 반영하여 자본 적립 요건을 계산하는 데 사용된다. 예를 들어, 신용카드 한도에서 실제 대출로 전환될 가능성에 따라 다르게 CCF가 적용된다. 이 비율은 보통 0%에서 100% 사이로 설정되며, 상품의 성격에 따라 다르게 적용되기도 한다. 신용카드 한도의 경우 CCF가 20%로 설정될 수 있으며, 이는 고객이 보유한 신용카드 한도 중 20%가 실제 대출로 전환될 가능성이 있다는 의미이다. 반면, 특정한 형태의 대출 보증은 100%의 CCF를 적용할 수도 있다.

## CCP (Central Counter Party)

CCP(중앙 거래 당사자)는 금융 거래에서 매수자와 매도자 간의 중앙 거래 당사자로서 중개자 역할을 수행하는 기관이다. CCP는 각 거래에서 매도자에게는 매수자, 매수자에게는 매도자 역할을 하여, 거래가 원활하게 이루어지도록 보증하고 결제 리스크를 완화한다. 주로 파생상품, 주식, 채권 등의 금융 상품 거래에서 중요한 역할을 하며, 금융 시장의 안정성과 신뢰성을 높이는 데 기여한다. CCP는 거래 당사자 간의 신용 리스크를 줄이기 위해 거래를 중앙에서 청산하고 관리한다. 즉, 거래 상대방이 채무를 이행하지 못할 경우 CCP가 그 리스크를 떠안고 거래를 완료하는 역할을 한다. CCP는 거래 리스크를 관리하기 위해 각 거래 당사자로부터 일정 수준의 증거금을 요구하며, 이를 통해 거래에서 발생할 수 있는 손실을 대비한다. CCP가 중개자 역할을 하여 금융 시장에서의 불확실성을 줄이고, 거래를 원활하고 안정적으로 처리할 수 있도록 돕는다. CCP는 매수자와 매도자 사이에서 중앙 역할을 하여 거래 상대방 리스크를 분산시킨다. 거래 과정을 간소화하고 투명하게 만들어 거래 비용을 줄이며, 거래가 빠르게 처리될 수 있도록 한다. 금융 시스템 전반에 걸쳐 신용 위험을 줄이고, 거래 상대방의 부도 위험으로 인한 전이 리스크를 완화한다.

## CCSI (Composite Consumer Sentiment Index)

CCSI(소비자 심리 지수)는 소비자들이 경제 상황과 향후 전망에 대해 느끼는 인식을 종합적으로 수치화한 지표다. 경제 활동과 관련된 소비자들의 기대와 신뢰를 평가하며, 가계의 소비 여력, 고용 상태, 생활비 부담 등에 대한 설문을 통해 산출된다. 이 지수가 높으면 소비자들이 경제 상황을 긍정적으로 평가하고 소비를 늘릴 가능성이 커지고, 낮으면 반대로 경제에 대한 불안감이 증가하여 소비를 줄일 가능성이 있다. CCSI는 경제 전반의 소비 동향을 예측하고 경기 변동을 모니터링하는 데 중요한 지표로 활용된다. 정책 입안자와 기업은 CCSI를 참고해 소비자 심리를 파악하고, 이를 기반으로 경제 정책이나 경영 전략을 수립할 수 있다.

**CD (Certificate of Deposit)**
CD(양도성 예금증서)는 일정 기간 동안 일정 금액을 예치하고 만기 시 이자를 포함하여 원금을 돌려받을 수 있는 금융 상품이다. 예금주의 요청에 따라 다른 사람에게 양도할 수 있는 권리가 부여된 예금증서로, 일반 예금과 달리 양도성을 특징으로 하며, 주로 단기 금융 시장에서 활발하게 거래된다. CD는 특정 기간 동안 자금을 예치하는 금융 상품으로, 일반적으로 3개월, 6개월, 1년 등의 기간이 설정된다. 만기 전에 인출이 불가능하며, 만기 시 원금과 함께 약정된 이자를 지급받는다. 일반 예금과 달리 CD는 양도성을 갖추고 있어, 제3자에게 거래나 양도가 가능하다. 이는 CD의 유동성을 높이는 역할을 하며, 특히 기업 간의 자금 운용에서 유리하게 작용한다. CD는 정해진 이자율을 보장하며, 이는 발행 당시의 시장 금리와 경제 상황에 따라 달라질 수 있다.

**CD (Countervailing Duties)**
CD(상계 관세)는 특정 국가가 수출 보조금을 통해 자국 제품의 경쟁력을 인위적으로 강화했을 때, 이를 상쇄하기 위해 수입국이 부과하는 관세이다. 이러한 관세는 수출국의 보조금 지급으로 인해 수입국의 자국 산업이 피해를 보거나 경쟁이 왜곡되는 상황을 방지하기 위한 보호무역 수단으로 사용된다. 상계 관세는 주로 세계무역기구(WTO) 규정에 따라 시행되며, 특정 국가가 자국 기업에 보조금을 지급해 제품을 저가로 수출하면, 수입국은 자국 산업을 보호하기 위해 해당 제품에 상계 관세를 부과한다. 이를 통해 수출국이 제공한 보조금 효과를 조절하고, 공정한 경쟁 환경을 유지하려는 목적이 있다. 상계 관세를 부과하기 위해서는 수입국이 조사를 통해 수출국의 보조금 지급 여부와 자국 산업에 미치는 피해를 입증해야 한다. 이 과정에서 수출국의 보조금 정책과 수입국 내 산업의 피해 정도를 분석하게 된다. 상계 관세가 승인되면, 수출품에 일정 비율의 추가 관세가 부과된다. 상계 관세는 자국 산업을 보호할 수 있는 수단이지만, 동시에 수입품의 가격을 상승시켜 소비자들에게는 부정적인 영향을 미칠 수 있다. 또한, 무역 상대국과의 무역 갈등을 유발할 수 있어, 신중한 검토와 국제 규정에 따른 절차가 필요하다.

## CD (Credit Derivative)

CD(신용 파생 상품)는 신용 위험을 거래할 수 있도록 설계된 파생상품이다. 이 상품은 기업, 정부, 금융 기관 등에서 발행한 채권이나 대출과 같은 신용 자산의 신용 리스크를 관리하기 위해 사용되며, 투자자나 금융 기관들이 특정 자산의 채무 불이행(디폴트) 등의 신용 리스크를 제3자에게 이전할 수 있도록 한다. CD를 사용하면 투자자는 특정 자산의 신용 리스크를 다른 투자자에게 이전할 수 있다. 이는 금융 기관들이 자산을 보유하면서도 리스크를 줄일 수 있는 수단으로 활용된다. 금융 기관들이 보유 중인 채권이나 대출에서 발생할 수 있는 신용 위험을 헤지(위험 회피)하기 위해 신용 파생상품을 이용하기도 한다. 투자자들은 신용 리스크를 인수하고 그 대가로 프리미엄을 받거나, 위험도가 높은 자산에서 추가적인 수익을 기대할 수 있다. 예를 들어, 은행이 대출을 제공한 기업이 파산할 위험이 있다면, CDS를 통해 그 리스크를 제3자에게 이전하고, 이를 대가로 프리미엄을 지불하게 된다. 신용 파생상품은 복잡하고 투기성이 높아, 2008년 글로벌 금융 위기의 주요 원인 중 하나로 지목되었다. 투자자들은 대규모 신용 파생상품 거래로 인해 금융 시스템이 붕괴할 수 있는 위험을 내포하고 있음을 경험하게 되었다.

## CDO (Collateralized Debt Obligation)

CDO(부채 담보부 증권)는 여러 금융 자산(채권, 대출 등)을 한데 묶어 이를 기초 자산으로 하여 발행한 파생 금융 상품이다. 금융 기관이 다양한 대출이나 채권을 묶어 '트랜치(Tranche)'라는 구조로 분류하고, 이를 투자자들에게 판매함으로써 리스크 분산과 자금 조달을 동시에 해결하는 목적을 가지고 있다. CDO는 다양한 자산(주로 기업 대출, 주택담보대출 등)을 하나의 포트폴리오로 묶은 후, 이를 트랜치로 나눈다. 각 트랜치는 리스크 수준과 수익률이 다르며, 상위 트랜치일수록 위험이 낮고 수익률도 상대적으로 낮다. 반대로 하위 트랜치는 더 높은 위험을 지니지만, 그만큼 수익률도 높다. CDO는 투자자들에게 다양한 위험 프로필을 제공하여 자신의 투자 성향에 맞는 상품을 선택할 수 있게 한다. 또한, 금융 기관들은 CDO를 통해 대출 리스크를 투자자들에게 이전하고, 더 많은 자금을 조달할 수 있게 된다. CDO는 자산의 복잡성과 리스크 평가의 어려움 때문에 2008년 글로벌 금융 위기의 주요 원인 중 하나로 지목되었다. 특히 서브프라임 모기지와 같은 고위험 자산을 포함한 CDO가 대규모 부실을 일으키며, 투자자들에게 막대한 손실을 안겨주었다.

## CEA (Credit Equivalent Amount)

CEA(신용 등가액)는 금융 기관에서 파생상품이나 신용 관련 거래에 대해 발생할 수 있는 신용 리스크를 평가하기 위한 금액을 의미한다. 이는 파생상품의 시장 가치 변동이나 신용 리스크를 현실적으로 반영하여, 그 거래에 내재된 리스크를 대출이나 채권과 같은 신용 자산으로 환산한 금액이다. 주로 금융 기관이 리스크 관리와 자본 적립을 위해 사용하며, 거래에서 발생할 수 있는 손실을 보다 정확하게 측정하는 데 기여한다. CEA는 주로 파생상품의 미결제 계약에 대해 계산되며, 계약의 시장 가치와 잠재적 신용 리스크를 평가한 후, 이를 기반으로 자산의 신용 리스크에 상응하는 금액을 산정한다. 이는 바젤 규제에서 요구하는 자본 적립 규정에 따른 것으로, 금융 기관은 이 계산을 통해 자산의 위험도를 평가하고, 적절한 자본을 보유하게 된다. CEA는 금융 기관이 거래하는 파생상품이나 비대출성 신용 거래에서 발생할 수 있는 신용 위험을 평가하는 데 필수적인 도구이다. 은행이나 금융 기관이 거래 상대방의 디폴트 리스크에 대비하고, 자산의 위험도를 보다 신중하게 관리하도록 돕는다.

## CET1 (Common Equity Tier 1)

CET1(보통주 자본)는 은행의 재무 건전성을 평가하기 위해 자본의 질과 위험을 고려하여 측정되는 가장 핵심적인 자본 비율이다. 보통주 자본, 이익잉여금 등 고품질의 자본으로 구성되며, 금융 위기 시 은행이 손실을 흡수하고 안정성을 유지할 수 있도록 한다. BIS 기준에 따라 CET1 비율이 높을수록 은행의 재무 구조가 견고하다고 평가된다. CET1 비율은 위험 가중 자산 대비 기본자기자본의 비율을 나타내며, 금융 당국이 요구하는 최소 비율을 충족해야 한다. 이 비율은 은행이 손실을 감당할 수 있는 능력을 나타내므로, 은행의 리스크 관리와 안정성 유지에 중요한 역할을 한다. CET1 비율이 낮아지면 은행은 자본 확충이나 자산 관리 방안을 통해 비율을 조정하게 된다.

## CF (Crowd Funding)

CF(크라우드 펀딩)는 다수의 개인으로부터 소액 자금을 모아 특정 프로젝트, 사업, 또는 아이디어를 실현하기 위한 자금 조달 방식이다. 전통적인 투자 방식과는 달리, 자금을 필요로 하는 개인 또는 기업이 온라인 플랫폼을 통해 자금 제공자(투자자)를 모집하여 자금을 확보하는 방식이다. 혁신적인 아이디어나 창업 자금을 조달하는 데 많이 활용되며, 기부자와 투자자 모두에게 다양한 형태의 보상을 제공한다. 주로 다음과 같은 방식으로 분류된다.
1) 기부형(Reward-based): 자금 제공자는 금전적인 이익 대신 프로젝트 성공 시 제품이나 서비스, 또는 작은 보상을 받는다.
2) 기부형(Donation-based): 자금을 제공하는 사람들은 순수하게 기부의 목적으로 참여하며, 경제적인 대가를 기대하지 않는다. 주로 비영리 단체나 사회적 프로젝트에서 많이 활용된다.
3) 투자형(Equity-based): 투자자는 일정 자금을 제공하고, 그 대가로 지분을 받거나 수익을 얻는다. 주로 스타트업이 자금을 조달하는 방법이다.
4) 대출형(Loan-based): 자금을 빌려주고, 일정 기간 후 이자와 함께 상환받는 형태로, 소규모 기업들이 많이 활용한다.

## CFC (Common Fund for Commodities)

CFC(상품 공동 기금)는 국제연합(UN)과 유엔무역개발회의(UNCTAD)가 주도하여 설립된 국제 금융 기구로, 개발도상국의 상품 생산 및 무역을 촉진하고 지원하기 위해 설립된 기금이다. 주로 농업, 광업, 에너지 등의 상품 산업에서의 개발 프로젝트에 자금을 지원하며, 개발도상국의 경제적 발전과 빈곤 감소를 목표로 한다. CFC의 주요 목적은 개발도상국이 자국의 천연 자원과 상품을 효과적으로 관리하고, 이를 통해 경제적 자립을 달성하는 데 기여하는 것이다. 이를 위해 상품 생산 능력을 증대시키고, 관련 산업에서의 혁신 기술 및 인프라 구축을 지원한다. 이와 함께 시장 접근성을 확대하고, 상품 수출을 촉진하여 개발도상국이 글로벌 경제에서 더 나은 위치를 확보하도록 돕는다.

## CFS (Cash Flow Statement)

CFS(현금 흐름표)는 기업의 현금 흐름을 기록한 재무제표로, 일정 기간 동안 기업이 벌어들인 현금이 어떻게 사용되고 관리되는지를 보여준다. 기업의 재무 건전성을 평가하는 중요한 도구로, 기업이 영업 활동, 투자 활동, 재무 활동을 통해 발생시킨 현금의 유입과 유출을 체계적으로 정리한다. 이를 통해 기업의 현금 흐름을 관리하고, 현금 보유 능력을 평가할 수 있다. 기업이 얼마나 효율적으로 현금을 관리하고 있는지, 그리고 현금 부족 위험이 있는지를 보여준다. 특히, 현금이 부족하면 수익이 좋더라도 운영이 어려울 수 있기 때문에, 현금 흐름표는 지속 가능성을 평가하는 중요한 지표 중 하나이다. 현금 흐름표는 크게 세 가지 활동으로 구분된다.
1) 영업활동 현금흐름: 기업의 핵심 영업 활동에서 발생한 현금의 유입과 유출이다. 매출, 비용, 세금 지급 등이 포함된다.
2) 투자활동 현금흐름: 고정 자산의 구매 및 매각, 그리고 투자 활동에서 발생하는 현금 흐름이다.
3) 재무활동 현금흐름: 주식 발행, 배당금 지급, 차입 및 상환 등 기업의 자금 조달 및 관리 활동에서 발생하는 현금 흐름이다.

## CI (Composite Indexes of Business Indicators)

CI(종합 경기 지표)는 다양한 경제 지표를 결합하여 경제의 전반적인 상태를 측정하고 평가하는 통계적 지표이다. 경제의 현재 상태뿐만 아니라 향후 변화 방향을 예측하기 위해 사용된다. 주로 선행지수, 동행지수, 후행지수로 구성되며, 각각은 경제의 다른 측면을 반영한다. CI는 정책 결정자, 투자자, 경제학자들에게 경제 상황을 이해하고 예측하는 데 중요한 도구이다. 각 지표는 경제 주기의 특정 부분을 반영하여 경제 활동을 더욱 종합적으로 분석할 수 있게 해준다. 이를 통해 경제 성장, 경기 침체, 경기 회복 등의 흐름을 예측할 수 있다. 구성 지수는 다음과 같다.
1) 선행지수(Leading Index): 미래의 경제 변동을 예측하기 위해 사용된다. 주식 시장, 건축 허가, 소비자 심리지수 등이 포함되며, 경기 변동에 앞서

변화하는 경향이 있다.
2) 동행지수(Coincident Index): 현재 경제 상황을 반영한다. 산업 생산, 고용, 소매 판매 등의 수치를 포함하며, 현재의 경기 상태를 나타낸다.
3) 후행지수(Lagging Index): 경제 변화 후에 반응하는 지표로, 실업률, 기업 부채 등이 포함된다. 이를 통해 경제의 변화를 확인하고 평가한다.

## CIA (Certified Internal Auditor)

CIA(공인 인증 내부 감사)는 감사 분야에서 국제적으로 인정받는 공인 자격증으로, 내부 감사의 전문성을 검증하는 대표적인 자격이다. 미국의 IIA(Institute of Internal Auditors)에서 발행하는 이 자격증은 내부 감사, 리스크 관리, 통제, 거버넌스 및 경영 프로세스의 평가를 수행할 수 있는 역량을 인증한다.

## CL (Credit Leverage)

CL(신용 레버리지)은 차입 자금을 이용하여 투자 규모를 확대하거나 자산을 매입해 수익률을 높이는 금융 전략이다. 투자자가 자신의 자본보다 더 큰 자산을 운용할 수 있게 해주며, 주로 부동산, 주식, 파생상품 등 다양한 자산에서 활용된다. 성공적으로 운용되면 자본 대비 높은 수익률을 얻을 수 있지만, 시장 변동 시에는 손실이 확대될 위험도 크다. 신용 레버리지는 자본 효율성을 높이고, 투자 성과를 극대화하려는 목적으로 사용되며, 특히 금융기관이나 대규모 투자자들 사이에서 일반적이다. 반면, 과도한 레버리지는 금융 불안정을 초래할 수 있어, 금융 당국은 레버리지 비율을 규제해 위험 관리를 강화하고 있다.

## CLN (Credit Linked Notes)

CLN(신용 연계 증권)은 신용 리스크를 특정 자산과 연계하여 발행되는 파생 금융 상품이다. 투자자가 특정 기업 또는 자산의 신용 위험을 떠안는 조건으로, 해당 자산에서 발생하는 이자를 수취할 수 있도록 설계된 상품이다. 주로 신용 스왑(Credit Default Swap, CDS)과 결합되어, 기초 자산의 신용 상태에 따라 투자자에게 이익 또는 손실이 발생하는 방식으로 작동한다. CLN은 기초 자산(주로 채권이나 대출)의 신용 위험과 연계된다. 투자자는 발행자에게 자금을 투자하며, 해당 자산이 디폴트(채무 불이행)되지 않으면 이자 수익을 얻는다. 그러나 해당 자산이 디폴트될 경우, 투자자는 원금을 일부 또는 전부 잃게 된다. 예를 들어, CLN을 통해 특정 기업의 신용 리스크에 투자한 경우, 그 기업이 채무 불이행에 빠지면 투자자도 손실을 입게 된다. CLN은 일반적으로 높은 이자율을 제공하므로, 투자자에게 높은 수익률을 기대할 수 있는 기회를 제공한다. 투자자는 특정 기업의 신용 위험을 인수하면서도 다양한 자산에 대한 투자를 통해 포트폴리오의 리스크 분산 효과를 얻을 수 있다. 한편, CLN은 구조가 복잡하고, 신용 리스크와 파생상품 요소가 결합되어 있어, 투자자들이 이를 제대로 이해하지 못하면 리스크를 과소평가할 수 있다.

## CLO (Collateralized Loan Obligation)

CLO(대출 담보부 증권)는 대출을 기초 자산으로 하여 발행된 파생 금융 상품이다. 주로 기업 대출을 담보로 하며, 여러 개의 대출을 하나로 묶어 이를 기초로 증권을 발행하는 구조이다. 투자자들이 대출에서 발생하는 이자와 상환금을 통해 수익을 얻을 수 있도록 설계되며, 파생상품화된 대출 증권 중 하나이다. CLO는 다양한 기업 대출을 묶음으로 구성하며, 이를 트랜치(tranche)로 나누어 각각의 트랜치가 서로 다른 리스크와 수익률을 제공한다. 상위 트랜치는 낮은 위험으로 안전성을 제공하지만, 수익률이 상대적으로 낮고, 하위 트랜치는 더 높은 위험을 감수하는 대신 더 높은 수익률을 기대할 수 있다. 이러한 방식으로 투자자들은 자신의 위험 감내 수준에 맞춰 투자할 수 있다. 기초 자산인 기업 대출의 상환 능력이 악화되거나, 금융 시장의 불안정성이 커지면 CLO도 투자 손실을 발생시킬 수 있다.

## CM (Capital Market)

CM(자본 시장)은 장기적인 자금 조달과 투자 자산의 거래가 이루어지는 금융 시장으로, 주식과 채권 같은 자산이 주로 거래된다. 기업, 정부, 개인이 장기 자금을 조달하거나 투자 수익을 얻기 위해 참여하는 곳이며, 주식 시장과 채권 시장으로 나뉜다. 이를 통해 기업과 정부는 대규모 자금을 유치하고, 투자자들은 자본 수익을 얻을 기회를 갖는다. 자본 시장은 경제의 자금 순환을 원활하게 하여 경제 성장과 발전에 기여한다. 효율적인 자본 시장은 투자자에게 자산을 다양하게 분산할 기회를 제공하며, 시장의 자금 유입을 촉진한다. 정부와 기업은 자본 시장을 통해 안정적인 자금 조달을 이루고, 투자자는 장기적인 성장 가능성을 갖춘 자산에 투자할 수 있다.

## CMA (Cash Management Account)

CMA(현금 관리 계좌)는 현금 관리와 자산 운용을 동시에 할 수 있는 종합 금융 계좌이다. 주로 은행과 증권사가 제공하며, 단순히 현금을 보관하는 기능뿐만 아니라, 예금, 이자 수익, 투자 관리 등 다양한 금융 기능을 통합한 계좌이다. 개인과 기업 모두에게 현금 유동성을 높이고, 단기 자산 운용을 효율적으로 관리할 수 있는 수단을 제공한다. CMA는 고객이 필요에 따라 현금을 쉽게 입출금할 수 있게 하며, 이를 통해 자금을 효율적으로 관리할 수 있다. 일반적인 은행 계좌처럼 예치된 현금에 대해 이자를 지급할 수 있으며, 일부 CMA는 투자 상품과 연계되어 더 높은 이자율을 제공하기도 한다. 증권 계좌와 연동하여 투자 상품(주식, 채권 등)에 쉽게 투자할 수 있는 기능을 제공한다.

## CMO (Collateralized Mortgage Obligation)

CMO(모기지 담보 채권)는 주택담보대출(모기지)을 기초 자산으로 한 파생 금융 상품이다. 다양한 주택담보대출을 하나로 묶어 증권화한 후, 이를 여러 계층으로 나누어 투자자들에게 판매하는 금융 상품이다. 이러한 구조는 투자자들이 각각의 위험 수준과 수익률에 따라 투자를 선택할 수 있도록 설계되었다. CMO는 다양한 트랜치(tranche)로 나누어지며, 각 트랜치는 상환 순서와 위험도가 다르다. 상위 트랜치는 상대적으로 안정적인 현금 흐름을 제공하며, 하위 트랜치는 더 높은 위험을 감수하는 대신 더 높은 수익을 기대할 수 있다. 이 구조는 주택 담보 대출에서 발생하는 원리금 상환을 투자자들에게 나누어 지급하는 방식으로 운영된다. CMO는 주택 시장에서 발생하는 자금 조달 문제를 해결하는 데 중요한 역할을 한다. 주택담보대출을 증권화함으로써, 금융 기관은 대출을 통해 확보한 자금을 회수하고, 그 자금을 재투자할 수 있다. 또한, 투자자들에게 다양한 위험/수익 선택지를 제공하여, 리스크 관리 및 포트폴리오 다양화를 가능하게 한다. CMO는 기초 자산인 주택담보대출의 상환 능력에 따라 그 가치가 크게 변동될 수 있다. 특히 금리 변동, 부동산 시장의 불안정성, 또는 주택 소유자의 대출 상환 불이행 등이 발생할 경우, 투자자들이 손실을 입을 수 있는 위험이 존재한다. 2008년 글로벌 금융 위기 동안 서브프라임 모기지와 관련된 CMO가 큰 타격을 받은 바 있다.

**CMS (Cash Management Service)**

CMS(자금 관리 서비스)는 기업의 자금 흐름을 효율적으로 관리할 수 있도록 지원하는 금융 서비스이다. 주로 기업의 현금 유동성을 최적화하고, 자금 수납, 지급 관리, 자산 운용을 포함한 종합적인 금융 솔루션을 제공한다. 이를 통해 기업은 자금 운용을 보다 효율적으로 관리할 수 있으며, 운영 비용 절감과 수익성 향상을 도모할 수 있다. CMS는 기업의 현금 입출금, 대금 결제, 급여 지급 등의 자금 흐름을 체계적으로 관리하며, 이를 통해 기업은 언제든 필요한 시점에 자금을 확보할 수 있다. 자금 상황에 대한 실시간 모니터링과 보고서를 제공하여, 경영진이 재무 상태를 쉽게 파악하고 결정할 수 있도록 지원한다.

아울러, 기업이 보유한 여유 자금을 단기 투자 상품에 운용함으로써 추가적인 수익을 창출할 수 있다. 자금 흐름을 자동화함으로써 인건비나 운영 비용을 줄일 수 있다. 실시간 현금 흐름 관리를 통해 자금의 이동이 투명하게 관리되며, 불필요한 자금 흐름을 방지할 수 있다. 자금이 필요한 시점에 적절히 배치됨으로써 기업의 재무 구조를 효율적으로 운영할 수 있는 장점을 제공한다.

## CMS (Credit Management System)

CMS(신용 관리 시스템)는 기업이나 금융 기관이 신용 위험을 관리하고 신용 관련 결정을 내리는 시스템을 의미한다. 고객의 신용 상태를 분석하고, 그에 따라 적절한 신용 한도, 대출 승인 또는 회수 관리 등의 결정을 체계적으로 내릴 수 있도록 지원하는 도구이다. 이 시스템은 금융 기관의 리스크 관리를 최적화하고, 신용 거래에서 발생할 수 있는 잠재적인 손실을 줄이는 데 중요한 역할을 한다. CMS를 이용해서 고객의 신용 기록, 재정 상태, 대출 상환 이력 등을 분석하여 신용 위험을 평가한다. 이를 통해 금융 기관은 고객에게 적절한 신용 한도를 설정할 수 있다. 승인된 신용이나 대출 상품의 관리 기능을 제공하며, 상환 일정, 이자 계산, 연체 관리 등을 포함한다. 고객의 대출 연체 상황을 관리하고, 필요한 경우 회수 절차를 진행한다. 이를 통해 불량 채권의 비율을 줄이고 리스크를 낮출 수 있다. CMS는 정확한 신용 분석을 통해 채무 불이행 가능성을 미리 예측하고, 리스크가 높은 거래를 제한함으로써 재정 손실을 방지한다. 신용 평가 및 관리 프로세스를 자동화하여 신속하고 정확한 의사 결정을 지원한다. 아울러, 고객의 신용 상태와 거래 현황을 명확하게 파악하고 관리함으로써 자금 흐름과 채무 상태를 투명하게 유지할 수 있다.

## CO (Call Option)

CO(콜 옵션)는 파생상품의 한 형태로, 매수자에게 특정 자산을 미래의 특정 시점에 지정된 가격(행사 가격)으로 매수할 수 있는 권리를 부여하는 계약이다. 그러나 매수자는 해당 옵션을 반드시 행사할 필요는 없으며, 시장 상황이 유리하지 않다면 권리를 포기할 수 있다. 주로 주식, 채권, 상품 등의 자산을 기반으로 하며, 투자자들은 이를 통해 가격 상승에 대한 기대에 베팅할 수 있다. 콜 옵션의 매수자는 미래에 자산을 사들일 권리를 가지며, 그 권리는 옵션 계약에 명시된 행사 가격(strike price)에 따라 결정된다. 콜 옵션의 매도자는 매수자가 권리를 행사할 경우, 해당 자산을 행사 가격에 판매할 의무가 있다. 콜 옵션은 만기일에 또는 만기일 이전에 행사할 수 있는 유럽형과 미국형 옵션으로 나뉜다. 유럽형은 만기일에만 행사할 수 있는 반면, 미국형은 만기일 전 언제든지 행사할 수 있다. 콜 옵션 매수자는 자산 가격이 행사 가격보다 높을 경우 이익을 얻고, 그렇지 않으면 옵션을 행사하지 않고 옵션 프리미엄만 손실을 입게 된다. 콜 옵션의 매도자는 자산 가격이 상승할 경우 손실을 입을 수 있으며, 반대로 자산 가격이 하락하거나 행사 가격을 넘지 않을 경우, 옵션 프리미엄을 이익으로 얻게 된다. 콜 옵션은 주로 주식이나 상품과 같은 자산의 가격 상승에 대해 투자자들이 리스크를 제한하면서도 잠재적인 이익을 얻기 위한 수단으로 사용된다. 또한, 기존 자산을 보유한 투자자는 콜 옵션을 매도하여 추가 수익을 창출할 수 있다.

**COFIX (Cost of Funds Index)**

COFIX(자금 조달 비용 지수)는 은행이 자금을 조달하는 데 드는 비용을 반영한 지표로, 한국에서는 변동금리형 주택담보대출의 금리를 산정할 때 중요한 기준으로 사용된다. 은행들이 예금, 적금, 채권 등을 통해 자금을 조달할 때 발생하는 비용을 종합하여 계산되며, 금융 시장의 자금 조달 환경을 반영한다. COFIX는 8개 주요 시중은행이 자금을 조달한 비용을 기준으로 산출된다. 은행이 실제로 자금을 조달할 때 지불한 이자 비용을 바탕으로 계산되며, 매월

15일 발표된다. COFIX는 주택담보대출과 같은 변동금리형 대출의 금리 결정에 직접적으로 반영된다. 자금 조달 비용이 높아지면 대출 금리도 상승하고, 반대로 자금 조달 비용이 낮아지면 대출 금리가 하락하는 구조이다. 이는 시장 금리와 자금 조달 환경을 투명하게 반영하여 대출 금리의 변동성을 줄이는 역할을 한다. COFIX는 은행의 실제 자금 조달 비용을 반영하므로, 대출 금리가 보다 현실적이고 투명하게 결정된다. 대출자와 금융기관 모두 자금 시장의 상황에 맞추어 대출 금리가 움직이기 때문에 예측 가능성이 높다. 반면에, COFIX는 이전 달의 자금 조달 비용을 반영하므로, 실시간 시장 상황을 완벽하게 반영하지는 못할 수 있다. 금융 시장의 변동에 따라 대출 금리가 예기치 않게 크게 변동할 수 있어, 대출자에게 부담이 될 수도 있다. 이 지수는 크게 두 가지로 나뉜다.

**COGS (Cost of Goods Sold)**
COGS(판매 비용)는 제품을 생산하거나 서비스 제공을 위해 직접적으로 소요된 비용을 의미하며, 매출 총이익을 계산하는 데 사용되는 중요한 재무 지표다. 원자재비, 직접 인건비, 제조 경비 등이 포함되며, 간접비나 운영비는 포함되지 않는다. COGS를 매출에서 차감하면 매출 총이익이 산출되며, 이는 기업의 생산 효율성을 평가하는 데 중요한 역할을 한다. COGS는 비용 구조와 생산 효율성을 파악하는 데 도움을 주고, 제품의 적정 가격 설정과 이익률 분석에도 중요한 참고 자료로 활용된다. 낮은 COGS는 더 높은 이익을 의미하며, 효율적인 자원 관리와 생산성이 높은 기업 운영을 나타낸다. 반면 COGS가 높으면 기업의 마진이 줄어들어 이익성에 영향을 미칠 수 있다.

**CP (Capital Productivity)**
CP(자본 생산성)는 기업이나 경제 전체가 투입된 자본을 얼마나 효율적으로 사용하여 산출물을 생산하는지를 측정하는 지표이다. 자본 대비 산출물의 비율로 계산되며, 자본을 효율적으로 사용하여 생산 활동을 극대화할 수 있는 능력을 평가한다. 경제 성장, 자본 투자의 효율성, 그리고 기업 수익성을 분석하는 데 중요한 역할을 한다. 자본 생산성은 산출물(Output)을 자본 투입(Capital Input)으로 나눈 값이다. 이를 통해 특정 기간 동안 기업이 투자한 자본 대비 얼마나 많은 산출물을 생산했는지를 보여준다. 자본 생산성은 경제 전반에서 자본이 얼마나 효율적으로 사용되고 있는지를 보여주는 지표로, 경제 성장률과 투자 효율성을 측정하는 데 활용된다. 기업의 자본 생산성이 높을수록, 동일한 자본으로 더 많은 산출물을 생산할 수 있으므로 수익성을 향상시킬 수 있다. 또한, 자본 생산성은 기업이나 투자자가 투자 자산의 효율성을 판단하고, 자본을 효율적으로 배분하기 위해 사용하는 지표 중 하나이다. 자본 생산성은 다른 생산 요소들(예: 노동, 기술)의 영향을 받으므로, 자본 생산성만으로는 기업이나 경제의 전체적인 생산성을 평가하기에는 한계가 있을 수 있다. 그러므로 자본뿐만 아니라 기술 발전, 노동 생산성 등도 함께 고려해야 한다.

## CP (Commercial Paper)

CP(기업 어음)는 단기 자금 조달 수단으로 사용되는 무담보 단기 채권이다. 주로 신용도가 높은 기업들이 자금을 신속하게 조달하기 위해 발행하며, 만기는 대개 90일 이내이다. 기업이 필요한 운영 자금이나 기타 단기 자금 수요를 충족시키기 위해 금융 시장에서 발행되는 것이 일반적이다. CP는 최대 270일 이내의 짧은 만기를 가지며, 일반적으로 30일에서 90일 내의 만기로 발행된다. 따라서 단기 자금 조달 수단으로 많이 사용된다. 담보 없이 발행되며, 발행 기업의 신용도에 따라 투자자들이 구매 여부를 결정한다. 이로 인해 신용도가 높은 기업만이 유리하게 자금을 조달할 수 있다. CP는 보통 액면가보다 낮은 가격에 발행되며, 만기 시점에 액면가로 상환된다. 즉, 이자 수익은 발행 가격과 만기 시 상환 금액의 차이로 발생한다. 기업 어음은 운영 자금 또는 일시적 현금 흐름 문제를 해결하기 위해 사용된다. 예를 들어, 대기업이 급여 지급이나 재고 확보 등의 목적으로 단기 자금을 신속하게 조달할 때 많이 사용한다.

**CP (Contractionary Policy)**
CP(긴축 정책)는 경제 과열이나 인플레이션을 억제하기 위해 정부 또는 중앙은행이 시행하는 재정 및 통화 정책을 말한다. 경제 활동을 둔화시키고, 물가 상승을 억제하기 위해 세율 인상, 정부 지출 감소, 금리 인상 등의 수단을 사용한다. 긴축 정책의 주요 목적은 인플레이션을 통제하고, 경제 과열을 방지하여 경제 안정성을 유지하는 것이다. 그렇기 때문에 경제가 과열되어 물가가 급등하거나 금융 시스템이 불안정해질 때 자주 사용된다. 긴축 정책의 대표적인 수단은 통화 정책이다. 금리 인상을 통해 대출 비용을 증가시키고, 소비와 투자를 감소시킴으로써 경제 성장을 억제한다. 다음으로 재정 정책을 통해 세율 인상과 정부 지출을 삭감하여 시장에서 사용 가능한 자금의 양을 줄여 경제 활동을 둔화시킨다. 긴축 정책은 물가 상승을 억제하고, 거시경제적 균형을 유지하는 데 도움이 된다. 그러나 지나친 긴축은 경제 성장을 둔화시키고, 실업률 증가와 같은 부작용을 초래할 수 있다.

**CPA (Certified Public Accountant)**
CPA(공인 회계사)는 회계, 세무, 감사, 재무 관리 등에 대한 전문 지식을 갖추고, 자격 시험을 통과하여 공인된 회계 전문가를 의미한다. 재무제표 작성, 세금 보고, 감사 업무, 재무 분석 등 다양한 회계 관련 업무를 수행하며, 특히 기업과 개인의 재정 상태를 체계적으로 관리하고 개선하는 역할을 맡는다. CPA 자격은 공인된 회계사로서의 전문성을 입증해 주며, 기업과 정부 기관에서 신뢰받는 자문 역할을 한다. CPA는 회계와 세무 관련 법률과 규정을 준수하고,

재무 보고의 정확성을 보장하는 데 중요한 역할을 한다. 또한, 기업이 복잡한 회계 이슈를 해결하거나 세금 절감을 위한 전략을 수립하는 데 도움을 주며, 재무 안정성을 강화한다. CPA 자격은 회계 및 재무 분야에서 높은 신뢰와 전문성을 요구하는 직종으로 인정받고 있다.

### CPI (Consumer Price Index)

CPI(소비자 물가 지수)는 일정 기간 동안 소비자가 구입하는 상품과 서비스의 평균 가격 변동을 측정하여 인플레이션을 평가하는 주요 지표다. 대표적인 생활 필수품, 식료품, 주거비, 의료비 등 여러 품목의 가격 변화를 바탕으로 산출된다. 이를 통해 CPI는 경제 내에서 물가 수준이 상승하거나 하락하는 정도를 나타내며, 가계의 구매력 변화를 파악하는 데 유용하다. CPI는 경제 정책 수립, 임금 조정, 연금 및 복지 수당 인상 등에 반영되어 실질 생활 수준을 유지하는 데 중요한 기준이 된다. 또한 중앙은행은 CPI를 참고해 금리 정책을 조정하여 인플레이션을 관리하고 경제의 안정성을 유지한다. CPI의 변화는 기업, 정책 입안자, 개인이 경제적 결정을 내리는 데 필수적인 지표로 활용된다.

### CPI (Cost-Push Inflation)

CPI(비용 인상 인플레이션)는 생산 비용 증가로 인해 상품과 서비스의 가격이 상승하는 경제 현상을 나타낸다. 주로 원자재 가격 상승, 임금 인상, 에너지 비용 증가 등으로 인해 발생하며, 이러한 비용 증가가 기업의 생산 비용에 영향을 미쳐 최종 소비자 가격이 상승하게 된다. 비용 인상 인플레이션은 수요가 증가하지 않더라도 발생할 수 있다. 주로 공급 측 요인에 의해 유발되며, 결과적으로 경제에서 공급 축소와 실질 구매력 감소를 초래할 수 있다. 일반적으로 경기 침체와 동반될 수 있으며, 이는 경제 성장 둔화를 초래할 수도 있다. 비용 인상 인플레이션이 발생하면, 기업들은 생산 비용을 절감하기 위해 생산량을 줄이거나 가격을 인상하는 선택을 하게 된다. 이로 인해 소비자들의 구매력이 떨어지고, 기업의 수익성이 악화되는 부정적인 영향을 초래할 수 있다. 또한, 정부가 통화 정책을 통해 인플레이션을 억제하려 할 경우, 금리 인상과 같은 조치가 필요하게 된다. 비용 인상 인플레이션은 주로 다음과 같은 요인으로 발생한다.

1) 원자재 가격 상승: 석유, 금속, 곡물 등 주요 원자재의 가격이 상승하면, 이를 사용하는 기업들의 생산 비용이 증가하고, 그 결과 최종 상품의 가격도 오르게 된다.
2) 임금 상승: 노동 비용이 증가하면 기업들은 이 비용을 소비자에게 전가하게 되어 제품 가격이 상승한다.
3) 에너지 비용 증가: 에너지 가격 상승은 물류, 생산 과정 등 모든 단계에 영향을 미쳐 전반적인 가격 상승을 유발할 수 있다.

**CR (Capitalization Rate)**

CR(자본 환원율)은 캡 레이트(Cap. Rate)로 불리며, 부동산 투자 수익률을 평가하는 지표이다. 부동산에서 발생하는 순수익을 해당 부동산의 시장 가치로 나누어 계산된다. 투자자가 부동산을 통해 기대할 수 있는 연간 수익률을 나타내며, 투자 결정 시 중요한 평가 기준으로 사용된다. 투자자가 부동산에 투자할 경우 얻을 수 있는 잠재적 수익률을 나타낸다. 높은 자본 환원율은 더 큰 수익을, 낮은 자본 환원율은 더 적은 수익을 의미한다. 시장의 평균 자본 환원율을 기준으로 특정 부동산이 과대평가 또는 과소평가되었는지를 판단할 수 있다. 높은 자본 환원율은 높은 수익률을 제공하지만, 리스크도 높을 수 있다. 반면, 낮은 자본 환원율은 안정적인 투자처일 가능성이 있지만, 상대적으로 낮은 수익을 제공한다. 따라서, 투자자는 자신의 위험 감수 성향에 따라 자본 환원율을 고려하여 투자 결정을 내린다.

## CRAs (Credit Ratings Agencies)

CRAs(신용 평가 회사)는 기업, 정부, 국가, 또는 금융 상품에 대한 신용 위험을 평가하고, 그 신용 등급을 부여하는 기관이다. 신용 평가 회사는 발행자나 채무자가 채무를 이행할 수 있는 능력과 이행 의지를 분석하고, 그에 따라 신용 등급을 부여하여 투자자들에게 신뢰할 수 있는 정보를 제공한다. 주요 CRAs로는 무디스(Moody's), S&P 글로벌(S&P Global), 피치(Fitch)가 있다. CRAs는 기업이나 국가가 발행한 채권 또는 기타 금융 상품에 대한 신용 위험을 평가하고, 해당 자산의 부도 가능성을 예측한다. 이를 통해 투자자들은 투자 결정을 내리는 데 중요한 정보를 얻게 된다. 신용 등급이 낮으면 자금을 조달하는 데 더 높은 금리를 요구받거나, 투자자로부터 외면당할 수 있다. 반면, 높은 신용 등급은 투자 안전성을 상징하며, 더 낮은 금리로 자금을 조달할 수 있다. CRAs는 금융 시장에서 중요한 역할을 하지만, 금융 위기 때 평가 오류로 인해 비판을 받기도 했다. 2008년 금융 위기 당시 서브프라임 모기지와 관련된 금융 상품에 대해 잘못된 신용 등급을 부여하여 문제가 발생한 바 있다.

## CS (Credit Spread)

CS(신용 스프레드)는 위험 자산과 무위험 자산 간의 수익률 차이를 의미한다. 주로 회사채와 국채 사이에서 발생하는 수익률의 차이를 나타내며, 해당 기업 또는 발행자가 채무를 이행할 수 없는 신용 위험에 대한 보상으로 투자자가 추가로 요구하는 수익률이다. 신용 스프레드는 금융 시장에서 위험 프리미엄을 측정하는 중요한 지표로 사용된다. 신용 스프레드는 회사의 채권 금리에서 무위험 자산(보통 국채)의 금리를 뺀 값으로 계산된다. 이 차이는 채권의 신용 위험도에 따라 달라진다. 신용도가 낮을수록 신용 스프레드가 높아지며, 이는 투자자가 더 높은 리스크를 감수하는 데 대한 보상으로 더 높은 수익률을 요구하기 때문이다. 신용도가 높은 회사의 채권은 신용 스프레드가 낮고, 신용도가 낮은 회사의 채권은 신용 스프레드가 높다. 예를 들어, 투자 등급 채권은 신용 스프레드가 작지만, 정크 본드(투기등급)의 신용 스프레드는 훨씬 크다. 이는 투자자들이 해당 채권에 투자할 때 더 높은 위험을 감수해야 하기 때문이다. 신용 스프레드는 경제 상황에 따라 변화한다. 경제가 불확실하거나 금융 시장이 불안정할 때, 기업의 신용 위험이 커지면서 신용 스프레드도 상승할 수 있다. 반면, 안정적인 경제 환경에서는 스프레드가 좁아지며, 기업들이 자금을 더 저렴하게 조달할 수 있게 된다.

## CSD (Central Securities Depository)

CSD(중앙 예탁 기관)는 주식, 채권과 같은 유가 증권을 안전하게 보관하고 거래 정산을 수행하는 기관이다. 유가 증권의 소유권과 관련된 기록을 디지털 방식으로 관리하며, 거래 후의 결제 및 정산 과정에서 중요한 역할을 한다. 물리적 또는 전자적 형태의 유가 증권을 보관하여, 소유자의 권리를 안전하게 관리한다. 거래된 증권이 매수자에게 전달되고, 대금이 매도자에게 지급되는 과정에서 CSD는 결제 및 정산을 자동화하고 투명하게 처리한다. 유가 증권의 소유권 이전 및 관련 기록을 유지하여, 거래 후의 소유권 변동을 정확하게 반영한다. CSD는 금융 시장에서의 위험 감소와 거래 효율성 향상에 기여한다. 이를 통해 투자자들은 복잡한 증권 관리 과정에서 발생할 수 있는 문제를 최소화하고, 거래 비용을 절감할 수 있다. 또한, 안전한 증권 거래를 보장하여 금융 시장의 안정성을 강화한다.

## CSI (Consumer Survey Index)

CSI(소비자 동향 지수)는 소비자들의 경제 상황에 대한 인식과 미래 경제에 대한 기대를 조사하여 수치로 나타낸 지표이다. 소비자들이 현재 경제 상황을 어떻게 평가하고 있으며, 향후 경제가 어떻게 변할 것인지에 대한 신뢰도와 기대감을 반영한다. CSI는 경제 정책 수립이나 경기 예측에 중요한 참고 자료로 사용된다. 소비자들의 현재 생활 형편 및 향후 생활 형편에 대한 평가와 기대를 반영한다. 국가 경제의 현재 상태와 앞으로의 경제 상황에 대한 소비자의 인식을 파악할 수 있다. 향후 가전제품, 자동차, 주택 등의 소비 지출 계획을 반영한다. CSI는 소비자들의 소비 심리를 반영하기 때문에, 경제의 향후 경기 변동을 예측하는 데 유용하다. 소비자들이 경제에 대해 긍정적인 인식을 가지고 있을수록 소비 활동이 활발해지며, 이는 경제 성장으로 이어질 수 있다. 반면, CSI가 낮을 경우 소비 위축과 경제 둔화가 예상된다.

**CSS (Credit Scoring System)**
CSS(개인 신용 평가 시스템)는 개인의 신용도를 평가하기 위해 금융기관이 사용하는 점수화 시스템으로, 대출 상환 능력과 신용 리스크를 예측하는 데 활용된다. 개인의 금융 거래 기록, 신용카드 사용, 대출 상환 내역, 소득 등 다양한 정보를 바탕으로 점수를 산정하여, 신용도가 높은지 낮은지 평가한다. 이 점수를 통해 금융기관은 대출 승인 여부와 이자율을 결정하고, 리스크를 관리할 수 있다. CSS는 효율적인 신용 평가를 통해 대출 리스크를 줄이고, 금융기관이 더욱 신속하게 의사결정을 내릴 수 있도록 지원한다. 이를 통해 개인의 신용 상태를 체계적으로 관리하고, 신용도가 높은 대출자는 유리한 조건으로 자금을 확보할 수 있다. CSS는 금융권에서 리스크 관리와 대출 전략 수립에 필수적인 시스템으로 자리 잡고 있다.

**CWM (Chain Weighted Method)**
CWM(연쇄 가중법)은 가격 지수나 경제성장률을 측정할 때 사용되는 물가지수 계산 방식 중 하나이다. 각 연도의 가격과 수량 변화를 반영하여 경제 성과를 더 정확하게 측정하고, 기준 연도의 가격 구조에 고정되지 않는 유연한 계산법을 사용한다. 이를 통해 경제 변화와 상품 간의 대체 효과를 보다 정확하게 반영할 수 있다. 연쇄 가중법은 해마다 가격 가중치를 업데이트함으로써 상품 가격의 변화와 소비 패턴 변화를 반영한다. 고정 가중법에서 발생할 수 있는 문제, 즉 특정 연도의 가격 구조에 따른 왜곡을 방지하는 장점이 있다. GDP 계산이나 물가 지수에서 사용되며, 여러 연도를 연속적으로 비교할 때 유용하다. 소비자의 소비 패턴 변화와 가격 변동을 더 잘 반영하므로, 경제 성장과 물가 변화를 더 정확하게 측정할 수 있다. 고정된 기준 연도에 얽매이지 않고, 매년 가중치를 갱신하여 실질적인 경제 상황을 반영한다.

## D&A (Depreciation and Amortization)

D&A(감가상각)는 유형 자산(Depreciation)과 무형 자산(Amortization)의 가치 감소를 회계적으로 반영하는 방법이다. 자산이 시간이 지남에 따라 가치가 감소하는 것을 나타내며, 기업이 자산의 사용 기간 동안 그 가치를 점진적으로 비용 처리하는 과정을 말한다. 감가상각과 상각은 기업의 재무제표에서 중요한 항목으로, 특히 순이익과 현금 흐름에 영향을 미친다. 기업이 자산을 구입한 시점에 한 번에 비용 처리하지 않고, 자산의 사용 기간 동안 분산하여 비용으로 처리함으로써 기업의 수익성을 더 정확하게 반영할 수 있다. 또한, D&A는 현금 흐름을 보호하는 역할도 한다. 감가상각과 상각은 실제 현금 유출이 아닌 회계적 비용이므로, 기업의 영업이익이나 현금 흐름에는 영향을 미치지 않는다. 차이는 다음과 같다.

1) Depreciation(감가상각): 유형 자산(예: 건물, 기계, 장비 등)과 같이 물리적 자산이 시간이 지남에 따라 마모되거나 노후화되어 가치를 잃는 것을 나타낸다. 자산의 수명 기간 동안 그 가치를 나누어 비용으로 인식한다.

2) Amortization(상각): 무형 자산(예: 특허권, 상표권, 소프트웨어 등)의 가치 감소를 나타낸다. 무형 자산의 상각도 유사하게 정해진 수명 동안 나

누어 비용으로 처리되며, 특정 기간 동안 해당 자산의 사용을 반영한다.

## DCB (Dual Currency Bond)

DCB(이중 통화채)는 두 가지 다른 통화로 발행되고 상환되는 채권을 의미한다. 일반적으로 채권의 원금과 이자가 각각 다른 통화로 지급되며, 이는 환율 변동에 민감한 투자자들이나 기업들이 자본 시장에서 자금을 조달하거나 투자할 때 사용하는 채권 형태이다. 원금은 한 통화(예: 미화 달러)로 발행되고, 이자는 다른 통화(예: 유로 또는 엔화)로 지급되는 경우가 해당된다. 투자자는 발행 시점에 지정된 이자율에 따라, 특정 통화로 이자를 수령하게 된다. 만기 시, 채권의 원금은 처음에 발행된 통화로 상환된다. DCB는 투자자가 환율 변동에 따른 리스크와 기회를 동시에 가질 수 있게 한다. 예를 들어, 원금은 달러로 받되, 이자는 엔화로 받을 경우, 투자자는 이자 지급 시점에 엔화가치가 상승하면 추가 이익을 얻을 수 있다. 그러나 반대로 환율이 불리하게 변동될 경우 손실도 발생할 수 있다. 자국 통화 외 자산과 부채를 보유한 기업들은 환율 리스크를 관리하기 위해 이중 통화채를 발행할 수 있다. 국제적으로 분산된 포트폴리오를 가진 투자자들이 다양한 통화로 수익을 창출하려 할 때도 활용할 수 있다. 환율 변동 위험에 크게 영향을 받으며, 투자자들은 이중 통화채가 제공하는 잠재적 고수익뿐만 아니라 고위험을 감수해야 한다.

## DDM (Dividend Discount Model)

DDM(배당 할인 모형)은 미래의 예상 배당금을 현재 가치로 할인하여 주식의 내재 가치를 평가하는 방법이다. 이 모델은 주식의 가치가 미래에 지급될 배당금의 현재 가치에 의해 결정된다고 가정한다. 주가가 배당금을 기반으로 산출되므로, DDM은 안정적인 배당 성향을 가진 기업의 가치를 평가하는 데 특히 유용하다. DDM은 배당 성장률과 할인율을 통해 주가를 산정하며, 고정 성장 모델과 다단계 성장 모델 등 여러 변형을 통해 다양한 배당 시나리오를 반영할 수 있다. 이를 통해 투자자는 현재 주가가 과대 또는 과소평가되었는지 판단하고, 장기 투자 전략을 수립할 수 있다. DDM은 주식 분석에서 안정적인 현금 흐름이 예상되는 기업에 적합한 평가 도구로 사용된다.

## DE (Demonstration Effect)

DE(전시 효과)는 한 사회나 집단의 소비 행동이 다른 사회나 집단의 소비 패턴에 의해 영향을 받는 현상을 의미한다. 즉, 다른 사람들의 소비 행동을 보고, 이를 모방하거나 따라하려는 경향을 나타낸다. 이 개념은 경제학뿐만 아니라 사회학에서도 중요하게 다루어지며, 개인과 집단의 소비 및 경제적 의사 결정에 큰 영향을 미친다. 전시 효과는 사람들이 주변의 소비 행동을 보고 그에 맞춰 자신의 소비를 조정하게 되는 심리적 현상을 설명한다. 특히 소득 수준에 관계없이 다른 사람의 소비 행태를 따라하려는 경향이 강해지는 경우가 많다. 예를 들어, 고소득층의 소비 방식을 보고 저소득층이 이를 모방하려 할 때 전시 효과가 발생할 수 있다. 전시 효과는 소비 성향을 자극하여 소비가 늘어나고, 사회 전반적으로 더 많은 자원 소비와 경제 성장에 기여할 수 있다. 반면, 소득이 충분하지 않은 사람들이 무리한 소비를 하게 되는 경향이 있어, 소득 불평등을 심화시키고 부채 증가를 초래할 수 있다. 전시 효과는 특히 광고, 미디어, 사회적 네트워크를 통해 강력하게 나타난다. 소셜 미디어에서 유명인이나 인플루언서가 특정 제품을 사용할 때, 많은 사람들이 이를 모방하는 소비 패턴을 보이는 것이 대표적인 예이다.

## DF (Direct Financing)

DF(직접 금융)는 기업이나 정부가 자본을 조달할 때 금융 중개기관을 거치지 않고, 자금을 투자자에게 직접적으로 받는 방식을 말한다. 즉, 자금을 필요로 하는 기업이 주식, 채권 등을 발행하여 투자자로부터 직접 자금을 확보하는 것을 의미한다. 금융기관을 통해 자금을 빌리는 간접 금융과 대비되는 개념이다. 직접 금융에서는 자금을 조달하려는 기업이 증권 시장을 통해 투자자들에게 주식이나 채권을 발행하여 자금을 모집한다. 이 과정에서 중개 기관의 역할이 최소화되거나 없으며, 자금이 직접적으로 공급되고 수요자에게 전달된다. 금융 중개기관을 거치지 않기 때문에, 금융 중개 수수료를 절감할 수 있다. 기업이 필요에 따라 다양한 조건으로 자금을 조달할 수 있다. 대규모 자금을 한꺼번에 조달할 수 있는 방법으로, 주식시장이나 채권시장을 통해 광범위한 투자자에게 접근할 수 있다. 하지만, 투자자들이 직접 자금을 제공하기 때문에, 기업의 신용 위험이 고스란히 투자자에게 전가될 수 있다. 주식이나 채권 발행에는 법적 절차와 규제가 따르므로, 이를 준수하기 위해 많은 절차가 필요하다.

**DLT (Distributed Ledger Technology)**
DLT(분산 원장 기술)는 중앙화된 서버 없이 여러 참여자들이 분산된 네트워크에서 동일한 원장을 공유하고 동시에 업데이트할 수 있도록 하는 기술이다. 데이터를 하나의 중앙 서버가 아닌 여러 노드(참여자)에 분산 저장하여 데이터의 투명성, 보안성, 그리고 무결성을 보장한다. 블록 체인은 DLT의 대표적인 예로, 이를 통해 거래 기록을 분산하여 저장할 수 있다. DLT는 네트워크의 모든 참여자가 동일한 데이터 복사본을 보유하며, 새로운 트랜잭션이 발생하면 이를 네트워크 전체에 동시 업데이트한다. 모든 참여자가 같은 데이터에 접근할 수 있어 중앙 권위 없이도 데이터의 정확성과 신뢰성을 유지할 수 있다. 탈중앙화된 시스템을 기반으로 하기 때문에, 데이터 위변조나 해킹의 위험이 줄어든다. 주로 금융, 공급망 관리, 자산 거래, 정부 기록 관리 등 다양한 분야에서 활용된다. 특히 암호화폐(예: 비트코인)에서 중요한 역할을 하고 있으며, 금융 시스템에서의 결제나 계약 이행을 자동화하는 데 기여하고 있다.

**DPI (Demand-Pull Inflation)**

DPI(수요 견인 인플레이션)는 경제 내 총수요가 총공급을 초과하여 가격이 상승하는 현상을 설명하는 경제 개념이다. 수요가 빠르게 증가하면서 기업들이 이에 맞춰 제품과 서비스를 충분히 공급하지 못할 때 발생한다. 물가 상승으로 이어지며, 경제의 인플레이션 압력을 높이는 중요한 요인 중 하나로 작용한다. 경제가 성장하고 고용이 증가하면서 소비자들이 더 많은 제품과 서비스를 구매하려고 할 때 발생한다. 정부가 대규모 재정 정책을 통해 지출을 확대할 경우, 시장에 자금이 유입되면서 수요가 증가한다. 중앙은행이 금리를 인하하여 소비와 투자를 촉진하면, 자금이 쉽게 시장에 유입되어 수요가 급증할 수 있다. 공급이 한정되어 있는 상황에서 수요가 급격히 증가하면, 기업들은 더 높은 가격을 요구하게 되어 물가가 상승한다. 일정 수준까지는 경제 성장을 촉진할 수 있지만, 과도한 수요 증가는 장기적으로 경제에 부정적인 영향을 미칠 수 있다.

**DPI (Disposable Personal Income)**

DPI(가처분 소득)는 개인이 세금과 사회 보장 기여금을 공제한 후 실질적으로 사용할 수 있는 소득을 나타낸다. 개인이 생활비, 소비, 저축 및 투자에 사용할 수 있는 순 소득으로, 개인이나 가구의 경제적 건강 상태를 평가하는 중요한 지표이다. DPI는 총소득에서 세금(주로 소득세) 및 사회 보장 기여금을 제외한 금액이다. 즉, 개인이 의무 지출을 공제한 후 남는 순소득을 말하며, 생활비와 저축, 투자에 사용할 수 있는 자금이다. 가처분 소득이 많을수록 소비자들은 더 많은 돈을 소비하거나 저축할 수 있다. 이는 경제 활동을 활성화시키는 중요한 요소이다. DPI는 경제 상황을 분석할 때 중요한 지표로 활용되며, 소비 지출과 저축률을 파악하는 데 기여한다. 가처분 소득이 증가하면 경제 성장이 촉진될 수 있고, 반대로 가처분 소득이 감소하면 소비 감소로 인해 경기 침체의 위험이 커질 수 있다.

## DPL (Deposit Placement Line)

DPL(예치 한도)은 주로 금융기관이 고객의 자금을 특정 예치 상품에 투자하거나 보관할 때 설정하는 최대 한도를 나타낸다. 은행이 고객으로부터 수신할 수 있는 예금의 상한선 또는 특정 예금 상품에 대해 예치할 수 있는 금액의 상한을 정하는 데 사용된다. 이는 유동성 관리와 위험 관리를 위한 중요한 도구로 작용하며, 금융 기관의 자산 및 부채 관리의 일환이다. 금융기관은 예치 한도를 설정하여 지나친 자금 유입을 방지하고, 고객 예치금의 최적 관리 및 리스크 분산을 가능하게 한다. 특정 예금 상품에는 이자율이나 기간에 따라 예치할 수 있는 최대 금액이 설정되며, 이를 통해 금융기관은 유동성 위험을 최소화할 수 있다. 예치 한도를 통해 금융 기관은 지나친 자금 유입을 방지하여 유동성 관리를 효율적으로 수행할 수 있다. 또한, 지나치게 많은 예금이 한곳에 집중될 경우 발생할 수 있는 위험을 관리하고, 이를 통해 금융기관의 안정성을 높일 수 있다.

## DR (Depositary Receipts)

DR(주식 예탁 증서)은 한 국가의 투자자들이 해외 주식에 간접적으로 투자할 수 있도록 해주는 금융 상품이다. 해외 기업의 주식을 직접 구매하지 않고, 이를 자국 통화로 거래할 수 있도록 하기 위해 발행되는 증서이다. 예탁 은행이 해외 기업의 주식을 보유한 후, 그에 상응하는 예탁 증서를 현지 투자자들에게 발행한다. 이를 통해 투자자들은 자국의 금융 시장에서 해당 해외 기업의 주식에 투자할 수 있게 된다. DR은 투자자들이 해외 주식을 직접 보유하지 않고도 자국 시장에서 거래할 수 있게 하여, 해외 기업에 대한 투자 접근성을 높인다. 자국 통화로 거래되고 자국의 법률을 적용받기 때문에 환율 변동 위험을 줄이고, 법적 절차를 간소화할 수 있다.

## DSCR (Debt Service Coverage Ratio)

DSCR(부채 상환 비율)은 기업이나 개인이 벌어들인 영업 수익이 해당 기간 동안의 부채 상환액을 얼마나 충분히 커버할 수 있는지를 나타내는 지표이다. 채권자와 투자자들이 기업의 재정 건전성과 부채 상환 능력을 평가할 때 중요한 척도로 사용된다. DSCR은 영업 수익(Operating Income)을 부채 상환액(Debt Service)로 나누어 산정된다. 여기서 영업 수익은 기업이 본업을 통해 벌어들인 수익(주로 EBITDA)이고, 부채 상환액은 해당 기간 동안 갚아야 할 이자와 원금을 포함한 금액이다. DSCR이 1보다 크면, 영업 수익이 부채 상환액을 초과한다는 의미로, 기업이 부채를 상환할 수 있는 충분한 재정 능력이 있음을 나타낸다. DSCR이 1 이하이면, 영업 수익이 부채 상환액에 미치지 못해, 기업이 부채를 갚기 어려울 수 있음을 시사한다.

## DSR (Debt Service Ratio)

DSR(총 부채 원리금 상환 비율)은 개인이나 기업의 연간 소득 대비 부채 원리금 상환액의 비율을 나타내는 지표이다. 채무자가 일정 기간 동안 벌어들이는 소득으로 얼마나 효율적으로 부채를 상환할 수 있는지를 평가하는 데 사용된다. DSR은 주로 대출 심사나 재무 상태 평가에서 중요한 역할을 하며, 채무자의 채무 상환 능력을 측정하는 중요한 기준이 된다. DSR은 총 부채 원리금 상환액을 총 소득으로 나눈 뒤 백분율로 환산하여 산정한다. 여기서 총 부채 원리금 상환액은 대출자의 대출금 원금과 이자의 총액을 포함하며, 총 소득은 주로 개인이나 기업의 연간 소득이다. 낮은 DSR은 대출자가 소득의 큰 부분을 다른 용도로 사용하고 부채 상환 부담이 적음을 나타낸다. 일반적으로 금융기관은 낮은 DSR을 신용 위험이 낮은 것으로 평가한다. 높은 DSR은 소득의 큰 부분이 부채 상환에 할당되어, 상환 능력에 부담이 있을 가능성을 시사한다. DSR이 높으면 새로운 대출을 받기 어려울 수 있다.

## DTI (Debt to Income Ratio)

DTI(총 부채 상환 비율)는 개인이 소득에 비해 얼마나 많은 부채를 상환해야 하는지를 나타내는 지표이다. 금융 기관이 대출을 심사할 때, 대출 신청자의 상환 능력을 평가하는 중요한 기준으로 사용된다. 이 비율은 개인의 월 소득 대비 부채 상환액이 차지하는 비율을 나타내며, 이 수치가 높을수록 부채 상환 부담이 크다는 것을 의미한다. DTI는 월 부채 상환액을 월 소득으로 나눈 뒤 백분율을 적용하여 산정한다. 여기서 월 부채 상환액은 주택 대출, 신용카드 대금, 자동차 대출 등 모든 월 부채 상환액을 포함하고, 월 소득은 개인의 세후 소득을 의미한다. DTI 비율이 낮을수록 개인이 소득에 비해 부채 부담이 적고, 대출 상환 능력이 높다고 평가된다. 이는 대출 승인의 가능성을 높인다. DTI 비율이 높을수록 소득 대비 부채 부담이 크다는 의미로, 대출 상환에 어려움을 겪을 수 있으며, 대출 승인이 거절될 가능성이 있다.

## DVP (Delivery versus Payment)

DVP(동시 결제)는 유가 증권의 인도와 지불이 동시에 이루어지는 결제 방식이다. 증권 거래에서 발생하는 위험을 최소화하기 위해 고안된 방식으로, 증권의 인도와 지불이 조건부로 이루어지며, 한쪽이 완료되지 않으면 거래 전체가 실행되지 않는다. 이 방식은 거래에서 발생할 수 있는 결제 리스크를 줄이고, 증권과 대금 모두가 안전하게 교환될 수 있도록 보장한다. DVP는 주로 증권 거래에서 사용되며, 중앙 증권 예탁 기관(CSD)이나 결제 은행이 이 시스템을 사용하여 대규모 금융 거래가 안전하게 이루어지도록 한다. 주식, 채권 등의 금융 상품 거래뿐만 아니라 파생상품 거래에서도 동시 결제 방식을 사용하여 거래의 안전성을 보장한다. DVP 방식에서는 증권 결제 시스템이 거래가 완료될 때까지 증권과 자금 모두를 각각 보관하고, 증권이 전달되면 대금도 즉시 지불된다. 즉, 증권을 인도받는 측이 대금을 지불할 때만 동시에 증권을 받을 수 있는 방식이며, 이를 통해 결제 불이행의 위험을 방지할 수 있다. 증권이 인도되기 전까지 자금이 지급되지 않기 때문에, 지불 불이행 또는 증권 미전달에 대한 리스크가 크게 줄어든다. 거래의 양 당사자는 각각 자산을 교환함으로써, 서로가 결제 의무를 이행하지 않을 위험을 최소화한다.

## EAD (Exposure at Default)

EAD(부도 시 노출)는 차입자가 부도가 발생했을 때 금융기관이 회수하지 못할 자산의 금액을 나타낸다. 신용 위험 관리에서 중요한 지표로, 금융기관이 대출이나 신용 거래에서 부도 발생 시 손실이 될 수 있는 금액을 추정하는 데 사용된다. 부도에 따른 손실 가능성을 예측하여 금융기관이 자본 적립 및 위험 관리 전략을 수립하는 데 중요한 역할을 한다. EAD는 대출이나 신용 한도에서 부도 시점에 남아 있는 미상환 금액을 기준으로 계산된다. 예를 들어, 대출 잔액뿐만 아니라 신용카드 한도에서 미사용 금액도 고려되며, 이 금액이 부도 시점에 금융기관이 부담하게 될 노출액이 된다. EAD는 바젤 II와 바젤 III 등의 국제 금융 규제에서 사용되는 중요한 요소로, 금융기관이 자본을 적절히 보유하고 신용 리스크에 대비하도록 돕는다. 이는 손실 발생 가능성을 예측하여 금융기관의 재무 건전성을 유지하는 데 기여한다. 금융기관은 EAD를 통해 차입자의 부도 가능성을 고려한 손실 예측을 할 수 있으며, 이를 기반으로 부채 관리 전략을 수립하고 자본 충당금을 적립하게 된다.

## EB (Exchangeable Bond)

EB(교환 사채)는 발행 기업이 보유하고 있는 다른 기업의 주식으로 교환할 수 있는 옵션을 제공하는 사채이다. 발행된 채권의 만기 전에 채권 보유자가 일정 조건 하에 채권을 다른 기업의 주식으로 교환할 수 있는 권리를 가지며, 주식의 상승 가능성을 기대하는 투자자에게 유리한 상품이다. 전환 사채(CB)와 유사하지만, 전환사채가 발행 기업의 주식으로 전환되는 것과 달리, 교환 사채는 다른 회사의 주식으로 교환된다는 점에서 차이가 있다. EB의 경우 채권 보유자가 발행 기업이 보유한 다른 기업의 주식으로 채권을 교환할 수 있는 권리를 가진다. 투자자는 이자를 받는 동안 주식의 상승 가능성을 기대할 수 있다. 주가가 상승하면, 채권 보유자는 주식 교환을 통해 이익을 얻을 수 있다. 주식 교환 가능성 외에도 만기 시 원금을 상환받거나, 이자를 지속적으로 받을 수 있어 안정적인 투자 수단이 될 수 있다. 교환 사채는 주가 상승을 기대하는 투자자에게 매력적인 금융 상품이며, 기업은 이를 통해 자본을 조달할 수 있다. 발행 기업은 자금 조달을 위해 교환 사채를 발행하고, 투자자는 주식 상승의 이익을 누릴 기회를 얻게 된다.

## EBITDA (Earnings Before Interest, Tax, Depreciation, and Amortization)

EBITDA(순 이익)는 이자, 세금, 감가상각을 제외한 영업이익을 나타내는 지표이다. 기업의 핵심 영업활동에서 발생하는 현금흐름을 평가하는 데 사용되며, 기업이 영업활동에서 벌어들인 수익을 분석할 때 중요한 지표로 활용된다. 이는 특히 기업의 수익성을 평가하거나, 다른 기업과 비교할 때 유용한 지표이다. 각각의 공제 항목들은 다음과 같다.

1) Interest(이자): 대출자가 빌린 자금에 대해 차용인에게 부과하는 비용이다. 이자비용은 대출 원금과 이자율에 따라 결정되며, 이는 자본 비용의 중요한 부분의 하나이다.
2) Tax(세금): 개인이나 법인이 정부에 내는 의무적인 공과금으로, 국가의

재정 운영을 위해 사용된다. 세금에는 소득세, 재산세, 소비세 등 다양한 형태가 있으며, 이는 각국의 세법에 따라 규정된다.
3) Depreciation(감가상각): 유형 자산(예: 건물, 기계)이 시간이 지남에 따라 가치가 하락하는 것을 회계적으로 반영하는 방법이다. 자산의 사용 기간 동안 점진적으로 비용으로 처리되어 기업의 재무제표에 기록된다.
4) Amortization(상각): 무형 자산(예: 특허권, 상표권)의 가치 감소를 반영하는 회계 기법으로, 자산의 사용 수명에 걸쳐 비용을 나누어 처리한다. 상각은 주로 자산의 가치가 일정 기간 동안 점차적으로 소멸하는 것을 회계적으로 반영한다.

## ED (External Debt)

ED(외채)는 한 국가가 외국으로부터 빌린 자금으로, 정부, 기업, 개인 등이 해외 금융기관이나 국가로부터 차입한 모든 채무를 포함한다. 외화로 이루어지는 경우가 많아, 차입국의 외환 보유고와 환율 변동에 민감하다. 국가의 대외 부채가 높으면 외채 상환 부담이 증가하여 경제 불안정성을 초래할 수 있으며, 이는 자본 유출과 외환 위기의 위험성을 높인다. 외채는 국가 경제의 성장과 자본 유입을 촉진하는 반면, 과도할 경우 상환 능력에 부담을 주어 경제 위기를 초래할 위험이 있다. 국제 신용기관과 투자자들은 대외 부채 규모와 상환 능력을 평가하여 국가의 신용등급을 결정하며, 이는 국제 금융 시장에서 자본 조달에 영향을 미친다.

## EEF (Exchange Equalization Fund)

EEF(외국환 평형 기금)는 환율 안정을 목적으로 정부가 운영하는 기금이다. 특정 통화의 환율 변동에 대응하기 위해 외환 시장에 개입하거나, 외환을 매입하거나 매도하여 국내 통화 가치를 조정하는 데 사용된다. 환율 급변에 따른 경제 불안을 방지하고, 외환 보유고의 안정적인 운용을 통해 경제적 안정성을 유지하는 역할을 한다. 외국환 평형 기금은 주로 국가 외환 보유고, 차입금, 또는 채권 발행을 통해 마련되며, 정부가 외환 시장에서 환율 변동성을 줄이기 위해 매수 또는 매도에 활용한다. 주로 중앙은행이나 정부가 운영하며, 환율 안정과 금융 위기 예방의 중요한 수단이다. 외환 시장에서 과도한 환율 변동을 막아 수출입 가격의 안정성을 도모한다. 외환 부족이나 금융 위기가 발생할 때 외환 보유고를 신속하게 활용해 시장 신뢰를 유지할 수 있다. 외환을 사용하여 국내 통화의 가치를 방어하거나 조정함으로써 인플레이션이나 디플레이션을 예방하는 역할도 한다.

## EITC (Earned Income Tax Credit)

EITC(근로 장려 세제)는 저소득 근로자를 지원하기 위해 시행되는 세금 혜택 제도이다. 근로 소득이 일정 기준 이하인 저소득층 근로자나 가족에게 세액 공제 또는 환급 혜택을 제공하여, 생활비 부담을 줄이고 근로를 장려하는 효과를 목표로 한다. 세금을 줄여주는 것뿐만 아니라 세금 환급을 통해 저소득 가구의 실질 소득을 높이는 데 기여한다. EITC는 주로 저소득 근로자와 자녀를 둔 가구를 대상으로 하며, 자녀 수와 결혼 여부에 따라 적용 기준과 혜택 금액이 달라진다. 소득 기준을 충족하는 근로자는 자녀가 없더라도 혜택을 받을 수 있지만, 자녀가 있을 경우 더 큰 혜택을 받을 수 있다. 저소득 근로자에게 경제적 혜택을 제공함으로써 근로를 장려하고, 복지 의존을 줄이는 데 기여한다.

## ELD (Equity Linked Deposit)

ELD(주가 연계 예금)는 주식 시장의 성과에 연동된 금융 상품이다. 예금자의 자금을 주식 시장의 지수나 개별 주식과 연계하여 운용하되, 원금 보장을 제공하는 특징을 가지고 있다. 즉, 주가 지수가 상승하면 더 높은 수익을 얻을 수 있지만, 주가가 하락하더라도 원금은 보장되기 때문에 안정성과 수익성을 동시에 추구하는 금융 상품이다. ELD는 은행이나 금융기관에서 제공하는 예금 상품으로, 고객의 자금이 주가지수나 주식 바스켓 등의 성과에 따라 이자가 결정된다. 주가가 목표 수익률 이상 상승할 경우, 고정된 이자율을 넘는 추가 수익을 얻게 된다. 반면, 주가가 하락하거나 변동이 적더라도 원금은 보장되며, 최소한의 이자가 지급될 수 있다. 주가 상승 시에도 일정한 상한선이 있어, 주가가 크게 상승해도 그에 비례한 모든 수익을 얻을 수는 없는 특징이 있다. 주가 변동에 따라 수익률이 결정되기 때문에, 예금자가 수익을 얻기 위해서는 주식 시장의 성과가 중요하다.

**ELF (Equity Linked Fund)**
ELF(주가 연계 펀드)는 투자자의 자금을 주식 시장의 성과와 연계하여 운용하는 펀드형 금융 상품이다. 주식과 관련된 다양한 금융 자산(주식, 주가지수, 파생상품 등)에 투자하여, 주식 시장의 변동에 따른 수익을 추구한다. 주식 투자와 비슷하지만, 전문가가 운용하는 펀드에 투자자의 자금을 맡겨 분산 투자 효과를 얻을 수 있다는 점에서 차별화된다. 펀드 매니저는 자금을 다양한 주식이나 주가지수, 파생상품에 투자하며, 투자자의 위험 성향에 맞게 안정성과 수익성을 조절한다. ELF는 주식형 펀드와 비슷하지만, 일반적으로 더 다양한 금융 상품을 활용하여 수익을 극대화하려는 특성을 가진다. 펀드 매니저가 투자 포트폴리오를 구성하고 운용하므로, 투자자가 직접 주식 시장을 분석하지 않아도 된다. 여러 주식과 자산에 투자하므로, 리스크 분산 효과를 누릴 수 있다.

**ELS (Equity Linked Security)**
ELS(주가 연계 증권)는 특정 주식 또는 주가지수의 성과에 연동된 파생 금융 상품이다. 투자자는 주가가 상승하거나 일정 범위 내에서 변동할 경우 고정된 수익을 얻을 수 있으며, 주가가 급락하지 않으면 원금을 보장받을 수 있는 구조이다. 주가가 일정 수준 이상 하락하면 원금 손실 가능성도 존재하지만, 주식 직접 투자보다 위험을 분산하면서도 수익을 추구할 수 있는 상품이다. ELS는 일반적으로 주가지수나 개별 주식의 성과에 따라 수익이 결정되며, 투자자는 주가가 일정 범위 내에서 변동하는 동안 정해진 수익률을 얻을 수 있다. 이 증권은 조기 상환 조건을 가지며, 투자 기간 중 주가가 조건을 충족하면 조기 상환이 가능하다. 주식 시장이 일정 범위 내에서 변동하면 고정 수익을 얻을 수 있어, 주식에 직접 투자하는 것보다 위험을 줄이면서 수익을 추구할 수 있는 장점을 지닌다. 그러나, 주가가 일정 수준 이상 하락할 경우 원금 손실 가능성도 있다. ELS는 구조가 복잡하고 투자자에게 익숙하지 않을 수 있어, 충분한 이해가 필요하다.

## EM (Electronic Money)

EM(전자 화폐)은 현금과 같은 물리적인 화폐 대신 디지털 형식으로 저장되고 사용되는 화폐이다. 은행 계좌나 모바일 지갑, 스마트 카드 등에 디지털 방식으로 저장되어, 인터넷을 통한 온라인 결제나 전자 상거래에서 주로 사용된다. 전자 화폐는 현금의 디지털 대체물로, 물리적인 화폐의 이동 없이도 전자적 전송을 통해 쉽게 금융 거래가 가능하게 한다. 전자 화폐는 금융 기관이 발행하며, 사용자는 은행 계좌에서 디지털 자산으로 변환하여 사용하거나, 모바일 결제 수단을 통해 실시간 거래에 사용할 수 있다. 전자 화폐는 충전식 카드나 모바일 애플리케이션 형태로 제공되며, 결제와 송금을 빠르고 편리하게 처리할 수 있다. 전자 화폐는 온라인 결제나 국경 간 송금을 쉽게 처리할 수 있어, 현금의 이동 없이도 다양한 금융 거래가 가능하다. 또한, 전자 화폐는 암호화 기술을 사용하여 거래의 보안을 보장하며, 사용 기록을 추적할 수 있어 투명한 거래를 지원한다. 전자 화폐는 해킹과 같은 사이버 보안 위협에 노출될 수 있으며, 금융 범죄에 악용될 가능성도 있는 단점을 지니고 있다. 디지털 결제 시스템에 의존하므로, 기술적 문제가 발생할 경우 사용이 어려워질 수 있다.

### EMBI (Emerging Market Bond Index)
EMBI(신흥 시장국 채권 지수)는 신흥 시장국의 달러 표시 채권 성과를 추적하는 대표적인 지수이다. 신흥 시장국 정부와 기업이 발행한 채권의 수익률, 신용위험, 시장 변동성 등을 분석해 투자자들에게 신흥 시장국 채권에 대한 투자 성과를 제공하는 역할을 한다. J.P.모건이 대표적으로 제공하는 EMBI 지수는 신흥 시장국 채권 투자의 주요 벤치마크로 사용된다. 달러화로 표시된 채권이 대부분을 차지하며, 채권의 신용등급과 만기를 기준으로 구성된다. EMBI는 신흥 시장국의 신용 위험과 거시경제 상황을 반영하므로, 투자자들이 각국의 경제 상태와 채권 시장 리스크를 평가하는 데 유용하다. 반면에, EMBI는 신흥 시장의 경제 및 정치적 불안정성에 영향을 받을 수 있으며, 환율 변동과 유동성 부족에 민감하다. 따라서 이 지수에 포함된 채권은 일반적으로 위험이 높은 자산으로 간주된다.

### EMV (Expected Monetary Value)
EMV(금전적 기대값)는 의사결정 과정에서 미래의 금전적 결과를 예측하는 통계적 방법으로, 각 가능성에 따른 결과의 가중 평균을 계산하는 방식이다. 불확실성이 존재하는 상황에서 다양한 시나리오의 금전적 영향을 분석해, 최적의 의사결정을 내리는 데 사용된다. 주로 프로젝트 관리와 위험 분석에서 사용되며, 특히 프로젝트에서 리스크 관리를 할 때 잠재적인 손실이나 이익을 정량적으로 평가하는 도구로 활용된다. EMV는 발생 확률과 그 결과에 따른 금전적 값을 곱한 뒤, 모든 가능성의 가중 합계를 더하여 계산된다. 프로젝트 리스크 평가 시, 각 리스크의 금전적 영향을 수치화하여 종합적인 리스크 평가를 가능하게 한다. 그러나 단점은 계산이 기대값에 의존하므로, 실제로는 특정 결과가 발생할 가능성이 낮거나 결과가 극단적일 경우, EMV가 현실적이지 않을 수 있다는 것이다.

## EOS (Economy of Scope)

EOS(범위의 경제)는 한 기업이 여러 제품이나 서비스를 동시에 생산할 때 발생하는 비용 절감 효과를 의미한다. 규모의 경제와 유사하지만, 규모의 경제가 대량 생산으로 인한 단위당 비용 감소를 설명하는 반면, 범위의 경제는 다양한 제품이나 서비스를 동시에 제공함으로써 자원을 효율적으로 활용하여 비용을 절감하는 것을 설명한다. 기업이 여러 상품을 동시에 생산하거나 서비스를 제공할 때, 공유 자원(설비, 인력, 기술 등)을 활용함으로써 총비용을 절감할 수 있는 상황을 뜻한다. 예를 들어, 한 공장에서 두 가지 제품을 생산할 때, 각각 별도로 생산하는 것보다 공통된 자원을 활용하면 비용을 줄일 수 있다. 예를 들어, 소프트웨어 회사가 한 번 개발한 기술을 여러 제품에 적용하면 추가 개발 비용을 절감할 수 있다. 기업이 다양한 제품군을 마케팅할 때, 단일 광고나 유통 네트워크를 공유하면 비용이 절감된다. 범위의 경제는 다양화된 사업에서 비용 효율성을 높이고, 시너지 효과를 창출하여 기업이 더 나은 경쟁력을 갖추도록 돕는다. 특히, 복합 제품을 생산하거나 통합된 서비스를 제공하는 기업에서 효과가 두드러지게 나타난다.

## EPS (Earnings per Share)

EPS(주당 순이익)는 기업이 한 회계 기간 동안 벌어들인 순이익을 기업의 총 주식 수로 나눈 값을 나타낸다. 여기서 순이익은 기업의 총 수익에서 세금, 이자, 비용 등을 모두 차감한 후의 금액이다. 총 발행 주식 수는 기업이 발행한 보통주 주식 수를 의미한다. 주주의 수익성을 평가하는 중요한 지표로, 주식 한 주당 기업이 벌어들인 이익을 보여준다. 투자자들이 기업의 수익성을 비교하거나, 주당 이익의 증가 여부를 확인해 투자 결정을 내리는 데 사용된다. EPS는 주식 투자자가 기업의 수익성을 평가하는 핵심 지표로, EPS가 높을수록 기업이 효과적으로 이익을 창출하고 있음을 의미한다. EPS는 또한 주가수익비율(P/E)을 계산하는 데 중요한 역할을 하며, 이를 통해 기업의 가치 평가와 비교가 이루어진다.

**ESI (Export Similarity Index)**
ESI(수출 경합도 지수)는 두 국가 또는 경제권이 글로벌 시장에서 동일한 제품을 얼마나 유사하게 수출하는지를 측정하는 지표이다. 두 국가의 수출 구조가 얼마나 유사한지를 파악하고, 경쟁 강도를 분석하는 데 사용된다. 유사성이 클수록 두 국가의 제품이 경합할 가능성이 높다는 의미이다. ESI는 두 국가가 특정 시장에 수출하는 제품군의 구성을 분석하여, 수출 제품의 유사성 정도를 계산한다. 주로 0에서 1 사이의 값으로 나타내며, 1에 가까울수록 두 국가의 수출 구조가 매우 유사하다는 것을 의미하고, 0에 가까울수록 유사성이 적다는 것을 나타낸다. 유사성이 높은 국가들은 동일한 상품을 수출하여 경쟁 관계에 놓이게 된다. 기업과 정부는 ESI를 바탕으로 무역 정책을 수립하고, 시장 진출 전략을 세울 수 있다. 예를 들어, 특정 국가와 수출 유사성이 높으면, 기업은 그 시장에서 차별화 전략을 고려해야 한다.

**ETF (Exchange Traded Fund)**
ETF(상장 지수 펀드)는 주식 시장에서 주식처럼 거래되는 투자 펀드이다. 주로 특정 지수(예: S&P 500)나 상품, 채권, 자산 군을 추적하며, 투자자는 ETF를 통해 다양한 자산에 분산 투자할 수 있다. 증권 거래소에 상장되어 있어, 일반 주식처럼 실시간으로 사고 팔 수 있는 장점이 있다. ETF는 펀드와 주식의 특성을 모두 지니고 있다. 펀드는 투자자들의 자금을 모아 특정 자산에 투자하며, ETF는 이 펀드 지분을 주식 시장에서 매매할 수 있다. 이는 소액으로도 다양한 자산에 분산 투자할 수 있게 해주며, 특정 지수나 자산 군의 성과를 추적하는 구조를 가지고 있다. ETF는 주식처럼 실시간 거래가 가능하여, 투자자가 원할 때 빠르게 매매할 수 있다. 하나의 ETF에 투자하면 여러 자산에 동시에 투자하는 효과가 있어, 리스크 분산이 가능하다. 전통적인 펀드에 비해 관리 비용이 저렴한 경우가 많아, 장기 투자에 유리한 장점을 제공한다.

### EURIBOR (Euro Interbank Offered Rate)

EURIBOR(유로 은행간 금리)는 유로존 내 은행들이 단기 자금을 서로 빌려줄 때 적용하는 단기 금리를 의미한다. 유럽 은행 간 대출 시장에서 자금을 빌릴 때 적용되는 기준 금리로, 유럽연합(EU) 내에서 유로화로 표시된 자금에 대해 사용된다. 유로존의 주요 금융 기관들이 제공하는 금리 정보를 기반으로 매일 산정되며, 주로 대출 금리 및 파생상품 계약의 기준으로 사용된다. 여러 만기(1주, 1개월, 3개월, 6개월 등)에 따라 다르게 산정되며, 이는 유럽의 주요 은행들이 자금을 빌려줄 때 어떤 기간 동안 자금을 빌릴 것인지에 따라 달라진다. EURIBOR는 유로화 자금 시장에서 중요한 기준 금리로 작용하며, 주택담보대출, 기업 대출, 파생상품 거래 등 다양한 금융 상품의 금리 산정에 적용된다. 또한, 유럽중앙은행(ECB)이 통화 정책을 운영할 때 참조하는 주요 금리 중 하나이다.

### EVA (Economic Value Added)

EVA(경제적 부가 가치)는 기업이 자본비용을 초과하는 이익을 창출했는지를 평가하는 지표로, 기업의 경제적 성과를 측정하는 방법 중 하나이다. 기업이 창출한 실질적인 경제적 이익을 나타내며, 기업이 자본비용을 초과한 이익을 창출한 정도를 보여준다. 주주가 기대하는 수익률보다 더 많은 가치를 창출했는지를 평가하는 데 사용된다. EVA는 다음 공식으로 계산된다.

EVA = NOPAT (Net Operating Profit After Tax) – (자본 비용 x 투자 자본)

여기서 NOPAT은 세후 영업이익을 의미하고, 자본 비용은 기업이 자본을 사용하기 위해 지불해야 하는 비용(예: 주주가 기대하는 수익률)을 나타낸다. 투자 자본은 기업이 자산에 투자한 총 금액을 의미한다. EVA는 단순한 회계적 이익이 아닌, 자본의 기회비용을 고려한 실질적인 이익을 측정한다. EVA가 양수일 경우, 기업은 자본비용을 초과하는 부가가치를 창출한 것이며, 음수일 경우 기업이 자본비용을 충당하지 못해 경제적 손실을 입었음을 의미한다.

## FC (Factor Cost)

FC(요소 비용)는 재화나 서비스를 생산하는 데 들어가는 생산 요소 비용(노동, 자본, 토지 등)을 합한 금액을 말한다. 생산 과정에서 직접 투입되는 비용으로, 정부의 세금과 보조금 등을 고려하지 않은 순수한 비용이다. 예를 들어, 임금(노동), 이자(자본), 임대료(토지) 등의 비용이 모두 포함된다. 요소 비용은 세전 가격으로 계산되며, 이는 생산 과정에서 투입된 모든 생산 요소의 비용 합계이다. 간접세(예: 부가가치세)와 보조금이 포함되지 않으며, 이러한 조정이 이루어지지 않은 순수 생산 비용으로 이해할 수 있다. 시장 가격은 간접세와 보조금이 반영된 가격이며, 요소 비용은 이를 고려하지 않은 생산자 관점의 비용이다. 즉, 시장 가격은 소비자에게 최종적으로 부과되는 가격을 의미하고, 요소 비용은 생산자가 실제로 투입한 자원의 비용을 반영한 것이다.

## FC (Forward Contracts)

FC(선도 계약)는 미래의 특정 시점에 미리 정한 가격으로 자산을 매매하기로 한 계약이다. 장외 시장에서 거래되며, 주로 환율, 금리, 상품 등 다양한 자산에 대한 가격 변동 위험을 회피하기 위한 헤지 수단으로 사용된다. 계약 당사자 간에 맞춤형으로 체결되며, 표준화되지 않아 거래소를 거치지 않고 직접 협상에 의해 이루어진다. 선도 계약에서는 매수자와 매도자가 특정 자산을 정해진 가격에, 미래의 특정 날짜에 교환하기로 합의한다. 이러한 계약은 주로 헤지 목적으로 사용되어, 가격 변동으로 인한 위험을 줄이기 위해 활용된다. 예를 들어, 수출업자는 선도 계약을 통해 미래의 환율을 고정함으로써 환율 리스크를 줄일 수 있다. 선도 계약은 맞춤형 계약으로, 거래소의 규제 없이 유연하게 거래 조건을 정할 수 있다. 특정한 필요에 맞게 계약 조건을 설계할 수 있음을 의미한다. 반면에, 선도 계약은 유동성이 부족하고, 거래 상대방의 신용 리스크가 존재할 수 있다. 즉, 거래 상대방이 계약을 이행하지 않을 위험이 크다.

## FD (Final Demand)

FD(최종 수요)는 경제에서 소비자, 기업, 정부가 구매하는 최종 상품과 서비스에 대한 총수요를 의미하며, 중간 재화가 아닌 최종 소비에 쓰이는 재화와 서비스의 수요를 반영한다. 최종 수요에는 개인 소비, 정부 지출, 기업 투자, 수출 등이 포함되며, 이는 경제 성장과 생산 활동의 주요 지표로 사용된다. 최종 수요가 증가하면 생산이 확대되고 고용이 증가하는 긍정적 효과를 유발할 수 있다. FD는 국내총생산(GDP) 산출에서 중요한 역할을 하며, 경제 상황을 이해하고 예측하는 데 사용된다. 정책 입안자들은 최종 수요의 변화를 분석해 소비 및 투자 촉진, 경기 부양 등 경제 정책을 조정하며, 이는 장기적인 경제 성장을 목표로 한다.

## FD (Financial Derivatives)

FD(파생 금융 상품)는 기초 자산(예: 주식, 채권, 상품, 외환 등)의 가치에 따라 가격이 변동하는 금융 상품을 말한다. 그 자체로는 아무런 가치가 없지만, 그 가치가 기초 자산의 가격 변동에 따라 결정된다. 헤지(위험 회피)와 투기(차익을 노린 투자)를 목적으로 사용되며, 투자자와 기업이 위험을 관리하고, 수익 창출 기회를 탐색할 수 있도록 도와준다. 파생상품은 헤지를 통해 가격 변동성에 대한 위험을 줄이거나, 투자를 통해 수익을 극대화하는 데 사용된다. 예를 들어, 환율 변동으로 인해 위험이 발생할 수 있는 수출기업은 선물 계약을 사용하여 위험을 줄일 수 있다. 또한, 투자자들은 파생상품을 통해 레버리지를 활용하여 적은 자본으로도 높은 수익을 기대할 수 있다. 하지만 파생상품은 고도의 투기성을 지니고 있어, 투자자들에게 높은 리스크를 안길 수 있다. 특히, 잘못된 예측이나 변동성으로 인해 손실을 초래할 수 있으므로, 전문적인 지식과 신중한 관리가 요구된다. 파생 금융 상품에는 다음과 같은 유형들이 있다.

1) 선물(Futures): 계약 당사자들이 미래의 특정 시점에 미리 정해진 가격으로 자산을 매매하기로 약속하는 계약이다.
2) 옵션(Options): 기초 자산을 미래에 특정 가격에 사고 팔 수 있는 권리를 부여하는 계약이다. 권리는 있지만 의무는 없다.
3) 스왑(Swaps): 두 당사자가 금리나 통화와 같은 특정 현금 흐름을 교환하는 계약이다.

**FE (Fountain Effect)**

FE(분수 효과)는 경제 이론에서 정부의 대규모 재정 지출이 전체 경제에 점차적으로 확산되어, 경제 활성화와 소득 증대를 가져오는 현상을 설명하는 개념이다. 낙수 효과(trickle-down effect)와 대비되는 개념으로, 경제 하부에서 시작된 정책적 효과가 위로 확산되는 구조를 나타낸다. 이는 주로 저소득층을 중심으로 경제 정책을 시행하여, 이들의 소비와 지출이 경제 전체에 긍정적인 파급 효과를 일으킨다는 논리이다. 분수 효과는 정부가 저소득층을 지원하거나 경제 하부에서부터 소득 재분배와 복지 확충 같은 정책을 시행하면, 저소득층의 소비가 증가하고, 이는 경제 전반의 소득 증대와 경제 성장으로 이어진다는 주장이다. 즉, 소득 격차를 줄이고 소비를 촉진함으로써 경제 회복을 유도하는 정책적 접근이다.

## FOP (Free of Payment)

FOP(분리 결제)는 금융 거래 또는 증권 거래에서, 대금 결제 없이 자산이나 증권의 이전이 이루어지는 방식을 나타낸다. 대개 결제와 자산 이전이 분리되어 이루어지는 상황에서 사용되며, 동시 결제(DVP: Delivery versus Payment)와는 반대되는 개념이다. 즉, FOP 거래에서는 자산의 인도가 이루어지지만, 그와 동시에 대금 결제는 이루어지지 않는 상황을 말한다. FOP는 주로 국제 증권 거래나 상업적 거래에서 사용되며, 자산의 소유권이 이전되지만 그에 대한 대금 지급은 이후 별도로 처리된다. 계산 방식의 차이나 거래 구조에 따라 거래의 일부만 먼저 처리될 때 사용된다. 증권 거래에서는 투자자들이 자산이나 증권을 먼저 이전을 받고, 대금 결제는 별도로 처리되는 방식으로 주로 글로벌 금융 시장에서 적용된다. 거래 대금이 일정 기간 후에 지급되는 신용 거래에서도 FOP 구조를 사용할 수 있다. FOP는 자산 이전이 대금 결제와 분리되므로, 거래 상대방의 신용 위험이나 대금 미지급 위험이 존재할 수 있다. 이러한 위험을 회피하기 위해서는 거래 상대방 간의 신뢰가 중요한 요소가 된다.

## FRN (Floating Rate Note)

FRN(변동 금리부 채권)은 금리가 정기적으로 조정되는 채권을 의미한다. 고정 금리 대신에 시장 금리에 연동되어 금리가 변동되며, 주로 리보(LIBOR)나 EURIBOR 같은 기준 금리에 일정한 가산 금리를 더해 금리가 결정된다. 이 채권은 시장 금리의 변동에 따라 이자 지급액이 달라지기 때문에, 금리 리스크를 관리하고자 하는 투자자들에게 매력적인 상품이다. FRN의 이자율은 정기적으로 조정되며, 이 조정 주기는 주로 3개월이나 6개월 단위로 이루어진다. 이 자율이 시장 금리와 연동되므로, 금리가 상승하면 이자율도 함께 상승하여 투자자는 높은 수익을 기대할 수 있다. 반면, 금리가 하락하면 이자율도 하락한다. 금리 상승 시 더 높은 이자 수익을 얻을 수 있어 금리 리스크를 회피하는 데 유리하다. 정기적 이자 지급을 보장하면서도, 금리 변동에 따라 적응력 있는 수익을 제공한다.

### FRS (Fractional Reserve System)

FRS(부분 준비금 제도)는 은행이 고객이 예치한 자금 중 일부만 현금 준비금으로 보유하고, 나머지는 대출이나 투자에 활용하는 은행 운영 시스템을 의미한다. 즉, 은행은 고객이 예치한 전체 금액을 즉시 인출할 필요가 없다는 전제 하에, 예치금의 일정 비율만 현금으로 보유하고 나머지는 운용할 수 있다. 부분 준비 제도에서는 준비율(Reserve Ratio)을 설정하여 은행이 반드시 보유해야 하는 예치금의 비율을 규제한다. 예를 들어, 준비율이 10%라면, 은행은 예치금 1000만원 중 100만원을 준비금으로 유지하고, 나머지 900만원은 대출이나 투자를 통해 수익을 창출할 수 있다. 부분 준비 제도는 은행이 예치금을 운용하여 대출을 제공함으로써 경제 성장을 촉진하고 신용 창출을 가능하게 한다. 고객이 모든 예금을 한꺼번에 인출하지 않는 한, 은행은 준비금을 유지하면서도 대출 및 투자를 통해 수익을 극대화할 수 있다. 반면에, 고객들이 대규모 예금을 인출하려는 상황(뱅크 런)이 발생하면, 은행이 충분한 준비금을 보유하지 못할 경우 유동성 위기에 빠질 수 있다. 준비금 비율이 너무 낮으면 금융 시스템 전체에 불안정성을 초래할 수도 있다.

### FT (Futures Transactions)

FT(선물 거래)는 미래의 특정 시점에 미리 정해진 가격으로 자산(예: 상품, 통화, 지수 등)을 매매하는 계약이다. 정해진 날짜에 자산을 인도하고 대금을 지급할 것을 약속하며, 거래소에서 표준화된 계약으로 거래된다. 선물은 주로 위험 회피(헤지)와 투기 목적으로 사용되며, 가격 변동에 따른 리스크를 줄이거나 수익을 추구하는 데 중요한 역할을 한다. 선물 거래에서는 자산의 매수자와 매도자가 정해진 가격과 미래의 날짜에 계약을 체결한다. 계약은 거래소의 규정에 따라 표준화되어 있으며, 주로 상품(원유, 금), 통화, 주식 지수 등의 자산에 대해 거래된다. 계약 이행이 보증되는 방식으로 청산소가 관여하여 신용 위험을 줄인다. 선물 거래는 투자자에게 레버리지를 제공하여 상대적으로 적은 자본으로도 거래를 할 수 있다. 반면에, 레버리지로 인해 손실 가능성도 크며, 만기일에 자산을 인도받거나 현금을 지급해야 하는 의무가 발생할 수 있다. 기업은 선물 거래를 통해 원자재 가격 변동이나 환율 변동에 따른 위험을 피할 수 있다. 투자자는 가격 변동에 따른 수익을 추구하기 위해 선물 거래를 이용할 수 있다. 예를 들어, 향후 금값이 오를 것으로 예상되면, 금 선물 계약을 매수해 이익을 추구할 수 있다.

### FV (Face Value)

FV(액면가)는 채권, 주식, 지폐 등 금융 상품의 명목상 가치를 나타낸다. 해당 금융 상품에 표시된 금액으로, 예를 들어 채권의 경우 만기 시 투자자에게 지급되는 원금을 의미한다. 주식의 경우에는 회사가 발행한 주식의 공식 명목 가격을 말하지만, 실제 거래되는 시장 가격과는 다를 수 있다. 채권에서 FV는 만기 시 투자자가 받게 되는 원금 금액을 나타낸다. 예를 들어, 액면가가 5,000원인 채권은 만기 시 5,000원을 투자자에게 지급한다. 채권의 이자 지급도 보통 이 FV를 기준으로 산정된다. 주식의 경우 액면가는 회사가 주식을 발행할 때 설정한 공식 가격을 의미한다. 하지만 주식은 보통 시장에서 액면가보다 높은 가격으로 거래되며, 시장 가격은 수요와 공급에 따라 결정된다.

## FWM (Fixed Weighted Method)

FWM(고정 가중법)은 경제 지표나 통계 분석에서 가격 변동이나 수량 변화를 평가할 때 사용되는 측정 방식이다. 특정 기준 연도의 가중치를 사용하여, 시간이 지남에 따라 변동하는 가격이나 생산량을 평가한다. 즉, 고정된 가중치를 통해 물가 상승률이나 경제 성장률 같은 경제적 변화를 추적하는 방식이다. FWM에서는 기준 연도의 가격 또는 수량을 기준으로 가중치를 설정하며, 그 가중치는 이후의 모든 평가 기간에 동일하게 적용된다. 이를 통해 각 연도 간의 변동을 일정한 기준으로 비교할 수 있다. 예를 들어, 소비자물가지수(CPI)를 산정할 때, 일정한 소비 패턴을 기준으로 각 품목에 고정된 가중치를 부여해 계산할 수 있다. FWM은 가중치가 고정되기 때문에, 다양한 시점의 데이터를 일관되게 비교할 수 있다. 가중치를 고정하기 때문에 계산이 상대적으로 단순하며, 데이터의 변화 추이를 쉽게 관찰할 수 있다. 반면에, FWM은 시간에 따라 변화하는 소비 패턴이나 경제 구조의 변화를 충분히 반영하지 못할 수 있다. 예를 들어, 기술 발전이나 소비자의 선호 변화에 따른 경제적 변동을 반영하기 어렵다.

## FX (Foreign Exchange)

FX(외환 거래)는 각국의 통화를 다른 통화와 교환하는 것을 말한다. 세계에서 가장 큰 금융 시장으로, 통화를 즉시 교환하거나 미래의 특정 시점에 교환하는 다양한 거래가 이루어진다. FX 거래는 주로 국제 무역, 투자, 여행, 그리고 국제 금융의 목적으로 이루어진다. FX 시장은 외환 시장으로 불리며, 여기서는 각국의 통화가 자유롭게 거래된다.

## GAAP (Generally Accepted Accounting Principles)

GAAP(재무 회계 기준)는 미국에서 재무 보고 시 기업이 준수해야 하는 회계 원칙과 기준을 의미한다. 기업의 재무 상태와 경영 성과를 정확하고 일관되게 보고할 수 있도록 하는 규칙과 가이드라인을 제공한다. 이를 통해 투자자, 감독 기관, 채권자 등 이해관계자들이 재무 보고서를 신뢰할 수 있으며, 기업 간 비교가 용이해진다. 기업이 수익을 언제 인식할 것인지에 대한 기준이 포함된다. 비용이 발생한 시점에 따라 이를 정확히 기록하는 원칙이 있다. 재무 보고서가 기업의 실질적인 재무 상태를 정확히 반영하도록 요구한다. GAAP는 회계의 일관성을 보장하여, 여러 기업 간의 재무 보고 비교가 용이하게 한다. 또한, 투자자와 주주가 신뢰할 수 있는 정보를 통해 합리적인 의사 결정을 내릴 수 있도록 한다. 미국 증권거래위원회(SEC)는 상장 기업들이 GAAP에 따라 재무 보고를 할 것을 요구한다.

### GDI (Gross Domestic Investment Ratio)

GDI(국내 총 투자율)는 한 국가의 국내총투자율을 의미하며, 국내 총생산(GDP) 대비 국내 투자가 차지하는 비율을 나타낸다. 국가가 경제 성장을 위해 자본을 투자하는 정도를 보여주는 중요한 지표로, 주로 설비 투자, 건설 투자, 재고 증가 등을 포함한다. 경제 개발과 성장 가능성을 평가하는 데 유용하다. GDI는 고정 자산(예: 공장, 기계, 건물 등)과 같은 자산에 대한 투자와 재고 증가분을 포함하여 계산된다. 일반적으로, 국내 총투자율이 높을수록 경제 성장이 활발하게 이루어질 가능성이 크며, 자본 축적을 통해 미래의 생산성을 높이는 효과가 있다. GDI는 한 국가의 투자 활동 수준을 나타내며, 경제의 미래 성장 잠재력을 예측하는 중요한 경제 지표이다.

### GDP (Gross Domestic Product)

GDP(국내 총 생산)는 한 국가 또는 지역 내에서 일정 기간 동안(주로 1년 또는 분기) 생산된 재화와 서비스의 총 가치를 측정하는 경제 지표이다. 경제 활동의 전반적인 규모를 나타내는 가장 중요한 척도 중 하나로, 그 나라의 경제 성장을 평가하고 국제적인 경제 비교를 할 때 주로 사용된다. 명목 GDP와 실질 GDP로 나뉘며, 실질 GDP는 인플레이션을 조정한 수치이다. GDP는 경제 성장률을 측정하는 핵심 지표로, 높을수록 국가 경제가 활발하다는 것을 나타낸다. GDP는 정부와 경제 전문가들이 경제 정책을 수립할 때 중요한 기준이 된다. 국제적으로 국가 경제력을 비교하거나, 경제적 충격이나 경기 변동을 분석하는 데 중요한 역할을 한다. 한편, GDP는 국민의 생활 수준을 대략적으로 보여줄 수 있지만, 소득 분배나 빈부 격차, 삶의 질 등의 측면을 완벽하게 반영하지 못한다는 한계도 있다. GDP는 주로 세 가지 방식으로 계산된다.

1) 지출 접근법: 국가 내의 소비, 투자, 정부 지출, 순수출(수출-수입)을 합산하여 GDP를 계산한다.
2) 소득 접근법: 노동, 자본, 토지와 같은 생산 요소에 대한 소득을 합산하여 GDP를 산출한다.
3) 생산 접근법: 각 산업의 부가가치를 합산하여 전체 GDP를 계산하는 방법이다.

**GDR (Global Depositary Receipts)**
GDR(글로벌 예탁 증서)은 기업이 해외 투자자에게 자국 주식을 거래할 수 있도록 발행하는 금융 상품이다. 한 기업이 자국의 주식을 해외 시장에서 달러나 유로와 같은 외국 통화로 거래할 수 있게 하는 방식을 제공하며, 이를 통해 국제 자본 시장에서 자금을 조달할 수 있다. 다국적 기업이나 해외 확장을 계획 중인 기업들이 자주 사용한다. GDR은 예탁 은행에 의해 발행되며, 이 은행은 기업의 자국 주식을 보유한 후 글로벌 투자자들에게 해당 주식을 기반으로 한 증서를 발행한다. 투자자들은 현지 통화로 GDR을 매매하며, 이는 실제 주식과 동일한 권리를 제공한다. 기업은 글로벌 투자자들에게 주식 거래 기회를 제공하며, 투자자는 여러 국가에서 다양한 주식을 손쉽게 거래할 수 있다.

## GDS (General Depreciation System)

GDS(일반 상각 시스템)는 미국의 세법에서 사용되는 자산 감가상각 방법 중 하나로, 자산의 사용 수명에 따라 매년 일정 금액을 상각하는 방식이다. 자산의 감가상각비를 계산하기 위해 MACRS(Modified Accelerated Cost Recovery System, 수정 가속 감가상각제도)를 따른다. 기업이 자산을 사용하면서 그 자산의 가치가 시간이 지남에 따라 감소하는 것을 반영하여 세금 공제 혜택을 받을 수 있다. GDS는 특정 유형의 자산에 대해 표준화된 상각 수명(예: 3년, 5년, 7년)을 적용하며, 그 기간 동안 자산의 비용을 나누어 상각한다. 자산의 유형에 따라 고정된 상각 기간이 다르며, 해당 자산의 사용 기간 동안 비용을 세금 공제로 처리할 수 있다. GDS 외에도 ADS(Alternative Depreciation System)라는 대체 감가상각 방식이 있으며, 이는 더 긴 상각 기간을 사용하여 자산을 상각한다. 이는 특정 규제를 받을 경우나 장기 자산에 적용된다.

## GFCF (Gross Fixed Capital Formation)

GFCF(총 고정 자본 형성)는 고정 자본 형성 총액을 의미하며, 경제에서 고정 자산(건물, 기계, 장비, 도로 등) 투자에 대한 순 증가분을 측정하는 경제 지표이다. 경제 성장의 중요한 지표로, 한 국가나 경제가 미래 생산성을 향상시키기 위해 물리적 자본에 얼마나 투자했는지를 나타낸다. GFCF는 기계 설비, 인프라, 건설 등과 같은 장기적 자산에 대한 투자를 포함한 한 국가의 생산능력을 증대시키는 중요한 역할을 하며, 장기적으로 경제 성장을 촉진하는 자본 투자의 수준을 나타낸다. GFCF의 증가율이 높으면 해당 국가가 경제 성장을 위해 더 많은 자본을 투자하고 있다는 신호로 해석된다. 따라서, GFCF는 국가의 경제 정책과 투자 방향을 분석하는 데 필수적인 지표로 여겨진다.

## GL (General Ledger)

GL(총 계정 원장)은 기업의 모든 재무 거래를 기록하고 관리하는 회계 장부로, 재무제표 작성에 필요한 모든 계정과 거래 내역을 포함한다. 자산, 부채, 자본, 수익, 비용 등의 계정별로 거래 내역을 분류해 기업의 재정 상태를 체계적으로 파악하게 해준다. 이를 통해 회계 기말에 정확한 손익 계산서와 대차대조표를 작성할 수 있다. GL은 재무 보고의 투명성을 유지하고, 회계 오류를 최소화하며, 기업의 재무 상태와 성과를 정확히 파악하는 데 필수적인 역할을 한다. 각 거래는 일반적으로 일자와 금액, 관련 계정 코드와 함께 기록되어, 회계 감사를 대비해 재무 기록을 체계적으로 관리할 수 있게 한다.

## GL (Gross Loss)

GL(매출 총손실)은 기업이 일정 기간 동안 발생한 매출 총손실을 의미하며, 총수익에서 매출원가를 차감한 결과가 음수일 때 발생한다. 즉, 기업이 상품이나 서비스를 판매하면서 발생한 매출원가가 총수익을 초과한 경우를 나타낸다. 매출 총손실은 비용 구조의 문제나 비효율적인 생산 및 운영을 나타내며, 기업의 경영 성과가 악화되었음을 보여주는 지표이다. 총수익보다 매출원가가 더 높을 때 음수의 값이 발생하며, 이는 기업이 상품을 팔았지만 생산 비용이 더 커 손실을 입었다는 뜻이다.

## GMA (Geometric Moving Average)

GMA(기하 평균 이동 평균)는 금융 데이터나 주가 분석에서 사용하는 이동 평균 기법 중 하나로, 일정 기간 동안의 데이터를 기하 평균으로 계산하여 변동성을 반영하는 방식이다. 일반적으로 주식 가격, 환율 또는 상품 가격의 시간 경과에 따른 변화를 더 정확하게 파악하기 위해 사용된다. 전통적인 산술 평균 이동 평균(Simple Moving Average; SMA)과 달리, 수익률과 같은 데이터에서

곱셈적 변화를 더 잘 반영할 수 있는 장점이 있다. 특정 기간의 데이터 값을 기하 평균으로 계산한다. 기하 평균은 수익률과 같은 비율 데이터를 분석할 때 유용하며, 각 값의 곱의 루트를 구하는 방식으로 산출된다. 주식이나 금융 상품의 장기적인 변동성을 평가하는 데 유용하며, 비율 기반 데이터를 처리할 때 효과적이다. 데이터의 급격한 변동에 덜 민감하여 완화된 추세를 제공할 수 있다. SMA와 달리, GMA는 수익률이나 성장률과 같은 비율적 변화를 더 잘 반영하여, 데이터의 실제 변화를 더욱 정확하게 표현할 수 있다.

### GNI (Gross National Income)
GNI(국민총소득)는 한 국가의 국내총생산(GDP)에 더해 해외로부터 벌어들인 소득(외국인에 대한 자산 소득 등)과 해외로 지급된 소득을 반영한 지표이다. 해당 국가 국민들이 국내외에서 벌어들인 총소득을 나타내며, 경제적 생활 수준과 국민의 총 경제활동을 평가하는 중요한 지표이다. GNI는 개인 소득이나 국민의 실질적 소득 수준을 보다 정확하게 나타낸다.

### GP (General Provisions)
GP(일반 충당금)는 금융 기관에서 잠재적인 손실을 대비하기 위해 설정하는 일반 충당금을 의미한다. 특정 리스크에 대비해 책정되는 것이 아니라, 기업이 전반적인 손실 위험을 관리하기 위해 설정한 충당금으로, 미래의 예상치 못한 손실을 커버하기 위한 일종의 준비금이다. 주로 은행이나 금융 기관이 대출 관련 리스크를 관리하기 위해 마련된다. GP는 특정 자산에 대해 발생할 수 있는 손실에 대비하는 예비 자금으로, 특정 거래나 자산에 국한되지 않고 일반적인 손실 위험을 고려해 설정된다. 그렇기에 회계상 충당금으로 기록되며, 재무제표에서 기업의 재정 건전성을 평가할 때 중요한 역할을 한다. GP는 금융 기관이 불확실한 경제 환경에서 발생할 수 있는 예상치 못한 손실에 대비할 수 있도록 도와준다. 이를 통해 은행은 재무 건전성을 유지하고, 리스크 관리를 강화할 수 있다. 또한, GP는 회계 원칙에 따라 손실이 실제 발생하지 않았더라도 예비 자산으로 설정되기 때문에, 금융 기관의 자본 관리와 유동성 관리에서 중요한 역할을 한다.

## GP (Gross Profit)

GP(매출 총이익)는 기업이 제품이나 서비스를 판매하여 발생한 총수익에서 매출원가(COGS; Cost of Goods Sold)를 차감한 후 남은 금액을 나타낸다. 기업의 핵심 영업활동에서 벌어들인 이익을 평가하는 지표로, 영업 비용, 세금, 이자 비용 등 기타 비용이 포함되지 않은 상태에서 핵심 수익성을 보여준다. GP는 기업이 핵심 영업 활동을 통해 얼마나 효율적으로 비용을 관리하고 수익을 창출했는지를 나타낸다. GP가 높을수록 기업이 제품이나 서비스를 생산하는 데 들어간 비용을 효율적으로 통제하여 더 많은 이익을 남기고 있다는 의미이다.

## GVA (Gross Value Added)

GVA(총부가가치)는 한 국가나 기업이 생산 활동을 통해 창출한 총 생산 가치에서 중간 소비(투입된 원재료나 서비스의 비용)를 뺀 순수한 부가가치를 의미한다. GVA는 국내총생산(GDP)을 구성하는 중요한 요소로, 경제 내 각 부문별 기여도를 평가하고 산업 간 비교를 가능하게 한다. 총부가가치는 생산 과정에서 실제 창출된 경제적 가치를 나타내며, 기업과 국가 경제의 생산성과 효율성을 파악하는 데 활용된다. GVA는 GDP 산출에 사용되며, GDP에서 세금과 보조금을 조정하기 전 단계의 경제 활동을 반영한다. 따라서, GVA는 경제 정책 수립과 기업 전략 개발에 있어서 미래를 예측하고 추진 방향을 결정하는 중요한 기준으로 작용한다.

## GVC (Global Value Chain)

GVC(글로벌 가치 사슬)는 상품이나 서비스가 생산되고 유통되는 과정에서 여러 국가의 기업들이 서로 협력하는 글로벌 공급망을 의미한다. 원자재 공급부터 최종 소비자에게 이르기까지, 전 세계적으로 분산된 생산, 조립, 유통 과정에서 발생하는 부가가치의 흐름을 설명한다. 기업들은 각국의 비용, 기술, 노동력 등의 차이를 활용하여 비용 절감과 효율성을 극대화하고자 한다. 한 나라의 경제 성장은 단일 국가의 생산 능력에 국한되지 않고, 다른 나라의 생산 네트워크와 경제 활동과 밀접하게 연결되어 있음을 보여준다. GVC는 특히 글로벌 무역에서 중요한 역할을 하며, 국가 간 상호 의존성을 강화한다. 다국적 기업들이 세계 각국에서 효율적으로 생산과 유통을 최적화하는 데 널리 활용된다. 기업들이 각 지역의 비용 구조나 기술력을 최대한 활용해 글로벌 경쟁력을 높이는 방법 중 하나이다. 정부도 GVC를 통해 경제 개발 정책을 수립하고, 국제 무역에서 자국의 역할을 강화할 수 있다.

## HDI (Household Disposable Income)

HDI(가계 가처분 소득)는 한 가구가 세금, 사회보험료 등을 공제한 후 실제로 사용할 수 있는 순소득을 나타낸다. 가계의 소비 여력을 보여주는 중요한 경제 지표로, 주거비, 식비, 교육비 등 다양한 소비 지출에 사용된다. 가계의 실제 생활 수준과 소득 분배를 평가하는 데 중요한 역할을 한다. HDI는 총소득에서 세금, 사회보장기여금 등을 뺀 후 남은 금액으로 계산된다. 가구가 저축하거나 소비할 수 있는 돈을 나타내며, 가계의 경제적 안정성과 구매력을 측정하는 데 사용된다. 가계 가처분 소득은 한 나라의 생활 수준과 경제 복지를 평가하는 주요 지표 중 하나로, 소득이 많을수록 가구는 더 많은 소비와 저축을 할 수 있다. 경제 정책을 수립할 때 중요한 참고 자료로, 세금 정책, 복지 제도 등의 영향을 직접적으로 반영한다.

## HE (Hidden Economy)

HE(지하 경제)는 공식적인 정부 통계나 세금 보고에서 누락된 경제 활동을 포괄하는 용어이다. 세금 회피, 불법 활동, 또는 법적 신고 의무를 준수하지 않은 비공식 거래로 구성되며, 이러한 활동은 공식적으로 기록되지 않기 때문에 경제 규모를 정확하게 평가하는 데 어려움을 준다. 지하 경제는 국가의 세수 감소와 경제 왜곡을 초래할 수 있다. 세금 회피는 정부의 공공 서비스 제공 능력을 약화시키고, 불법 활동은 사회적 불안정과 경제적 불균형을 초래할 수 있다. 또한, 정확한 경제 규모를 파악하기 어려워 정책 결정에 혼란을 줄 수 있다.

## HHI (Herfindahl-Hirschman Index)

HHI(집중도 지수)는 특정 시장에서 경쟁 정도를 평가하기 위해 사용된다. 해당 시장에서 기업들의 점유율을 기반으로 계산되며, 독과점이나 시장 경쟁 구조를 평가할 때 중요한 역할을 한다. 기업 집중도가 높을수록 값이 커지며, 독과점 위험이 있는지 평가하는 데 사용된다. HHI ≤ 1,500이면 경쟁적인 시장으로, 독과점 우려가 적다. 1,500 < HHI ≤ 2,500는 중간 정도의 집중 시장으로, 약간의 독과점 위험이 존재할 수 있다. HHI > 2,500이면 높은 집중 시장으로, 독과점 위험이 클 수 있다. HHI는 주로 반독점 규제 당국에서 인수합병(M&A) 시 시장 경쟁력 분석에 사용되며, 시장 경쟁 정책을 수립하는 데 중요한 참고 자료로 활용된다. 기업 간 합병이나 인수로 인해 시장 집중도가 급격히 높아질 경우, 규제 당국은 이러한 거래를 제한할 수 있다.

## HSS (Hybrid Settlement System)

HSS(혼합 결제 시스템)는 실시간 총액 결제(RTGS)와 순차 정산 시스템의 특징을 결합하여 자금 결제를 처리하는 시스템이다. RTGS의 신속성과 순차 정산의 유동성 효율성을 모두 활용해, 결제 지연을 줄이고 자금 사용을 최적화한다. 이는 금융 기관들이 결제 리스크를 관리하면서도 유동성을 효과적으로 유지할 수 있도록 돕는다. HSS는 국가 간 결제, 금융 기관 간 자금 이체 등에서 효율적인 자금 결제를 지원하며, 금융 시스템의 안정성과 효율성을 높인다. 각국 중앙은행은 HSS를 통해 금융 시스템의 리스크를 완화하고, 결제 안정성을 확보할 수 있으며, 이를 통해 글로벌 금융 거래가 원활히 이루어진다.

**IB (Investment Bank)**
IB(투자 은행)는 기업, 정부, 기관 투자자들에게 금융 자문 및 자본 조달과 같은 서비스를 제공하는 금융 기관이다. 주로 기업 금융, 합병 및 인수(M&A), 증권 발행, 주식 및 채권 거래 등과 같은 대규모 금융 거래를 전문적으로 다루며, 일반 상업은행과는 다른 역할을 수행한다. 투자은행은 대규모 금융 거래를 효율적으로 진행하고, 금융 시장에서 중요한 중개자 역할을 한다. 이를 통해 기업과 정부는 대규모 프로젝트를 수행할 자금을 조달하거나, 시장 변화에 빠르게 대응할 수 있다.

**IC (Intermediate Consumption)**
IC(중간 소비)는 한 국가 또는 경제 주체가 재화나 서비스를 생산하기 위해 사용하는 투입물에 대한 소비를 의미한다. 최종 소비가 아닌 생산 과정에서 소모되는 자원을 포함하며, 생산자들이 재생산에 필요한 재료, 연료, 전기, 서비스 등을 사용하여 제품이나 서비스를 완성하는 데 쓰인다. 기업의 생산비용을 측정하는 중요한 경제 지표로 활용된다. 중간 소비는 생산자가 최종 소비재를 생산하기 위해 사용한 모든 중간재와 서비스의 가치로 계산된다. 이는 제품을 생산하는 과정에서 완성된 제품이 아니며, 가치가 더해지기 전의 자원들로 구성된다. IC는 한 국가의 총생산 과정에서 소비된 자원의 규모를 파악하는 데 중요한 역할을 한다. 중간 소비가 높을수록 생산 과정에서 더 많은 자원이 소모되었음을 의미하며, 이는 경제의 생산 구조와 효율성을 분석하는 데 유용한 자료가 된다.

## ICO (Initial Coin Offering)

ICO(초기 코인 공개)는 블록 체인 프로젝트 또는 암호 화폐 프로젝트가 자금을 모으기 위해 디지털 토큰을 발행하고 판매하는 방식이다. 전통적인 IPO(Initial Public Offering)와 유사하지만, 주식 대신 암호 화폐를 발행한다는 점에서 차이가 있다. 프로젝트 초기 단계에서 자금을 확보하기 위한 방법으로 널리 사용되며, 투자자들은 프로젝트에 대한 미래 가치를 기대하고 토큰을 구매한다. ICO는 투자자들이 프로젝트의 암호 화폐 토큰을 구입하고, 이 토큰을 향후 프로젝트의 성공 여부에 따라 거래하거나 사용할 수 있게 한다. 프로젝트 팀은 ICO 기간 동안 자금을 모아 개발을 진행하고, 토큰이 향후 플랫폼 내에서 유틸리티로 사용되거나 거래소에서 상장될 수 있다. ICO는 높은 수익을 기대할 수 있는 반면, 규제 부족과 프로젝트 실패로 인한 투자 손실의 위험도 크다. 일부 ICO는 사기성 프로젝트로 밝혀진 경우도 있어, 투자자는 프로젝트의 백서와 팀의 신뢰성을 면밀히 검토해야 한다.

## IF (Indirect Financing)

IF(간접 금융)는 금융기관이 중개자로서 자금을 공급하는 방식으로, 기업이나 개인이 은행, 보험사 등 금융기관을 통해 자금을 조달하는 것을 의미한다. 자금 수요자는 금융기관으로부터 직접 대출을 받거나, 금융기관이 발행하는 증권을 구매하여 필요한 자금을 확보한다. 금융기관은 예금자들의 자금을 모아 이를 대출 형태로 공급하며, 이자 수익을 통해 운영된다. 간접 금융은 자금 조달 과정을 간소화하고, 리스크를 금융기관이 관리하는 구조로 안정성이 높다. 이는 중소기업이나 개인이 직접 자본 시장에서 자금을 조달하기 어려울 때 주로 사용된다. 간접 금융은 경제에서 중요한 역할을 하며, 특히 금융기관이 신용 평가와 리스크 관리를 수행해 자금 공급의 안전성을 보장한다.

## IFRS (International Financing Reporting Standards)

IFRS(국제 재무 보고 기준)는 국제 회계 기준 위원회(IASB, International Accounting Standards Board)가 제정한 재무 보고의 국제 표준이다. 전 세계적으로 재무제표 작성 시 일관성을 유지하고, 이해관계자들이 재무정보를 명확하게 이해할 수 있도록 하기 위한 목적으로 만들어졌다. IFRS는 전 세계적으로 통일된 회계 규칙을 제공함으로써, 국가 간 회계 기준 차이에 따른 혼란을 줄이고, 국제 자본 시장의 투명성과 신뢰성을 높이는 데 기여한다. 과거에는 각국이 자국의 회계 기준을 사용했기 때문에 다국적 기업의 재무 상태를 비교하기가 어려웠다. 하지만 IFRS는 다양한 국가에서 동일한 기준을 사용하여 재무제표를 작성하게 함으로써, 투자자나 금융 기관이 여러 국가에 걸쳐 기업을 비교하고 분석하는 과정을 간소화한다. 이는 특히 글로벌화된 경제 환경에서 기업의 신뢰성을 높이고, 자본 조달의 효율성을 높이는 데 중요한 역할을 한다. IFRS는 기업의 자산, 부채, 수익, 비용을 처리하는 방식을 표준화하여 일관된 재무 보고를 가능하게 한다. 이로 인해 IFRS를 채택한 기업들은 국제적으로 인정받는 기준에 따라 재무 상태를 투명하게 보고할 수 있으며, 이는 투자자, 규제 당국, 기타 이해관계자들에게 중요한 정보를 제공한다.

## ILG (Income-Led Growth)

ILG(소득 주도 성장)는 가계와 노동자의 소득을 증대시켜 소비를 촉진하고, 이를 경제 성장의 주요 동력으로 삼는 경제 전략이다. 임금 인상, 일자리 창출, 사회복지 확대 등을 통해 소비 여력을 높이고, 내수 시장을 활성화하여 기업의 매출 증가와 고용 창출을 유도한다. 이로써 경제 성장의 기반을 내수 중심으로 전환하고, 안정적이고 지속 가능한 성장을 도모할 수 있다. 소득 주도 성장은 저소득층과 중산층의 경제적 부담을 줄이고 소득 불평등을 완화하는 데 초점을 맞춘다. 이는 사회적 안정성을 강화하고, 장기적인 경제 성장을 가능하게 하는 동시에 경제적 불평등 문제를 해결하려는 목표를 지닌다. ILG는 복지 정책과 임금 정책을 통해 국민의 소비력을 높여, 자생적 경제 성장을 지원하는 전략으로 자리 잡고 있다.

## IOT (Input-Output Tables)

IOT(투입산출표)는 한 국가 또는 지역 경제에서 각 산업 부문 간의 경제적 상호작용을 분석하는 도구이다. 특정 기간 동안 경제 내에서 생산된 재화와 서비스가 다른 산업 부문에서 어떻게 사용되고, 최종적으로 소비자에게 전달되는지를 체계적으로 보여준다. 이를 통해 각 산업이 다른 산업에 얼마나 의존하는지, 그리고 경제 전체에서 산업 간의 연계 구조를 파악할 수 있다. IOT는 경제학자이자 통계학자인 바실리 레온티에프(Wassily Leontief)에 의해 개발된 모델에 기반하며, 산업 간의 투입(한 산업이 다른 산업으로부터 재화를 구매하는 것)과 산출(그 산업이 생산하여 다른 산업이나 최종 소비자에게 공급하는 것)을 수치화한 표이다. 예를 들어, 자동차 산업은 철강, 전자 부품, 플라스틱 등의 원재료를 구매하여 차량을 생산하며, 이 차량은 다른 산업이나 소비자에게 공급된다. 이러한 과정을 투입산출표가 상세하게 기록한다. IOT는 다양한 경제 정책 분석에 중요한 역할을 한다.

## IRR (Internal Rate of Return)

IRR(내부수익률)은 투자 프로젝트의 수익성을 평가하기 위해 사용되는 금융 지표로, 투자에서 발생하는 미래 현금 흐름의 순현재가치(NPV, Net Present Value)를 0으로 만드는 할인율을 말한다. 투자한 자본의 기대 수익률을 의미하며, 투자 프로젝트가 수익성 있는지를 판단하는 중요한 기준이 된다. 자본 예산 편성, 투자 결정, 또는 다양한 투자 프로젝트 간 비교 평가에 널리 사용된다. 기업이나 투자자가 특정 프로젝트의 IRR을 계산한 후, 그 수익률이 기업이 요구하는 최소 수익률(일반적으로 할인율 또는 자본비용)보다 높다면 해당 프로젝트는 경제적으로 타당성이 있다고 평가된다. 반대로 IRR이 요구 수익률보다 낮으면 그 프로젝트는 투자 가치가 없다고 판단된다. 예를 들어, 만약 어떤 프로젝트의 IRR이 10%라면, 이는 투자금에 대해 연간 10%의 수익률을 기대할 수 있다는 의미이다. 이때 IRR이 기업의 자본비용(예: 8%)을 초과하면, 투자자는 이 프로젝트를 실행하는 것이 더 이익이라고 볼 수 있다. IRR의 주요 장점은 투자 수익성을 직관적으로 나타내기 때문에, 투자자들이 쉽게 이해할 수 있다는 점이다. 그러나 IRR은 모든 프로젝트에서 적합한 평가 도구가 아닐 수 있다. 복잡한 현금 흐름 구조를 가진 프로젝트나 초기 투자 대비 여러 번의 현금 유출이 발생하는 경우, IRR이 다수 발생하거나 왜곡될 가능성이 있어 주의가 필요하다.

## IRS (Interest Rate Swaps)

IRS(금리 스왑)는 두 개의 다른 금리 조건을 가진 채무의 이자 지급을 서로 교환하는 금융 계약이다. 주로 고정 금리와 변동 금리를 교환하는 방식으로 이루어지며, 이를 통해 각 계약 당사자는 자신에게 유리한 금리 환경을 확보할 수 있다. 예를 들어, 고정 금리로 자금을 빌린 기업이 변동 금리의 혜택을 원할 때 변동 금리로 자금을 빌린 상대와 금리를 교환해 금리 리스크를 줄일 수 있다. 금리 스와프는 기업이나 금융 기관이 금리 변동 리스크를 관리하고, 자금 비용을 최적화하는 데 중요한 역할을 한다. 이는 특히 금리 변동이 큰 환경에서 재무 구조를 안정적으로 유지하는 데 유용하며, 자금 관리와 리스크 헤지 목적으로 널리 활용되는 파생상품이다. IRS는 각국의 금융 시장에서 필수적인 리스크 관리 도구로 자리 잡고 있다.

## IT (Impossible Trinity, Impossible Trilemma)
IT(삼불 원칙)는 한 나라가 경제 정책에서 세 가지 목표인 고정 환율, 독립적인 통화 정책, 자유로운 자본 이동을 동시에 달성할 수 없다는 경제 이론이다. 경제 개방성이 확대된 세계에서 각국이 직면하는 중요한 통화 정책 딜레마로, "세 가지 중 두 가지만 선택 가능하다"는 의미로 해석된다. 각국이 세 가지 목표 중 두 가지를 선택해야 하며, 나머지 하나는 포기해야 한다는 것을 의미한다. 예를 들어, 고정 환율과 자본 이동의 자유를 유지하려면 독립적인 통화 정책을 포기해야 하며, 이는 통화 정책이 외부 요인에 의해 제약이 있을 수 있음을 시사한다. 세 가지 목표는 다음과 같다.
  1) 고정 환율: 고정 환율을 유지하려면 중앙은행은 자국 통화의 가치를 외환시장에 개입하여 일정하게 유지해야 한다. 이를 통해 환율 변동성을 줄여 무역과 투자를 촉진할 수 있지만, 경제 상황에 맞춘 독립적인 통화 정책 운용에는 제약이 생긴다.
  2) 독립적인 통화 정책: 독립적인 통화 정책을 유지하면 중앙은행이 자국 경제 상황에 맞게 금리나 통화 공급을 조정할 수 있다. 이를 통해 경기 과열이나 침체에 대응할 수 있지만, 고정 환율을 유지하려면 통화 정책의 자율성을 희생해야 한다.
  3) 자유로운 자본 이동: 자본의 자유로운 이동은 자국 내외로의 자금 흐름을 막지 않고 개방된 금융 시장을 형성하여 국제적인 투자를 촉진한다.

## JB (Junk Bond)
JB(정크 본드)는 신용등급이 낮고 채무 불이행 가능성이 상대적으로 높은 기업이 발행하는 고위험 고수익 채권이다. 높은 이자율을 제공해 투자자를 유인하지만, 발행 기업의 재무 상태가 불안정해 상환 위험이 크다는 특징이 있다. 이러한 이유로 신용평가에서 낮은 등급을 받은 채권이 대부분이다. 정크 본드는 고위험을 감수할 수 있는 투자자에게 높은 수익률을 제공하며, 기업에게는 자금 조달 수단을 제공한다. 일반적으로 신생 기업이나 재정 상태가 불안한 기업이 자금을 모으기 위해 정크 본드를 발행하며, 투자자들은 이 채권이 제공하는 수익률을 통해 수익을 추구한다. 그러나 경기 변동이나 발행 기업의 재정 악화 시 손실 위험이 높아 신중한 투자 접근이 필요하다.

## KIKO (Knock-In Knock-Out)

KIKO(녹인 녹아웃 옵션)는 환율 변동에 따라 옵션이 활성화되거나 소멸되는 구조의 파생상품으로, 주로 환율 헤지 목적으로 사용된다. 이 상품은 환율이 특정 수준(녹인 가격, Knock-In)에 도달하면 옵션이 활성화되고, 또 다른 특정 수준(녹아웃 가격, Knock-Out)에 도달하면 옵션이 소멸된다. 기업들은 KIKO 옵션을 통해 환율 변동으로 인한 리스크를 줄이고, 환율이 특정 구간 내에서 움직일 때 환차익을 기대할 수 있다. KIKO는 환율 변동성에 민감하여 위험이 클 수 있으며, 환율이 예상과 다르게 변할 경우 큰 손실을 초래할 수 있다. 특히 환율이 녹아웃 수준에 도달해 옵션이 소멸되면 헤지 효과가 사라져 추가적인 손실 위험이 발생할 수 있다. KIKO는 일반적으로 중소기업이 환율 리스크를 관리하기 위해 많이 사용하지만, 높은 위험성 때문에 신중한 분석과 계획이 필요하다. KIKO 옵션은 두 가지 핵심 요소로 구성된다.

1) Knock-In (녹인): 계약 기간 동안 환율이 미리 설정된 일정 수준에 도달해야 옵션이 활성화되는 조건이다. 즉, 특정 환율 수준에 도달하지 않으면 이 옵션은 발동되지 않는다.

2) Knock-Out (녹아웃): 반대로, 일정 환율 수준에 도달하면 옵션이 소멸되는 조건이다. 즉, 옵션이 활성화된 후에도 특정 수준의 환율에 도달하면

옵션 무효로 더 이상 효력을 발휘하지 않게 된다.

## KYC (Know Your Customer)

KYC(고객 확인 절차)는 금융 기관이 고객의 신원을 확인하고 그들의 금융 활동을 이해하며, 잠재적인 리스크를 평가하는 데 사용하는 절차를 말한다. 주로 돈세탁 방지(AML, Anti-Money Laundering)와 테러 자금 조달 방지(CFT, Combating the Financing of Terrorism) 등의 규제 준수를 위해 필수적으로 적용된다. KYC는 고객이 금융 서비스를 이용할 때 그들이 신뢰할 수 있는 개인 또는 법인인지 확인하는 과정을 포함한다. 일반적으로 금융 기관이 고객의 신분증명서(예: 여권, 운전면허증 등)와 같은 공식 문서를 요구하고, 고객의 거래 목적이나 자금 출처에 대해 질문하는 방식으로 이루어진다. 이 과정을 통해 금융 기관은 고객의 신분을 확인하고, 그들의 거래 활동이 불법적인 행위와 연관되어 있지 않은지 파악할 수 있다. 또한, 정기적인 모니터링을 통해 의심스러운 거래 활동이 발생하지 않도록 관리한다. KYC는 금융 기관뿐만 아니라 암호화폐 거래소, 핀테크 기업, 보험사 등 다양한 금융 서비스 제공자들이 시행하는 필수적인 절차이다. 특히, 국제적인 자금세탁 방지 규제가 강화됨에 따라 KYC 절차는 점점 더 중요해지고 있다.

## LBO (Leveraged Buy Out)

LBO(레버리지 인수)는 기업 인수를 위해 대출이나 채권 발행 등 외부 자금을 활용하여 목표 기업을 매수하는 방식이다. 인수자들은 매수 대상 기업의 자산을 담보로 대출을 받거나 채권을 발행하여 필요한 자금을 조달하며, 소수의 자본으로 대규모 인수를 가능하게 한다. 이 방식은 특히 사모펀드와 투자회사에서 자주 활용된다. LBO는 높은 수익을 기대할 수 있지만, 인수 후 부채 부담이 증가하여 재무 리스크가 커질 수 있다. 인수 대상 기업이 충분한 현금 흐름을 생성하면 인수자는 부채 상환을 통해 수익을 극대화할 수 있으나, 예상보다 현금 흐름이 부족할 경우 경영 어려움이 발생할 수 있다. LBO는 고수익을 추구하는 투자 전략의 일환으로 활용되지만, 높은 리스크를 동반한다.

## LCR (Liquidity Coverage Ratio)

LCR(유동성 커버리지 비율)은 금융 기관이 단기적인 유동성 위기에 대응할 수 있는 능력을 평가하기 위해 사용하는 규제 지표이다. 금융 위기 이후 은행의 유동성 위험을 관리하기 위해 바젤 III 규제 프레임워크의 일환으로 도입되었다. LCR은 금융 기관이 30일 동안 극심한 스트레스 상황에서도 안정적으로 운영될 수 있도록 충분한 고유동성 자산(HQLA, High-Quality Liquid Assets)을 보유하고 있는지를 나타낸다. LCR 값은 고유동성 자산을 30일간의 순현금 유출 예상액으로 나눈 값의 백분율이다. LCR이 100% 이상일 경우, 금융 기관은 30일 동안 자산을 매각하거나 현금으로 전환하지 않고도 예상되는 유동성 수요를 충분히 충족할 수 있는 상태임을 의미한다. 반대로 100% 미만일 경우, 기관이 유동성 위기에 직면할 가능성이 크다. LCR 규제는 은행이 충분한 유동 자산을 보유하도록 요구하기 때문에, 단기적인 자금 운용에 있어 더 보수적인 전략을 취하게 만든다. 이로 인해 금융 시스템의 안정성이 높아지지만, 수익성은 다소 제한될 수 있다.

## LDR (Law of Diminishing Returns)

LDR(수확 체감의 법칙)은 경제학에서 생산 요소를 추가로 투입할 때, 일정 수준을 넘어서면 추가로 투입된 요소가 가져오는 한계 생산량이 점차 감소하는 현상을 설명하는 법칙이다. 농업이나 제조업과 같은 생산 과정에서 자주 언급되며, 자원 배분의 효율성을 분석할 때 중요한 개념이다. 일정한 생산 요소(예: 땅, 기계, 자본)가 고정된 상태에서, 다른 생산 요소(예: 노동, 자재)를 추가 투입할 때 발생하는 결과를 설명한다. 초기에는 생산 요소를 추가로 투입하면 생산량이 크게 증가하지만, 어느 시점 이후로는 추가 투입된 요소의 기여도가 점점 줄어들게 된다. 예를 들어, 고정된 면적의 농지에 더 많은 노동자를 투입할수록 수확량이 증가하지만, 노동자가 너무 많이 투입되면 생산성 증가폭이 줄어들고, 결국에는 생산량이 감소할 수도 있다. 수확 체감의 법칙은 자원 배분, 노동 관리, 자본 투자 등 다양한 경제적 의사결정 과정에서 중요한 역할을 한다. 기업은 이 법칙을 고려하여 최적의 생산 요소 배합을 찾고, 비효율적인 요소 투입을 방지하여 자원의 효율성을 극대화하려 한다.

## LE (Leverage Effect)

LE(레버리지 효과)는 부채 또는 차입 자본을 활용하여 자기 자본 대비 더 큰 규모의 투자를 진행함으로써 수익률을 증대시키는 효과를 의미한다. 주로 기업이 자산을 매입하거나 프로젝트를 수행할 때 자본을 더 효율적으로 활용하기 위해 사용되며, 자본 수익률(ROE, Return on Equity)을 높이는 데 기여할 수 있다. 레버리지 효과는 자기 자본뿐만 아니라 차입 자본을 추가로 활용하여 더 큰 규모의 투자를 진행하는 구조이다. 이때 투자로부터 얻는 수익률이 차입 자본에 대한 이자 비용보다 높다면, 투자자는 차입을 통해 더 큰 수익을 얻을 수 있다. 예를 들어, 부동산 투자를 할 때 자기 자본만으로 투자하는 대신 대출을 받아 투자하면, 자산 가격이 상승할 경우 수익률이 크게 증가할 수 있다.

## LGD (Loss Given Default)

LGD(부도 시 손실률)는 채무자가 부도(default) 상황에 처했을 때 금융 기관이나 투자자가 입게 될 실질 손실 비율을 나타내는 지표이다. 즉, 채무자가 채무를 상환하지 못할 경우 금융 기관이 회수할 수 없는 자산의 비율을 의미한다. 이는 신용 위험 분석에서 중요한 요소로 작용하며, 금융 기관이 대출의 신용 손실을 측정하고 관리하는 데 활용된다. LGD는 금융 기관이 대출 포트폴리오의 위험성을 평가하고, 손실을 최소화하기 위한 정책을 마련하는 데 중요한 역할을 한다. 특히, 부실 가능성이 높은 대출의 경우 높은 LGD를 반영하여 추가적인 자본을 적립해야 할 수 있다. 이는 은행이 부실 대출에 대비하여 충분한 자본을 확보하도록 돕고, 금융 시스템의 안정성을 강화하는 데 기여한다. LGD는 일반적으로 부도 시 회수 가능한 자산의 비율을 추정하여 산출된다. 예를 들어, 대출 금액이 100억 원일 때 부도 시 회수할 수 있는 금액이 30억 원이라면, LGD는 70%로 계산된다. 이는 전체 대출 금액 중 70%가 회수 불가능한 손실임을 의미한다. LGD는 다음과 같이 계산된다.

LGD = (손실 금액) / (총 대출 금액) = 1 − 회수율

이때 회수율(Recovery Rate)은 채무 불이행 시 채권자가 회수할 수 있는 비율을 뜻하며, 회수율이 높을수록 LGD는 낮아진다.

## LT (Liquidity Trap)

LT(유동성 함정)는 금리가 매우 낮거나 0에 가까운 상황에서, 중앙은행의 통화정책이 경제 활성화에 효과를 발휘하지 못하는 현상이다. 이때 경제 주체들은 금리 인하나 추가적인 유동성 공급에도 불구하고, 자산을 현금으로 보유하거나 소비와 투자를 기피한다. 유동성 함정에 빠지면 경기 부양을 위해 더 많은 유동성을 공급해도 경제 활동이 활성화되지 않으면서, 디플레이션 위험이 커질 수 있다. 유동성 함정은 중앙은행의 전통적 금리 정책이 한계를 보이는 상황으로, 추가적인 재정정책이나 비전통적 통화정책이 필요해진다. 예를 들어, 정부는 공공 지출을 늘리거나 중앙은행은 양적 완화(QE)와 같은 비전통적 방법을 사용해 수요를 자극하고 경제를 부양하려 한다. LT는 주로 경기 침체기에 발생하며, 일본과 같은 국가에서 대표적으로 나타난 현상이다. 이러한 상황에서는 소비자와 기업의 신뢰를 회복하고, 지속 가능한 경제 성장을 이루기

위한 보다 포괄적인 접근이 필요하다. 유동성 함정의 극복을 위해 정책 입안자들은 통화와 재정 정책의 조합을 고려해야 한다.

## LTV (Loan to Value Ratio)

LTV(담보 인정 비율)는 금융기관이 대출을 제공할 때 담보 자산의 가치 대비 대출금의 비율을 나타내는 지표이다. 주로 주택담보대출에서 사용되며, 대출자가 담보로 제공하는 자산의 가치에 비해 얼마만큼의 대출을 받을 수 있는지를 평가하는 기준으로 활용된다. 예를 들어, LTV가 70%라면, 담보 가치가 10억 원인 경우 최대 7억 원까지 대출이 가능함을 의미한다. 높은 LTV 비율은 대출자가 담보 가치를 초과하여 대출을 받을 수 있기 때문에, 부동산 가격 하락이나 경기 침체 시 금융기관이 회수할 수 있는 금액이 줄어드는 리스크가 있다. 따라서 금융기관은 LTV 비율을 적절히 관리하여 리스크를 줄이고 안정적인 대출 포트폴리오를 유지하려고 한다. LTV는 다음 공식으로 계산된다.

LTV = (대출금) / (담보 자산의 가치) × 100

LTV 비율이 높을수록 담보 자산 대비 대출금이 많다는 뜻이며, 이는 금융기관이 감수하는 위험이 크다는 것을 의미한다. 반면, LTV 비율이 낮으면 대출에 대한 담보 가치가 높아 상대적으로 안전한 대출로 간주된다.

## MACRS (Modified Accelerated Cost Recovery System)

MACRS(수정 가속상각 시스템)는 미국 연방세법에 따른 자산 상각 방법으로, 감가상각 비용을 조기에 인식해 자산 취득 초기 기간에 더 큰 비용을 상각할 수 있게 하는 제도이다. 1986년 세제 개혁법에 따라 도입되었으며, 기업이 신규 자산을 취득했을 때 이를 빠르게 상각하여 조기에 세금 혜택을 누릴 수 있도록 설계되었다. 이 방식은 기업들이 설비나 장비 등의 자산을 빠르게 상각하여 초기 투자 비용을 회수하고, 세금을 절감하는 데 유리한 구조를 제공한다.

MACRS의 주요 목적은 기업의 자산 투자 비용을 조기에 회수할 수 있도록 하여, 새로운 설비 투자나 자산 취득을 촉진하는 것이다. 이를 통해 기업은 현금 흐름을 개선하고, 보다 빠르게 자본을 재투자할 수 있다. 또한, 조기 상각으로 세금 부담을 줄여 기업이 사업 확장을 위한 자금을 확보할 수 있다. MACRS의 주요 특징은 다음과 같다.

1) 가속 상각 방식: MACRS는 정액법 대신 가속 상각법을 사용하여, 자산 취득 초기 몇 년 동안 더 높은 상각 비용을 인정한다. 이로 인해 자산의 사용 초기에는 높은 비용을 인식하고, 이후 점차 상각 비용이 줄어드는 방식으로 처리된다.

2) 자산 분류와 상각 연수: MACRS는 자산의 종류와 사용 목적에 따라 자산을 3년, 5년, 7년, 10년 등의 상각 연수로 구분하여 상각한다. 예를 들어, 컴퓨터나 사무 장비는 5년, 운송 장비는 7년의 상각 기간이 적용된다.

3) 이중 감가상각과 150% 감가상각: MACRS는 이중 감가상각(Double Declining Balance)과 150% 감가상각(150% Declining Balance)을 활용하여 상각을 가속화한다. 이 방식은 자산의 회복률을 높여 기업이 세금 혜택을 조기에 누릴 수 있도록 한다.

**MBS (Mortgage Backed Securities)**

MBS(주택 저당 증권)는 주택 담보 대출(Mortgage)에서 발생하는 현금 흐름을 기반으로 발행된 채권 형태의 금융 상품이다. 금융기관이 주택담보대출을 제공한 후, 이 대출 채권을 묶어 MBS로 발행하면, 투자자들은 주택담보대출에서 발생하는 원금과 이자 수익을 받을 수 있다. MBS는 주로 주택금융공사 또는 민간 금융기관에 의해 발행되며, 주택 시장의 자금 조달을 원활하게 하고 투자자들에게 다양한 투자 기회를 제공한다. 주택 시장에 자금을 유입시키고, 금융기관이 대출을 더 많이 제공할 수 있게 해 주는 중요한 역할을 한다. 또한,

투자자들은 MBS를 통해 주택 시장에 간접적으로 투자할 수 있는 기회를 얻는다. 금융기관은 개별 주택 담보 대출을 모아 대출 풀(pool)을 형성한다. 이 대출 풀은 MBS 발행의 기초 자산이 된다. 대출 풀에 담긴 담보 대출의 증권화 과정을 거쳐 MBS가 발행된다. 이 증권화 과정은 주택담보대출의 현금 흐름(원금과 이자)을 투자자에게 분배할 수 있도록 만들어진다. 투자자들은 MBS를 매입한 대가로 주택담보대출에서 발생하는 원리금을 분배받는다. 투자자는 MBS의 신용 등급에 따라 안정적인 현금 흐름과 이자 수익을 기대할 수 있다. 한편, MBS는 2008년 금융 위기 시 부동산 가격 하락과 대규모 채무 불이행으로 인해 큰 리스크로 작용한 바 있다. 이후, MBS 발행과 관련한 규제가 강화되었고, 투자자들은 리스크 관리에 주의를 기울이게 되었다.

## MMF (Money Market Fund)

MMF(머니 마켓 펀드)는 단기 금융상품에 투자하여 안정적인 수익을 추구하는 공모형 펀드이다. 주로 단기 채권, 국공채, 기업어음(CP) 등 만기가 짧고 안전성이 높은 금융상품에 자금을 분산 투자하여, 투자자들에게 비교적 낮은 리스크와 유동성을 제공한다. MMF는 수익성과 유동성 측면에서 은행 예금과 비슷하지만, 은행 예금보다 더 높은 수익을 기대할 수 있는 장점이 있다. 유동성이 높고 수익률이 안정적이므로, 투자자들이 단기 자금 운용이나 비상 자금 관리 목적으로 활용하기에 적합하다. 또한, 시장 금리가 상승할 경우 MMF의 수익률도 신속히 상승하는 경향이 있어, 경기 상황에 따라 유리한 수익을 기대할 수 있다.

## MOS (Margin of Safety)

MOS(안전 마진)는 투자나 경영 의사결정 시 손실을 방어하기 위해 설정한 안전한 여유 폭을 의미한다. 투자 대상의 내재 가치에 비해 주가가 더 낮은 상태를 확보해, 가격 하락 위험을 최소화하고 안전성을 높이는 것을 목표로 한다. 이 개념은 벤저민 그레이엄과 워런 버핏과 같은 가치 투자자들에게 핵심 원칙으로 널리 알려져 있으며, 주가 변동에 대비해 투자자들이 더 신중하고 방어적인 접근을 취하도록 돕는다. MOS는 기업 가치 분석뿐 아니라, 불확실성이 높은 경제 상황에서 투자 의사결정 시 매우 유용한 지표이다. 투자자는 내재 가치를 신중히 평가하여 MOS를 확보함으로써, 잠재적인 손실을 줄이고, 장기적인 투자 수익을 안정적으로 가져갈 수 있다. 특히 주식시장의 변동성이 커지는 상황에서는 MOS가 투자 결정에 있어 더욱 중요한 역할을 한다. MOS를 통해 투자자는 예상치 못한 손실을 방지하고, 수익을 안정적으로 확보할 수 있다. MOS는 주식의 내재 가치와 현재 시장 가격 간의 차이로 계산된다. 예를 들어, 특정 주식의 내재 가치가 10,000원인데 시장에서 7,000원에 거래되고 있다면, MOS는 30%가 된다. 일반적으로 MOS가 높을수록 투자자는 더 큰 안전성을 확보했다고 판단하며, MOS는 다음과 같이 정의된다.

MOS = (내재 가치 – 현재 시장 가격) / (내재 가치) × 100

## MPB (Monetary Policy Board)

MPB(금융 통화 위원회)는 중앙은행 내에서 금융 및 통화 정책을 결정하는 핵심 기구로, 주로 기준금리를 조정하고 경제 안정화에 필요한 다양한 통화 정책을 수립한다. 한국의 경우 한국은행 금융통화위원회가 이 역할을 수행하며, 물가 안정, 고용 촉진, 경제 성장 등을 목표로 한다. 경제 상황에 맞춰 금리 조정, 유동성 공급 조절, 환율 안정 정책 등 다양한 조치를 통해 경제 전반의 안정성과 성장성을 확보한다. 한국은행 금융통화위원회의 경우, 총재와 부총재를 포함한 위원들로 구성되며, 이들은 독립적으로 정책을 논의하고 결정한다. MPB는 정기 회의를 통해 경제 상황을 논의하며, 필요에 따라 임시 회의를 소집할 수 있다. MPB의 주요 기능은 다음과 같다.

1) 기준금리 결정: MPB의 가장 중요한 역할은 기준금리를 결정하는 것이다. 기준금리는 시장 금리에 직접적인 영향을 미쳐, 소비와 투자, 그리고 환율에 이르기까지 경제 전반에 걸쳐 중요한 변수를 형성한다. 금리가 낮아지면 대출 비용이 줄어들어 경제 활동이 촉진되고, 금리가 높아지면 소비와 투자가 감소해 인플레이션을 억제할 수 있다.
2) 통화 정책 수립: MPB는 기준금리 외에도 다양한 통화 정책을 통해 경기 과열이나 침체를 방지하고, 장기적인 경제 안정을 도모한다. 여기에는 유동성 관리, 금융기관 대출 규제 등이 포함된다.
3) 경제 분석 및 전망: MPB는 경제 상황을 주기적으로 분석하고 향후 경제 전망을 제시하며, 이를 바탕으로 정책 방향을 결정한다. 물가 상승률, 실업률, 환율 등의 경제 지표가 분석 대상이 된다.

**MTM (Mark to Market)**
MTM(시가 평가)은 자산이나 부채를 현재의 시장 가격을 기준으로 평가하는 회계 방식이다. 보유 중인 자산이나 부채의 가치를 시장 가치에 맞춰 실시간으로 반영하는 방식으로, 주로 금융 상품이나 투자 자산의 가치 변동을 정확하게 반영하기 위해 사용된다. MTM은 회사의 재무 상태를 보다 현실적으로 보여주는 장점이 있어, 투자자와 이해관계자들이 자산의 현재 가치를 명확히 파악할 수 있게 한다. 주로 금융 기관이나 투자 회사의 보유 자산에 적용되며, 주식, 채권, 파생상품 등 시가 변동이 심한 자산에서 주로 사용된다. 예를 들어, 파생상품 계약이나 거래 가능한 유가증권의 경우 MTM을 통해 시가 변동을 실시간으로 반영하여 수익성과 리스크를 평가한다. MTM은 자산 가치를 현실적으로 반영하여 정확한 재무 상태를 제공하는 장점이 있지만, 시장 가격 변동이 심할 경우 기업의 재무제표에 큰 영향을 미칠 수 있는 리스크도 있다. 예를 들어, 금융 시장의 갑작스런 변동이 발생하면 자산 가치가 급격히 하락하여 예상치 못한 손실이 발생할 수 있으며, 이는 기업의 신용도와 재무 안정성에 부정적인 영향을 줄 수 있다. 2008년 글로벌 금융위기 당시 MTM은 일부 금융기관의 자산 가치 하락을 즉각 반영하여 금융시장에 충격을 준 사례가 있다.

### MVA (Market Value Added)

MVA(시장가치 부가액)는 기업이 창출한 시장 가치가 투자자에게 제공한 자본을 초과하는 금액을 의미하는 지표로, 기업이 주주 가치를 얼마나 효율적으로 창출했는지를 측정하는 중요한 성과 지표이다. 기업의 시장 가치에서 투자된 자본을 차감하여 계산되며, 이 값이 클수록 기업이 자본을 효과적으로 운용하여 추가적인 시장 가치를 창출했음을 의미한다. 주주 가치를 극대화하고, 기업의 장기적 성장 가능성을 평가하는 데 유용하다. MVA는 기업의 장기적인 가치 창출 능력을 평가할 수 있어, 주주 가치 극대화를 목표로 하는 기업의 성과 지표로 널리 사용된다. 높은 MVA는 기업이 자본을 효과적으로 사용하여 시장에서 높은 평가를 받고 있다는 뜻이며, 이는 투자자들의 신뢰와 긍정적인 기대를 반영한다. 반대로 MVA가 음수라면 기업이 투자된 자본보다 낮은 가치를 창출하고 있음을 의미하며, 이는 경영 효율성이 낮거나 시장에서 부정적으로 평가되고 있음을 시사한다.

### NCD (Negotiable Certificate of Deposit)

NCD(양도성 예금 증서)는 일정 기간 동안 예치된 자금을 증서 형태로 발행하여, 만기 전에 다른 투자자에게 양도할 수 있는 금융상품이다. 은행이 발행하며, 일반 예금과 달리 거래소나 장외시장에서 자유롭게 거래가 가능하다는 특징이 있다. 만기 전에도 손쉽게 현금화할 수 있어 유동성이 높은 자산으로 평가된다. NCD는 금융기관이 단기 자금을 조달하고, 투자자들은 예금보다 높은 수익률을 기대할 수 있는 단기 투자 수단으로 활용된다. 특히 기업이나 금융기관에서 자금 운용의 유연성을 확보하는 데 유리하며, 단기 자금 관리 수단으로 많이 사용된다. NCD는 상대적으로 안전한 투자로 분류되며, 신용도에 따라 이자율이 결정된다.

## NDC (Net Debit Caps)

NDC(순차감 한도)는 결제 시스템에서 각 금융 기관이 일정 기간 동안 발생할 수 있는 순 차감(부채) 한도를 제한하여 리스크를 관리하는 제도이다. 이를 통해 결제 시스템 내에서 과도한 부채가 발생하는 것을 방지하며, 시스템 안정성을 유지한다. 순 차감 한도는 중앙은행이나 결제 시스템 운영자가 설정하며, 기관별로 신용도와 거래 규모에 따라 다르게 부여된다. NDC는 결제 시스템 내 금융기관 간 결제 리스크를 완화하고, 결제 불이행으로 인한 금융 시스템의 불안정을 예방하는 데 중요한 역할을 한다. 결제 시스템의 신뢰성과 안정성을 강화하며, 금융기관이 안정적으로 거래를 수행할 수 있도록 지원한다.

## NDF (Non-Deliverable Forward)

NDF(차액 결제 선도)는 만기 시점에 실제 자산을 인도하지 않고, 계약 시 정해진 환율과 만기 환율 간 차액을 현금으로 결제하는 선도 환율 계약이다. 주로 외환 규제가 강한 국가의 통화를 대상으로 거래되며, 계약 통화와 결제 통화가 다르게 설정된다. 기업과 투자자들이 환율 변동에 따른 리스크를 관리할 수 있도록 돕는다. NDF는 국제 외환 시장에서 규제된 통화의 리스크 헤지 수단으로 널리 사용되며, 실제 통화 교환 없이 차액만을 결제하므로 거래의 편리성을 제공한다. 예를 들어, 한국 원화(KRW)와 같은 통화에 대해 NDF를 사용하여, 환율 리스크를 회피하고 변동성을 관리할 수 있다. NDF는 현금 결제 방식으로 리스크를 조정하는 효과적인 도구로 활용된다. 이러한 특성 덕분에 NDF는 기업이 특정 통화에 대해 환율 변동으로 인한 손실을 최소화할 수 있는 유용한 방법으로 자리잡고 있다. 또한, NDF는 글로벌 투자자들이 외환 리스크를 관리하고, 보다 유연한 투자 전략을 구현하는 데 기여한다.

## NDI (National Disposable Income)

NDI(국민 처분 가능 소득)는 한 국가가 한 해 동안 벌어들인 총소득에서 세금 및 기타 공제 금액을 뺀 후, 가계와 정부가 자유롭게 소비하고 저축할 수 있는 총 소득을 나타내는 지표다. NDI는 국민총소득(GNI)에 외국에서 받은 이전 소득을 더하고, 외국으로 지급한 이전 소득을 차감해 계산된다. 가계의 소비력과 국가의 경제 상황을 이해하는 데 중요한 역할을 하며, 경제 성장과 생활 수준을 평가하는 지표로 사용된다. 이를 통해 정부는 소비 진작 정책이나 저축 유도 정책을 수립하고, 국민의 실질적인 생활 수준을 높이기 위한 방안을 마련할 수 있다.

## NEER (Nominal Effective Exchange Rate)

NEER(명목 실효 환율)은 한 국가의 통화 가치가 여러 주요 교역국 통화들에 대해 얼마나 강세 또는 약세인지를 나타내는 지표이다. 해당 국가의 통화를 교역국들의 통화와 가중 평균하여 계산되며, 환율이 단일 국가와의 교환 비율이 아닌 다수의 교역국 통화와의 교환 비율로 나타나기 때문에, 경제 전체에서 통화의 명목 가치를 보다 종합적으로 평가할 수 있다. 일반적으로 단순한 환율 지표보다 더 광범위하게 한 나라의 외환 시장 상황을 이해하는 데 도움을 준다. NEER은 주로 수출과 수입에서 주요 교역국이 차지하는 비율을 가중치로 사용해 계산되며, 이 가중치를 반영해 교역 상대국의 통화 대비 자국 통화가 강세인지 약세인지를 평가한다. 예를 들어, 한 국가가 주로 미국과 중국에 상품을 수출하고 있는 경우, NEER 계산 시 미국 달러와 중국 위안의 환율 변화가 큰 영향을 미치게 된다. 만약 자국 통화가 주요 교역국 통화 대비 평균적으로 상승했다면 NEER이 높아지며, 이는 자국 제품이 상대적으로 비싸져 수출 경쟁력이 약화될 수 있음을 의미한다. 반대로 NEER이 낮아지면 자국 제품의 가격 경쟁력이 높아져 수출이 촉진될 가능성이 있다. NEER은 환율 변화에 따른 교역에 대한 영향을 측정하고, 경제 정책을 수립하는 데 중요한 역할을 한다. 예를 들어, 중앙은행은 NEER 지표를 참고해 통화 가치가 지나치게 높아지거나 낮아지는 것을 방지하기 위한 환율 정책을 수립할 수 있다. 또한, NEER은 실질 실효 환율(Real Effective Exchange Rate; REER)과는 달리 물가 수준을 고려하지 않은 명목 환율이기 때문에, 물가 인플레이션을 반영한 실질적인 구매력은 REER을 통해 평가하는 것이 더 적합하다.

### NGDP (Nominal Gross Domestic Product)
NGDP(명목 국내 총생산)는 물가 변동을 반영하지 않고, 현재 시장 가격으로 계산한 한 국가의 일정 기간 동안의 총 생산량을 나타내는 경제 지표다. 해당 연도의 가격 수준을 그대로 적용해 산출되므로, 물가 상승(인플레이션)이나 하락(디플레이션)의 영향을 직접적으로 받는다. NGDP는 경제 규모와 성장 추이 파악에 유용하지만, 물가 변동을 고려하지 않아 실질 경제 성장을 평가하기엔 한계가 있다. 이를 보완하기 위해 실질 국내총생산(RGDP)이 사용되며, NGDP는 RGDP와 함께 경제 분석에서 중요한 역할을 한다. NGDP는 물가 상승으로 인한 성장 과대평가 가능성을 염두에 두고 해석하는 것이 필요하다.

### NGT (New Growth Theory)
NGT(신성장 이론)는 기술 혁신, 지식 축적, 인적 자본 등을 경제 성장의 주요 원동력으로 보는 경제 이론이다. 전통적인 성장 이론과 달리, 경제 성장이 외생적 요인(기술 발전)에 의존하는 것이 아니라, 경제 내부의 혁신과 지식 생산이 지속적인 성장을 가능하게 한다고 본다. 따라서 기업과 개인의 혁신 활동이 경제 성장에 중요한 역할을 한다는 점을 강조한다. 이 이론은 정부의 교육 투자, 연구 개발 지원, 기업의 혁신 장려가 지속 가능한 성장을 촉진할 수 있음을 시사한다. 이를 통해 인적 자본과 지식이 경제에 축적되면서 생산성이 향상되고, 장기적인 성장 가능성이 확대된다. NGT는 특히 기술 기반 산업이 발전하는 현대 경제에서 성장 정책의 이론적 근거로 널리 활용된다.

## NI (Net Income)

NI(순이익)은 한 기업이 일정 기간 동안 얻은 수익에서 모든 비용, 세금, 이자 등을 차감한 후 실제로 남은 이익을 의미하는 재무 지표이다. 기업이 최종적으로 벌어들인 수익의 순액을 나타내며, 손익계산서 하단에 위치해 있어 종종 "Bottom Line"이라고도 불린다. 기업의 경영 성과를 평가하는 핵심 지표로, 수익성, 효율성, 재무 건강성을 파악하는 데 중요한 역할을 한다. 순이익은 영업 활동을 통해 발생한 영업 이익뿐 아니라, 투자나 금융 활동에서 발생한 이익과 비용, 그리고 세금과 같은 모든 경비를 포함해 계산된다. 예를 들어, 기업이 일정 기간 동안 제품을 판매하여 수익을 올렸다면, 순이익을 계산하기 위해 그 수익에서 제품 생산 비용, 운영비, 직원 급여, 이자 비용, 세금 등 모든 지출 항목을 차감한다. 이 최종 금액이 순이익으로, 이는 기업이 주주들에게 배당금을 지급하거나 재투자에 사용할 수 있는 실제 이익을 보여준다. 순이익은 기업 경영진, 투자자, 주주들에게 중요한 의사 결정 자료로 활용된다. 예를 들어, 순이익이 꾸준히 증가한다면 이는 기업이 비용을 효과적으로 관리하면서 수익을 창출하고 있음을 나타내어 긍정적인 신호로 해석된다. 반면, 순이익이 감소하거나 적자가 발생하면 비용 구조 개선이 필요하거나 수익성 향상을 위한 전략이 필요하다는 신호가 될 수 있다. 또한, 순이익은 주당순이익(EPS) 계산의 기초가 되며, 이는 투자자들이 기업의 수익성과 성장 가능성을 판단하는 데 중요한 참고 자료로 사용된다.

**NI (Nominal Income)**

NI(명목 소득)는 인플레이션을 고려하지 않고 현재 시점의 시장 가격을 기준으로 측정된 개인이나 가계, 기업의 총 소득을 의미한다. 실질 소득과 달리 물가 변동의 영향을 반영하지 않기 때문에, 해당 시점에서 얻은 소득의 절대적 금액을 나타낸다. 소득의 화폐 단위를 기준으로 한 금액을 표현하며, 인플레이션이나 디플레이션 상황에서는 소득의 실질적인 구매력을 정확히 보여주지 않을 수 있다. 명목 소득은 경제 상황을 측정하고 개인의 소득 수준을 파악하는 기본 지표로 사용되지만, 물가 수준 변화를 반영하지 않기 때문에 이를 해석할 때는 주의가 필요하다. 예를 들어, 명목 소득이 일정 기간 동안 증가했더라도 인플레이션이 그 이상으로 상승했다면 실제 구매력은 오히려 감소할 수 있다. 반대로 물가가 안정된 상황에서는 명목 소득의 증가가 실질적인 생활 수준의 향상을 나타낼 수 있다. 이러한 이유로, 명목 소득의 변화를 평가할 때는 인플레이션 조정 후의 실질 소득과 함께 살펴보는 것이 중요하다. 명목 소득은 경제 분석과 정책 결정에 중요한 역할을 한다. 예를 들어, 정부는 국민의 평균 명목 소득을 분석하여 소비력의 절대적 크기를 파악하고, 이를 바탕으로 세수 정책이나 복지 정책을 수립할 수 있다. 또한, 개인이나 가계는 명목 소득을 기준으로 예산을 세우고 지출을 계획할 수 있으며, 금융 기관들은 명목 소득을 토대로 대출 한도를 평가하기도 한다.

**NIM (Net Interest Margin)**

NIM(순 이자 마진)은 금융기관이 대출과 투자 등으로 벌어들인 이자 수익에서 지급한 이자 비용을 뺀 후, 총 운용 자산으로 나눈 비율로, 금융기관의 이익성을 나타내는 지표다. NIM이 높을수록 금융기관의 이익 창출 능력이 뛰어나다고 평가된다. 이 수치는 대출 금리와 예금 금리 차이에서 발생하는 수익을 나타내며, 주로 은행의 수익성을 평가하는 데 사용된다. NIM은 금융기관의 경영 성과를 분석하고, 금리 변동에 따른 이익 변화를 예측하는 중요한 지표로 활용된다. 예를 들어, 대출 금리가 상승하고 예금 금리가 유지되면 NIM이 증가하여 금융기관의 수익성이 개선된다. 반대로, NIM이 낮아지면 이익이 감소하여 수익성에 부정적인 영향을 줄 수 있다.

**NL (Net Loss)**
NL(순손실)은 기업의 총 수익에서 모든 비용과 지출을 뺀 후, 남은 금액이 마이너스일 때 발생하는 손실을 의미한다. 이는 기업이 일정 기간 동안 영업활동, 투자, 금융 활동 등을 통해 발생한 총비용이 총수익을 초과했을 때 기록된다. 순손실은 기업의 재무 상태가 악화된 것을 나타내며, 자산 가치 하락, 부채 증가, 경영 성과 부진 등의 원인으로 발생할 수 있다. 순손실은 회사의 수익성에 부정적인 영향을 미치며, 지속되면 자본 감소나 경영 위기가 발생할 수 있다. 이를 해결하기 위해 기업은 비용 절감, 매출 증대, 운영 효율화 등의 전략을 통해 순손실을 개선하려고 노력한다.

**NM (Natural Monopoly)**
NM(자연 독점)은 특정 산업에서 규모의 경제가 강하게 작용하여, 한 기업이 시장 전체를 공급하는 것이 더 효율적인 상태를 의미한다. 주로 전기, 가스, 수도, 철도 등과 같은 공공 서비스나 기반 산업에서 발생하며, 이러한 산업은 초기 투자 비용이 매우 크고 운영 유지에 고정비가 높기 때문에, 여러 기업이 경쟁할 경우 불필요한 중복 투자가 이루어져 오히려 비효율이 발생한다. 자연 독점 상태에서는 하나의 기업이 독점적으로 시장을 장악하더라도, 소비자에게 더 저렴한 비용으로 서비스를 제공할 수 있다. 자연 독점은 규모의 경제를 통해 비용 절감 효과를 얻는 산업에서 발생하는데, 이는 생산량이 증가할수록 단위당 비용이 지속적으로 감소하는 현상이다. 예를 들어, 전력산업의 경우 전력을 생산하고 전력망을 구축하는 초기 비용이 매우 높지만, 이를 통해 많은 소비자에게 전기를 공급할 수 있다. 만약 다수의 기업이 전력망을 각각 구축하고 운영하려 한다면, 중복 투자로 인해 비용이 급격히 상승하고, 소비자에게 부과되는 요금도 증가할 수밖에 없다. 따라서 한 기업이 전체 시장을 독점하는 것이 사회적 비용을 줄이고, 경제적 효율성을 극대화하는 방식이 된다. 그러나 자연 독점은 독점적 지위로 인해 기업이 가격을 임의로 인상하거나 서비스의 질을 낮추는 문제를 초래할 수 있다. 이러한 이유로 자연 독점 산업은 일반적으로 정부의 규제와 감독을 받게 된다. 정부는 자연 독점 기업이 과도한 이윤을 취하지 않도록 요금 규제, 품질 관리 등의 규제를 통해 소비자를 보호하고, 공공 서비스의 질을 유지하도록 한다. 또한, 민간 기업 대신 정부가 직접 해당 산업을 운영하는 공기업 형태를 선택하기도 하며, 이는 국민의 기본적 서비스 접근권을 보장하기 위함이다.

## NNI (Net National Income)

NNI(순국민소득)는 한 국가의 국민이 일정 기간 동안 창출한 총 소득에서 감가상각을 차감한 실질적인 소득을 의미한다. 국민경제 전체의 순소득을 측정하는 중요한 지표로, 한 국가의 국민들이 생산 활동을 통해 벌어들인 소득 중에서 실제로 사용할 수 있는 부분을 나타낸다. 국민총소득(GNI)에서 자본 설비의 감가상각을 차감해 산출되며, 이는 경제 성과를 보다 현실적으로 평가할 수 있도록 돕는다. 감가상각은 설비, 기계, 건물 등 고정 자산이 시간의 경과에 따라 가치가 하락하는 부분을 의미한다. NNI는 국민들이 실제로 사용할 수 있는 소득을 나타내므로, 국민 생활 수준과 경제 복지를 평가하는 중요한 지표로 활용된다. 예를 들어, 한 국가의 GNI가 증가했다 해도 자본 설비에 대한 감가상각이 큰 폭으로 발생하면 실제로 국민이 사용할 수 있는 소득은 줄어들 수 있다. NNI는 이를 반영하여 국민 소득에서 자산 가치의 하락을 고려해, 한 나라가 실질적으로 얻은 경제적 성과를 보다 정확히 보여준다. 이는 경제 성장률이나 국민 생활 수준을 평가할 때 중요한 역할을 하며, 국민의 소비 여력이나 경제 전반의 안정성을 파악하는 데 유용하다. NNI는 경제 정책 수립과 분석에서도 중요한 역할을 한다. 예를 들어, 정부는 NNI 지표를 통해 국민의 가처분 소득과 소비 가능성을 예측할 수 있으며, 이를 바탕으로 세금 정책, 사회 보장 제도, 경제 성장 전략 등을 설계할 수 있다. 또한, NNI는 국제 비교에서도 중요한 지표로 활용되며, 국가 간 생활 수준이나 경제 복지를 비교할 때 GNI보다 유용한 자료로 사용된다. NNI는 국민들이 실제로 쓸 수 있는 소득을 반영하므로, 경제 성과를 현실적으로 이해하는 데 중요한 기준이 된다.

## NOC (No Occupancy Cost)

NOC(무점유 비용)는 동산이 공실 상태로 남아 수익이 발생하지 않지만 유지 비용이 지속적으로 발생하는 상황을 의미한다. 임대인이 임차인을 구하지 못해 임대 수익이 없는데도 관리비, 세금, 유지보수 비용 등 고정 비용이 발생하는 상태로, 공실이 장기화될 경우 임대인에게 상당한 재정적 부담을 줄 수 있다. 이러한 상황은 특히 상업용 부동산이나 임대 주택 시장에서 문제가 되며, 공실이 길어질수록 비용 부담이 커지기 때문에 임대인 입장에서는 효과적인 임차인 유치 전략이 필요하다. 무점유 비용이 발생하면 임대인은 공실 문제를 해결하기 위해 다양한 전략을 고려하게 된다. 예를 들어, 임대료 인하, 초기 임대료 면제, 임대 계약 유연화 등의 프로모션을 통해 임차인을 유치하려는 노력이 필요할 수 있다. 이러한 유인책은 임대인에게 단기적인 수익 감소를 가져올 수 있지만, 공실 상태로 유지할 때 발생하는 무점유 비용을 줄이기 위해 장기적으로 유리한 방법이 될 수 있다. 또한, 일부 임대인은 임대 조건을 유연하게 조정해 임차인의 부담을 줄여주는 방식으로 빠르게 공실을 해소하려 하기도 한다. NOC는 부동산 시장의 공급과 수요 불균형을 나타내는 중요한 지표가

될 수 있으며, 공실이 많아질수록 부동산 시장의 경기 침체를 나타낼 수 있다. 특히 경제 상황이 불안정해지고, 소비가 위축될 때 상업용 부동산이나 주거용 임대 부동산에서 무점유 비용이 증가하는 현상이 자주 나타난다. 따라서 부동산 소유자는 시장 상황을 면밀히 분석하여 공실 리스크를 줄이고, 임차인 유치 전략을 조정함으로써 무점유 비용 부담을 최소화하는 것이 중요하다.

## NOE (Non-Observed Economy)

NOE(비관측 경제)는 정부의 공식 통계나 보고서에서 포착되지 않는 경제 활동을 의미하며, 흔히 비공식 경제 또는 암묵적 경제라고도 불린다. 공식적으로 기록되지 않은 경제 활동을 포괄하며, 대표적으로 탈세나 불법 활동, 비공식 고용, 가내 생산, 자급자족 형태의 경제 활동 등이 포함된다. 경제 전체의 실질적인 규모를 평가하는 데 중요한 개념으로, 정부가 공식 GDP에 포함하지 못하는 경제 활동을 다루기 위해 사용된다. NOE는 다양한 형태로 나타나며, 크게 비공식 경제, 불법 경제, 보고되지 않은 경제 활동으로 구분된다. 예를 들어, 비공식 경제는 세금이나 규제를 피하기 위해 비공식적으로 이루어지는 일자리나 거래를 포함하며, 불법 경제는 마약 거래, 밀수와 같은 불법적인 경제 활동을 포함한다. 또한, 보고되지 않은 경제 활동은 자가 생산이나 비공식 거래와 같이 법적 문제는 없지만 공식 통계에서 누락되는 경제 활동을 뜻하기도 한다. 이처럼 NOE는 다양한 이유로 통계에 반영되지 않는 경제 활동을 포괄하여 경제의 숨겨진 부분을 이해하는 데 기여한다. 경제 정책 및 세수 예측에 영향을 미치며, 정부는 NOE를 적절히 파악하여 세수 부족 문제를 해결하고, 경제 전반에 걸친 비공식 경제의 파급 효과를 줄이기 위해 노력한다. 특히, NOE가 경제의 상당 부분을 차지하는 경우 경제의 투명성이 저하되고, 세금과 규제의 공정성이 훼손될 수 있다. 이에 따라, 많은 국가들은 NOE를 포착할 수 있는 새로운 통계 기법을 개발하거나, 보고되지 않은 경제 활동을 줄이기 위한 제도적 노력을 강화하고 있다.

## NOI (Net Operating Income)

NOI(순운영수익)는 부동산 자산의 순수 영업 수익성을 나타내는 지표로, 총 운영 수익에서 운영 비용을 뺀 금액을 의미한다. 여기서 운영 수익에는 임대 수익과 기타 부동산 관련 수익이 포함되며, 운영 비용은 보험료, 세금, 유지보수 비용 등을 포함하지만 대출 이자 비용이나 감가상각비와 같은 비영업적 비용은 제외된다. 부동산 자산 자체가 얼마나 수익을 창출하는지 파악하는 데 중요한 지표로, 부동산 투자 의사결정 시 널리 사용된다. NOI는 부동산 가치 평가에서도 중요한 역할을 하며, 자산의 자본화율(Cap Rate)을 계산할 때 사용된다. NOI가 높을수록 자산의 수익성이 뛰어나 투자자에게 긍정적인 신호로 작용한다. 반대로, NOI가 낮으면 운영 비용이 높거나 수익이 낮음을 의미하여 개선이 필요할 수 있다.

## NP (Notional Principal)

NP(명목 원금)는 파생상품 거래에서 사용되는 가상의 원금 금액을 의미하며, 계약의 실제 현금 흐름을 계산하기 위해 사용되는 기준 금액이다. 파생상품 거래에서 직접적으로 교환되지 않지만, 거래 당사자 간의 이자 지급 또는 수익 계산의 기준이 되는 금액이다. 예를 들어, 금리 스왑이나 통화 스왑과 같은 거래에서 각 당사자가 서로 이자를 지급할 때, NP가 이자의 계산 기준이 된다. 이 금액은 계약에 명시된 가상의 원금일 뿐 실제로 교환되지는 않기 때문에, 거래에 따른 직접적인 자금 이동은 발생하지 않는다. 명목 원금은 파생상품의 이자율 또는 금리 변동에 따른 수익과 비용을 산출하는 기준 역할을 한다. 예를 들어, 금리 스왑 거래에서 A사와 B사가 각각 고정 금리와 변동 금리를 주고받기로 할 때, 각 당사자는 명목 원금을 기준으로 계약된 이자율에 따라 이자를 교환한다. 여기서 NP는 두 회사 간의 이자 흐름을 계산하는 데만 사용되며, 실제로 양도되지는 않는다. 이를 통해 각 당사자는 금리 변동 리스크를 관리하거나 원하는 이자 수익을 확보할 수 있다. NP는 파생상품의 리스크 관리와 가치 평가에서 중요한 역할을 한다. 명목 원금의 크기는 거래의 리스크 규모를 나타내며, 금융기관은 이를 통해 파생상품의 잠재적 위험을 평가한다.

## NPV (Net Present Value)

NPV(순현재가치)는 미래의 예상 현금 흐름을 현재 가치로 환산한 값에서 초기 투자 비용을 차감한 금액을 의미한다. 투자 프로젝트의 수익성을 평가하는 데 널리 사용되는 지표로, 미래의 현금 흐름을 오늘날의 가치로 재평가하여 투자의 실질적인 가치를 파악할 수 있게 한다. NPV값이 양수일 때 해당 투자가 기대 이상의 수익을 창출할 가능성이 높다고 평가하며, 음수일 경우 투자가 기대보다 낮은 수익을 가져올 것으로 판단하게 된다. NPV는 미래의 현금 흐름을 현재 가치로 환산할 때 할인율을 적용한다. 할인율은 미래 현금 흐름의 현재 가치를 결정하는 중요한 요소로, 일반적으로 투자자의 목표 수익률이나 시장 금리를 반영하여 설정된다. NPV 계산에서 할인율이 높아지면 미래 현금 흐름의 현재 가치는 낮아지고, 반대로 할인율이 낮아지면 현재 가치는 높아지게 된다. 예를 들어, 특정 투자 프로젝트의 NPV가 할인율 5%에서는 양수로 계산되지만 10%로 높이면 음수가 될 수 있다. 이처럼 할인율에 따라 NPV가 달라지므로, 적절한 할인율을 선택하는 것이 중요하다.

## NSFR (Net Stable Funding Ratio)

NSFR(순 안정 자금 조달 비율)은 은행이 장기적으로 안정적인 자금을 충분히 확보하여 유동성 리스크를 완화할 수 있는지를 평가하는 지표이다. 바젤 III 규제에서 도입된 기준으로, 금융기관이 단기적인 자금 변동에 대한 의존도를 줄이고, 안정적인 자금을 장기적으로 확보하도록 장려한다. 은행의 자산과 부채의 만기 불일치를 관리하여 경제적 스트레스 상황에서도 안정적인 유동성 공급을 유지하기 위한 목적을 가지고 있다. NSFR은 은행이 보유한 안정적 자금(Available Stable Funding; ASF)을 필요한 안정적 자금(Required Stable Funding; RSF)으로 나누어 계산하며, 이 비율이 100% 이상이 되어야 안정적인 자금 조달이 가능하다고 평가된다. ASF는 은행의 자본, 예금, 장기 차입 등 만기가 비교적 길고 안정성이 높은 자금을 뜻하며, RSF는 은행의 자산 중 만기가 짧거나 유동성이 낮아 안정적인 자금 조달이 요구되는 자산을 의미한다. 예를 들어, 은행이 장기 대출을 제공하면서 단기 차입에만 의존하는 경우 NSFR이 낮아지게 되어 유동성 리스크가 커질 수 있다. NSFR이 100% 이상으로 유지될 경우, 은행은 장기적으로 자금을 안정적으로 확보할 수 있어 경제 불황이나 금융위기와 같은 외부 충격에 더 잘 대응할 수 있다. 이는 은행뿐 아니라 금융 시스템의 전반적인 안정성에도 기여하며, 금융당국은 NSFR 규제 준수를 통해 전체 금융 시스템의 리스크를 줄이고자 한다.

## OB (Offshore Banking)

OB(역외 금융)는 개인이 거주 국가 이외의 국가에 은행 계좌를 개설하고 자산을 관리하는 금융 활동을 의미한다. 주로 세금 혜택, 자산 보호, 규제 완화 등의 이점을 제공하며, 일반적으로 세율이 낮거나 금융 규제가 덜 엄격한 국가에서 운영된다. 개인과 기업은 자산을 국제적으로 분산하고 세금을 절감하기 위해 이러한 역외 은행 계좌를 활용한다. 역외 금융은 자산 보호와 세금 최적화의 수단으로 활용되며, 자산 보안을 강화하고 금융 리스크를 분산하는 데 도움을 준다. 그러나 일부 국가에서는 이를 탈세나 자금 세탁에 악용할 수 있다고 보고 규제를 강화하기도 한다. OB는 국제 금융 시장에서 자산 관리의 다양성을 제공하지만, 각국의 법적 규제를 준수해야 한다.

## OCC (Occupancy)

OCC(점유율)는 부동산이나 호텔, 병원 등 특정 시설에서 전체 공간 중 실제로 사용 중인 비율을 나타내는 지표이다. 주로 상업용 부동산에서 건물의 활용도를 평가하거나 호텔이나 병원의 운영 상태를 진단하는 데 중요한 역할을 한다. 예를 들어, 부동산에서의 OCC는 임대 가능한 공간 중 임차인이 사용 중인 면적의 비율로 계산되며, 호텔에서는 객실 중 예약이 완료되어 실제로 투숙객이 이용 중인 비율을 의미한다. 점유율은 시설의 수익성과 운영 효율성을 평가하는 데 중요한 지표이다. 높은 점유율은 해당 시설이 잘 활용되고 있음을 의미하며, 이는 높은 수익성을 나타낼 수 있다. 반대로, 낮은 점유율은 공실이 많아 자산이 비효율적으로 운영되고 있음을 나타내므로 개선이 필요할 수 있다. 예를 들어, 호텔의 경우 특정 시즌 동안 OCC가 높다면 예약 수요가 높은 상태로 판단해 요금을 올릴 수 있는 기회가 있으며, 병원에서는 병상 점유율을 관리해 의료 서비스의 질을 최적화할 수 있다. OCC는 투자 의사결정 및 경영 전략 수립에 있어서 중요한 참고 지표로 활용된다. 부동산 투자자나 경영진은 점유율 변화를 통해 자산의 운영 상태를 파악하고, 마케팅 전략이나 임대료 정책을 조정할 수 있다. 또한, 특정 건물이나 시설의 점유율이 높다면 향후 추가 투자나 확장 계획을 검토하는 근거가 될 수 있다.

## OI (Operating Income)

OI(영업이익)은 기업의 핵심 영업활동을 통해 발생한 수익에서 영업 비용을 차감한 금액을 의미하며, 기업이 본업에서 얼마나 효과적으로 수익을 창출하는지를 나타내는 중요한 재무 지표이다. 기업이 제품을 생산하고 서비스를 제공하는 등 기본적인 사업활동을 통해 얻은 수익성을 평가하는 데 사용된다. 영업이익은 손익계산서에서 매출액에서 매출원가(COGS), 판매비와 관리비(SG&A) 등 영업 비용을 차감하여 산출되며, 비영업적 수익과 비용, 이자, 세금 등은 포함되지 않는다. 영업이익은 기업의 경영 효율성과 본질적인 경쟁력을 평가하는 데 중요한 역할을 한다. 영업이익이 높다는 것은 기업이 비용을 효과적으로 관리하고 있거나 매출이 꾸준히 성장하고 있음을 나타낸다. 반대로, 영업이익이 감소하거나 적자가 발생하면 영업 효율성에 문제가 있음을 의미할 수 있다. 예를 들어, 특정 기업이 매출이 꾸준히 발생하더라도 원가나 판관비가 과도하게 발생한다면 영업이익은 낮아질 수 있으며, 이는 기업의 재무 상태에 부정적인 영향을 미칠 수 있다. OI는 투자자나 경영진이 기업의 본질적인 수익성을 판단하고, 전략적 의사 결정을 내리는 데 활용된다. 영업이익이 높고 안정적일수록 투자자들은 해당 기업의 성장 가능성을 긍정적으로 평가할 가능성이 높아지며, 경영진은 이를 바탕으로 비용 절감, 판매 전략 조정 등 다양한 경영 전략을 수립할 수 있을 것이다.

## OPEX (Operating Expenditures)

OPEX(영업비용)는 회사가 일상적인 영업 활동을 유지하기 위해 지출하는 비용을 말하며, 여기엔 제품 생산과 서비스 제공에 필요한 경비가 포함된다. OPEX 항목으로는 직원 급여, 원자재 비용, 에너지 비용, 광고비, 임대료, 유지 보수 비용 등이 있고, 이런 것들이 회사의 영업 성과에 직접적으로 영향을 주는 주요 지출 항목이다. OPEX는 손익계산서에 영업비용으로 기록돼, 회사가 매출을 올리기 위해 소비한 전체 비용을 보여주는 역할을 한다. 영업비용은 회사의 수익성과 운영 효율성을 평가하는 중요한 지표로 쓰인다. 회사가 OPEX를 잘 관리하면 매출 대비 비용 비율이 낮아지면서 영업이익(OI)과 순이익(NI)을 높이는 데 기여할 수 있다. 예를 들어, 동일한 매출을 유지하면서도 비용을 줄일 수 있으면, 그 차액만큼 수익성이 증가하게 된다. 반대로 OPEX가 증가하면 영업이익이 줄어들어 회사의 수익성에 부정적인 영향을 미칠 수 있다. 이 때문에 기업은 비용 관리를 중요한 부분으로 삼고, 지속적으로 OPEX를 최적화하려고 노력한다. OPEX는 경영진이 효율성을 높이고 비용 절감을 목표로 하는 기준으로 활용된다. 경영진은 OPEX 항목을 분석해 불필요한 지출을 줄이거나 운영 효율성을 높일 방법을 찾는다. 예를 들어, 자원을 효율적으로 사용하거나 최신 기술을 도입해 유지보수 비용을 절감하는 식으로 OPEX를 최적화하는 전략이 필요할 때가 있다.

### ORA (Official Reserve Assets)

ORA(공식 준비 자산)는 한 국가의 중앙은행이 보유한 외환 보유고, 금, 특별인출권(SDR), IMF에 대한 준비 자산 등 국제 거래를 위한 비상 자산을 의미한다. 공식 준비 자산은 환율 안정, 외환시장 개입, 국제 결제 등에 활용되며, 외환 위기나 대외 충격 발생 시 자국 통화를 방어하고 경제 안정성을 유지하는 데 중요한 역할을 한다. ORA는 국가의 신용도를 나타내는 주요 지표로, 외채 상환 능력과 대외 경제 불안정성 대응 능력을 평가하는 데 활용된다. 충분한 공식 준비 자산을 보유한 국가는 외환 위기 시에도 안정성을 유지할 가능성이 높으며, 이는 국제 투자자에게 긍정적인 신호로 작용해 경제적 신뢰도를 높이는 데 기여한다.

### OS (Operating Surplus)

OS(영업 잉여)는 기업이나 경제 전체의 총 생산에서 운영 비용과 고정 자본 소모를 제외한 나머지 수익을 나타내는 지표다. 임금, 이자, 세금 등을 차감한 후 남은 수익으로, 주로 기업의 영업 활동을 통해 발생하는 순수한 이익을 의미한다. 이는 기업의 영업 효율성을 평가하고 자본 수익성을 측정하는 데 중요한 역할을 한다. 영업 잉여는 총부가가치(GVA)에서 인건비와 생산세를 제외하고 계산되며, 기업의 수익성을 평가하고 투자 결정을 내리는 데 유용하다. 경제 전체로는 가계와 정부 부문을 제외한 순수 생산 부문의 잉여를 의미하며,

이는 국가 경제의 생산성과 성장성을 나타내는 지표로 활용된다.

## OTC (Over-The-Counter)

OTC(장외 거래)는 증권이나 금융상품이 정해진 거래소가 아닌 개별 금융기관 간의 협상에 의해 직접 거래되는 방식을 의미한다. OTC 시장에서는 주식, 채권, 파생상품 등이 주로 거래되며, 유연한 거래 조건과 맞춤형 계약이 가능하다. 장외 거래는 거래소의 규제를 받지 않아 다양한 상품과 구조의 거래가 가능하다는 장점이 있지만, 유동성과 투명성이 낮아 리스크가 클 수 있다. OTC는 기관 투자자들이 복잡한 금융 상품을 맞춤형으로 거래할 때 주로 사용되며, 기업은 이를 통해 고유한 리스크 관리와 자금 조달 전략을 실행할 수 있다. OTC 시장은 특정 투자자들의 요구에 맞는 다양한 금융 상품을 제공하고, 정해진 거래소 규정을 벗어나 거래를 원활히 할 수 있는 유연성을 제공한다.

## PAC (Planning Advisory Committee)

PAC(계획 자문 위원회)는 경제 및 금융 관리와 관련된 전략적 목표를 달성하기 위해 자문을 제공하는 위원회이다. 이 위원회는 공공 및 민간 부문에서 추진되는 경제 계획과 금융 정책이 효과적이고 지속 가능하게 실현될 수 있도록 전문가와 이해 관계자들이 모여 다양한 조언을 제공한다. PAC는 특히 경제 발전, 재정 관리, 투자 계획과 관련된 분야에서 중요한 자문 역할을 수행하며, 각 분야의 전문가들이 참여하여 정책이 지역 사회 및 경제 환경에 미치는 영향을 종합적으로 검토한다. PAC는 경제 정책 결정 과정에서 지역 사회와 산업계의 의견을 수렴하고 정책 방향을 제안하는 역할을 한다. 예를 들어, 대규모 인프라 투자나 지역 경제 활성화 프로그램이 추진될 때, PAC는 이 프로젝트가 지역 경제에 미치는 영향을 분석하고, 재정적 리스크와 기회 요인을 평가하여 정책이 현실적인 목표를 달성할 수 있도록 돕는다.

**PB (Protection Buyer)**

PB(보호 매수자)는 신용 파생상품 거래에서 신용 리스크를 회피하기 위해 보호를 구입하는 당사자를 의미한다. 신용 사건(채무 불이행, 신용등급 하락 등)이 발생할 경우 손실을 보상받기 위해, 보호 매도자(Protection Seller)로부터 신용 보호를 구입한다. 이러한 신용 파생상품은 주로 CDS(Credit Default Swap)와 같은 형태로 거래되며, 보호 매수자는 특정 자산의 신용 리스크에 대비하여 보험료와 유사한 프리미엄을 지불하고, 보호 매도자는 이에 따른 보상 책임을 가지게 된다. 보호 매수자는 자신이 보유한 자산이나 대출의 신용 리스크를 줄이기 위해 PB 역할을 수행한다. 예를 들어, 은행이 특정 회사의 채권을 보유하고 있는 경우 해당 회사의 신용 상태가 악화될 가능성을 우려하여, CDS 계약을 통해 보호 매수자가 될 수 있다. 이렇게 보호 매수자는 프리미엄을 지불하고 신용 사건 발생 시 손실 보상을 받을 수 있어, 리스크 관리가 가능해진다. 따라서 PB는 자산 포트폴리오의 안정성을 높이고, 잠재적인 재정적 충격을 완화하는 중요한 역할을 한다.

**PBR (Price on Book-value Ratio)**

PBR(주가 순 자산 비율)은 기업의 시가총액(주가)을 장부가치(자산 가치)와 비교한 비율로, 기업의 주가가 실제 자산 가치에 비해 고평가되었는지, 저평가되었는지를 평가하는 데 사용되는 지표다. 주식의 가격을 자본 장부가치로 나누어 계산하며, 주로 투자자가 해당 기업의 자산 가치를 기준으로 주가가 적절한지를 판단할 수 있는 자료로 활용된다. 이는 주가가 기업의 순자산과 얼마나 밀접하게 연결되어 있는지를 나타내는 지표로, 주식 시장에서 자주 사용된다. PBR의 계산 공식은 다음과 같다:

  PBR = (주가) / (주당 순자산가치)

PBR이 1보다 크면 시가총액이 장부가치를 초과하여 주가가 자산 가치에 비해 높게 평가된 것을 의미하고, PBR이 1보다 작다면 주가가 장부가치에 비해 저평가된 상태임을 나타낸다. 예를 들어, PBR이 1.5라면 시장에서 주가가 자산가치보다 50% 높게 평가된 상태이며, 반대로 PBR이 0.8이라면 주가가 자산가치보다 20% 저평가된 것으로 볼 수 있다. 투자자들은 이를 통해 자산 가치를 기준으로 투자 기회를 평가하거나, 시장에서 저평가된 종목을 발굴할 수 있다. 일반적으로 PBR이 낮을수록 해당 기업의 주가는 자산 가치에 비해 저평가된 것으로 간주되어 투자 기회가 될 수 있지만, 이는 반드시 좋은 투자 기회를 의미하지는 않는다.

## PD (Probability of Default)

PD(부도 확률)는 차입자가 일정 기간 내에 채무를 불이행할 가능성을 나타내는 지표로, 신용 리스크 평가의 핵심 요소 중 하나다. 차입자의 재무 상태, 신용 기록, 경제 환경 등을 고려해 산정되며, 주로 금융기관이 대출 심사와 자산 포트폴리오 관리 시 리스크를 측정하고 대비하는 데 활용된다. PD가 높을수록 차입자가 채무를 상환하지 못할 가능성이 크다는 것을 의미한다. PD는 신용 위험 모델에서 중요하게 사용되며, 금융기관이 손실 대비 자본을 적절히 확보하도록 돕는다. PD와 부도 시 손실율(LGD) 등을 조합하여 예상 손실(EL)을 산정하고, 이를 기반으로 대출 금리 결정과 리스크 관리 전략을 수립한다. PD는 기업 신용평가나 금융상품 투자 분석에도 널리 활용된다.

## PDI (Personal Disposable Income)

PDI(개인 가처분 소득)는 개인이 세금과 사회보장 기여금 등을 제외하고 실제로 소비하거나 저축할 수 있는 소득을 의미한다. 개인의 총소득에서 세금과 의무적 공제 항목을 차감한 후 남은 금액으로, 개인이 자유롭게 사용할 수 있는 소득이다. PDI는 개인의 생활 수준과 소비 여력을 평가하는 중요한 지표로, 경제 상황에 따라 소비 성향과 저축률을 파악하는 데 사용된다. PDI는 소비와 경제 활동에 중요한 영향을 미치는 요소다. 개인의 가처분 소득이 높아지면 소비 지출 여력이 커져 경제 전반에 긍정적인 영향을 미치며, 반대로 가처분 소득이 줄어들면 소비가 위축되어 경기 둔화로 이어질 가능성이 있다. 예를 들어, 정부가 세금을 인하하면 PDI가 증가하여 소비가 활성화될 수 있고, 이는 내수 진작과 경제 성장에 기여한다. 반면, 세금이 인상되거나 물가가 오르면 PDI가 감소해 소비가 줄어들 수 있다.

### PED (Price Elasticity of Demand)

PED(수요의 가격 탄력성)은 상품의 가격 변화가 수요량에 얼마나 영향을 미치는지를 나타내는 지표다. 특정 상품의 가격이 변동할 때, 수요량이 얼마나 변하는지를 백분율로 측정하여 소비자의 가격 민감도를 파악하는 데 사용된다. PED는 주로 다음 공식으로 계산된다.

PED = (수요량의 변화율) / (가격의 변화율)

PED 값이 1보다 크면 가격에 대한 수요의 민감도가 높아 탄력적 수요로 간주하고, 값이 1보다 작으면 비탄력적 수요로 간주한다. PED는 소비자의 반응과 기업의 가격 전략을 이해하는 데 중요한 역할을 한다. 예컨대, 필수품(예: 식료품)의 경우 가격이 올라도 수요가 크게 변하지 않으므로 PED 값이 작아 비탄력적 수요로 나타난다. 반면 사치품(예: 명품 의류)의 경우 가격이 상승하면 수요가 크게 줄어들 수 있어 PED가 높아 탄력적인 수요로 분류된다. 이처럼 수요의 가격 탄력성은 기업이 가격 정책을 세우는 데 중요한 자료로 사용된다.

### PER (Price Earnings Ratio)

PER(주가 수익 비율)은 주가를 주당 순이익(EPS)으로 나눈 비율로, 주가가 기업의 수익성에 비해 고평가 또는 저평가되었는지 판단하는 지표다. PER이 높으면 시장이 해당 기업의 미래 성장 가능성을 긍정적으로 평가하는 것으로 볼 수 있고, 낮으면 상대적으로 주가가 저평가된 것으로 해석될 수 있다. PER은 투자자들이 주식의 가치를 평가하고 투자 결정을 내리는 데 중요한 역할을 한다. 예를 들어, 같은 업종 내에서 PER을 비교해 상대적으로 가치가 높은 기업을 찾는 데 유용하다. 다만, PER은 기업의 성장 가능성, 경기 변동 등 다양한 요인에 영향을 받으므로 다른 지표와 함께 분석하는 것이 중요하다.

## PG (Payment Gateway)

PG(결제 게이트웨이)는 온라인 결제에서 소비자와 판매자 간의 결제 정보 전송을 안전하게 중개하는 시스템을 의미한다. 소비자가 결제할 때 입력하는 카드 정보나 은행 계좌 정보가 판매자에게 전달되기 전에 암호화하여 안전하게 처리될 수 있도록 지원하는 역할을 한다. PG는 주로 신용카드, 직불카드, 전자지갑 등 다양한 결제 수단을 지원하며, 온라인 거래의 결제 절차를 간소화하고 보안을 강화해 소비자와 판매자 모두가 편리하게 사용할 수 있다. 결제 게이트웨이는 결제 정보의 암호화와 승인 과정을 통해 거래의 안전성을 보장한다. 소비자가 결제 정보를 입력하면, PG는 이 데이터를 암호화하여 결제 네트워크나 은행으로 전송하고, 결제 승인을 받아 다시 판매자에게 전송하는 방식으로 작동한다. 이 과정에서 PG는 민감한 결제 정보가 외부에 노출되지 않도록 보안을 강화하며, 카드 결제뿐 아니라 모바일 결제, QR코드 결제 등 다양한 디지털 결제 방식을 지원한다.

## PI (Payment Instruments)

PI(결제 수단)는 개인이 상품이나 서비스 대금을 지불할 때 사용하는 다양한 방식의 결제 수단을 의미한다. 대표적인 결제 수단에는 현금, 신용카드, 직불카드, 전자지갑, 모바일 결제, 은행 송금 등이 포함된다. 지급 수단은 편리성과 안전성을 제공하며, 기술 발전에 따라 새로운 형태의 디지털 지급 수단이 빠르게 확산되고 있다. 지급 수단은 소비자와 기업 간의 거래를 원활하게 하고, 경제 활동을 촉진하는 중요한 역할을 한다. 특히 전자 결제와 같은 디지털 지급 수단의 발전으로 결제가 더욱 신속하고 편리해졌으며, 비대면 거래와 글로벌 상거래도 증가하고 있다. PI는 경제에서 자금 흐름을 촉진하고, 금융 접근성을 높이는 데 기여한다.

## PI (Property Income)

PI(자산 소득)는 개인이 보유한 자산에서 발생하는 소득을 의미하며, 주로 이자, 배당금, 임대료 등이 포함된다. 노동 소득과 달리 자산 보유에 따른 수익으로, 부동산, 주식, 채권, 예금 등의 자산에서 발생하는 다양한 형태의 소득이다. PI는 개인과 가계의 경제적 안정성을 높여주며, 자산을 활용해 추가 수익을 창출하는 중요한 방법으로 간주된다. 자산 소득의 주요 구성 요소로는 이자 소득, 배당 소득, 임대 소득이 있다. 이자 소득은 예금이나 채권과 같은 금융 자산에서 발생하며, 배당 소득은 주식 투자에서 발생하는 주주 배당금을 의미한다. 임대 소득은 부동산 자산에서 발생하는 임대료 수익으로, 부동산을 보유하고 있는 개인이나 기업이 해당 자산을 임대해 얻는 수익이다.

## PL (Profit and Loss Statement)

PL(손익 계산서)은 기업의 일정 기간 동안 수익과 비용을 기록해 순이익(Profit) 또는 순손실(Loss)을 계산하는 재무제표다. 매출액에서 매출원가(COGS)와 운영 비용(SG&A)을 차감하여 영업이익을 구하고, 이자비용, 세금 등을 추가로 차감하여 최종 순이익을 산출한다. 이를 통해 기업의 경영 성과와 수익성을 평가할 수 있다. 손익계산서는 투자자, 경영진, 금융기관이 기업의 재정 상태와 수익성을 분석하는 데 중요한 자료로 사용된다. 이를 통해 기업의 수익성

추세를 파악하고, 비용 효율성 및 수익 구조에 대한 인사이트를 얻을 수 있다.

## PLG (Profit-Led Growth)

PLG(이윤 주도 성장)는 이윤 증가가 경제 성장의 주요 동력이 된다는 경제 이론이다. PLG에서는 기업의 이윤이 증가하면 투자가 활성화되고 고용이 증가하여, 결과적으로 경제 성장이 촉진된다고 본다. 이윤 주도 성장은 주로 기업의 투자 확대, 생산성 향상, 기술 혁신을 통해 이루어지며, 이윤 증가가 경제 전체의 수요와 공급을 늘려 경제 전반에 긍정적인 영향을 미칠 수 있다. 이윤 주도 성장 모델은 기업의 이윤이 경제 성장에 미치는 영향을 강조하며, 세금 감면, 규제 완화, 인프라 투자 등 기업 환경 개선 정책을 통해 성장 목표를 달성하는 전략으로 활용된다. 소비 주도 성장과 대비되는 개념으로, 특히 자본 투자와 생산성 증대가 중요한 역할을 하는 산업 중심 경제에서 자주 채택된다.

## PM (Primary Market)

PM(발행 시장)은 새로운 증권이 처음으로 발행되어 투자자에게 판매되는 시장을 의미한다. 기업, 정부, 기타 기관이 자금을 조달하기 위해 최초로 주식이나 채권을 발행하여 일반 투자자나 기관 투자자에게 판매하는 단계로, 투자자들은 발행 시장에서 직접 증권을 구매할 수 있다. 발행 시장에서는 새로운 자본이 유입되기 때문에, 기업이 사업을 확장하거나 운영 자금을 확보하는 데 중요한 역할을 한다. 대표적인 사례는 IPO(Initial Public Offering; 기업 공개)와 채권 발행이다. IPO를 통해 기업은 처음으로 주식을 발행하여 공모하고, 이를 통해 다수의 투자자로부터 자본을 조달할 수 있다. 또한, 정부나 공공기관은 발행 시장에서 채권을 발행하여 사회 인프라 구축이나 복지 사업 등을 위한 자금을 조달하기도 한다. 발행 시장은 증권이 처음으로 발행되는 시장이므로, 발행 가격은 발행 기관과 투자자들 간의 수요와 공급에 의해 결정되며, 이는 이후 거래될 가격에 영향을 미친다. 발행시장에서 증권이 최초로 발행된 이후, 해당 증권은 2차 시장(Secondary Market)에서 거래되며, 투자자들 간의 매매가 이루어진다.

## PO (Put Option)

PO(풋 옵션)는 옵션 계약에서 특정 자산을 미리 정한 가격에 미래의 특정 시점에 팔 수 있는 권리를 부여하는 금융 상품이다. 풋 옵션을 보유한 투자자는 기초 자산의 가격이 하락할 때 수익을 얻을 수 있으며, 주식, 채권, 상품 등 다양한 자산에 적용된다. 옵션을 행사할 가격(행사가)보다 기초 자산의 시장 가격이 낮아지면, 투자자는 풋 옵션을 행사하여 이익을 얻을 수 있다. 풋 옵션은 가격 하락에 대비한 리스크 관리 수단으로, 특히 포트폴리오의 하락 위험을 헷지하기 위해 자주 사용된다. 투자자는 풋 옵션을 통해 자산 가치가 하락할 때 손실을 최소화할 수 있으며, 불확실한 시장 상황에서 보유 자산을 보호하는 전략으로 활용한다.

## PPI (Producer Price Index)

PPI(생산자 물가 지수)는 생산자가 판매하는 상품과 서비스의 가격 변동을 측정하여 물가 변동을 평가하는 경제 지표다. 주로 원자재와 중간재의 가격 변화를 반영하며, 소비자에게 전달되기 전 단계의 가격 동향을 파악하는 데 활용된다. PPI는 농산물, 에너지, 제조업 제품 등 다양한 산업에서 생산 가격의 변동을 측정해, 인플레이션 압력을 예측할 수 있는 중요한 지표다. PPI는 기업의 원가 부담을 반영하여, 향후 소비자 물가에 미칠 영향을 예측하는 데 중요한 역할을 한다. 생산자 물가가 상승하면 소비자 물가(CPI)에도 영향을 미쳐 전반적인 인플레이션 상승 요인으로 작용할 수 있다. 중앙은행과 정책 입안자들은 PPI를 통해 경제 정책을 조정하며, 이를 바탕으로 금리 정책이나 경제 안정 대책을 마련한다.

## PPP (Purchasing Power Parity)

PPP(구매력 평가)는 국가 간의 화폐 가치와 물가 수준을 비교하여 동일 상품이 각국에서 같은 비용으로 구매될 수 있도록 조정하는 환율 개념이다. 이 이론은 각국의 물가 수준을 기준으로 통화의 실질 구매력을 비교하고, 환율이 조정되었을 때 상품의 가격이 국가 간 동일하게 유지된다고 가정한다. 즉, PPP는 이론적으로 각국의 통화가 동일한 구매력을 가질 때 환율이 균형을 이룬다고 설명하며, 국제 경제 분석에서 중요한 지표로 사용된다. PPP는 주로 장기 환율 수준을 예측하고, 국가 간 생활비 차이를 이해하는 데 활용된다. 예를 들어, "빅맥 지수"는 PPP의 예로, 전 세계에서 동일한 빅맥 햄버거의 가격을 비교하여 통화 가치의 고평가 혹은 저평가 상태를 가늠한다. PPP가 작동하면 각국에서 동일한 상품을 같은 금액으로 구매할 수 있지만, 실제 환율은 수요와 공급, 금리, 무역 흐름 등의 요인에 의해 차이를 보인다. 따라서 PPP는 현실과 이상 간의 차이를 파악하고 장기적인 경제 경향을 예측하는 데 유용하다.

## PR (Principal Risk)

PR(원금 위험)은 금융 거래에서 거래 상대방의 채무 불이행으로 인해 투자 원금이 손실될 가능성을 의미한다. 이는 거래가 이행되지 않거나 계약된 자금이 돌려받지 못할 경우 투자자가 원금을 상실할 위험을 나타내며, 주로 외환 거래, 채권 투자, 파생상품 거래 등에서 발생할 수 있다. 원금 위험은 금융 기관과 투자자 모두에게 중요한 리스크 관리 요소로, 특히 거래 규모가 크거나 복잡한 금융 거래에서 원금 손실 위험은 심각한 재정적 영향을 미칠 수 있다. 원금 위험은 상대방의 신용 리스크와 밀접하게 관련된다. 예를 들어, A 은행이 B 은행과 외환 거래를 할 때 B 은행이 계약 이행을 하지 못하면 A 은행은 거래 상대방의 채무 불이행으로 인해 원금을 상실할 수 있다. 이러한 위험을 줄이기 위해 금융 기관들은 신용 평가, 담보 설정, 계약 조건 조정 등의 방법을 통해 원금 위험을 관리한다. 또한, 원금 위험이 높은 거래에서는 중앙청산소를 통한 거래나 신용파생상품(Credit Derivatives) 같은 리스크 완화 기법이 사용되기도 한다.

### PS (Protection Seller)

PS(보호 매도자)는 신용 파생상품에서 신용 위험을 부담하며, 특정 채무자가 채무를 불이행할 경우 보호 매수자에게 보상하는 역할을 맡는 거래 당사자를 의미한다. 보호 매수자로부터 일정한 프리미엄을 받는 대신, 신용 사건(채무 불이행, 신용등급 하락 등)이 발생하면 채무 상환이나 보상을 제공하게 된다. 대표적으로 신용부도스왑(CDS)에서 보호 매도자는 채무자의 신용 리스크를 대신 부담하며, 이를 통해 수익을 창출한다. PS는 신용 리스크를 부담하는 대가로 일정 수익을 얻으며, 위험을 분산시키는 중요한 역할을 한다. 신용 시장에서는 PS가 제공하는 신용 보호 덕분에 보호 매수자는 신용 리스크를 줄일 수 있어 포트폴리오의 안정성을 확보할 수 있다. 동시에 보호 매도자는 거래 상대방의 신용 상태와 계약 조건을 분석해 리스크를 관리하며, 신용 리스크 분산을 통해 금융 시스템의 안정성에도 기여한다.

### PT (Program Trading)

PT(프로그램 매매)는 컴퓨터 알고리즘과 자동화 시스템을 이용해 대규모 주식이나 금융상품을 빠르고 효율적으로 매매하는 거래 방식을 의미한다. 주로 사전에 설정된 조건(가격, 거래량, 시간 등)에 따라 거래가 자동으로 실행되며, 금융 기관과 대형 투자자들이 리스크 관리나 차익거래 목적으로 자주 사용한다. 거래 속도를 높이고, 인간의 감정 개입을 줄여 일관된 거래 전략을 실행하는 데 도움을 준다. 프로그램 매매는 주식 시장의 유동성과 변동성에 큰 영향을 미칠 수 있어 규제와 모니터링이 중요하다. 대규모 프로그램 매매는 시장에 빠른 충격을 줄 수 있기 때문에, 특정 가격이나 시장 조건에서 자동으로 매수나 매도가 발생할 경우 시장이 급등락할 위험이 있다. 이에 따라 여러 국가의 금융 당국은 프로그램 매매가 시장 안정성에 미치는 영향을 주시하고 있으며, 급격한 시장 변동을 방지하기 위해 서킷 브레이커(Circuit Breaker)와 같은 안전 장치를 마련하고 있다.

## PTC (Propensity to Consume)

PTC(소비 성향)는 가계 또는 개인이 소득 중에서 소비에 할애하는 비율을 나타내는 지표로, 경제에서 소비 활동의 강도를 평가하는 데 사용된다. 소비 성향은 평균 소비 성향(APC)과 한계 소비 성향(MPC)으로 나뉜다. APC는 총소득 대비 소비 비율을 나타내며, MPC는 추가 소득이 발생할 때 그 중 소비로 사용되는 비율을 의미한다. PTC는 경제 성장과 경기 활성화에 중요한 역할을 하며, 소비가 증가할수록 경제 전반에 긍정적인 영향을 미친다. 정책 입안자들은 소비 성향을 바탕으로 세금 감면이나 소득 지원 등 정책을 수립하여 소비를 촉진하고, 경제 성장을 도모할 수 있다. PTC는 소비 습관과 경제 상황에 따라 달라지며, 경제 분석에 중요한 지표로 활용된다.

## PV (Present Value)

PV(현재 가치)는 미래에 받을 금액을 현재 시점에서의 가치로 환산한 금액으로, 미래 현금 흐름을 현재 가치로 평가하는 재무 개념이다. PV 계산에는 할인율이 적용되며, 할인율이 높을수록 미래 금액의 현재 가치는 낮아진다. 현재 가치는 투자, 대출, 프로젝트의 경제적 타당성을 평가하는 데 중요한 지표로 활용된다. 현재 가치는 투자자가 미래 수익의 실제 가치를 예측하고, 비교하여 의사 결정을 내리는 데 도움을 준다. 예를 들어, 특정 프로젝트의 예상 수익이 현재 가치로 변환되면 다른 투자 기회와 비교할 수 있어, 자본 배분의 효율성을 높일 수 있다. PV는 할인율, 기간, 현금 흐름에 따라 변동되며, 장기 재무 계획에서 자주 사용된다.

## PVP (Payment versus Payment)

PVP(외환 동시 결제)는 외환 거래에서 서로 다른 통화 간의 결제를 안전하게 진행하기 위해 양측의 결제가 동시에 이루어지는 시스템이다. 이 시스템은 외환 거래에서 한쪽 결제만 이루어지고 다른 쪽 결제가 실패하는 리스크(결제 리스크)를 줄이는 데 목적이 있다. PVP는 한 통화의 결제가 이루어지기 전까지는 다른 통화의 결제가 실행되지 않도록 설정하여, 결제 과정에서 발생할 수 있는 손실을 방지한다. PVP는 대형 금융 기관과 중앙은행이 외환 시장의 안정성을 유지하기 위해 자주 사용하는 방식이다. 각국의 통화 간 결제가 동시에 이루어짐으로써, 거래 상대방 중 한쪽의 결제가 이루어지지 않을 리스크를 피할 수 있다. 예를 들어, 미국 달러와 유로 간의 외환 거래에서 PVP가 사용되면, 달러 결제와 유로 결제가 동시에 이루어져, 상대방의 결제가 이행되지 않을 위험을 낮춘다. PVP 시스템은 국제 결제 시스템의 신뢰성을 높이며 외환 거래의 리스크를 관리하는 중요한 도구로 자리 잡았다. 중앙은행과 국제 금융기관들은 이러한 시스템을 활용해 대규모 외환 거래의 결제 리스크를 줄이고, 금융 시스템의 안정성을 강화한다.

## QE (Qualitative Easing)

QE(질적 완화)는 중앙은행이 경제 활성화를 위해 양적 완화와는 다른 방식으로 금융 자산의 질을 개선하는 통화정책이다. 고위험 자산 대신 신용도 높은 자산을 주로 매입하여 금융 시장의 안정성을 높이는 데 중점을 둔다. 이를 통해 금융기관의 대출 여력을 높이고, 경제 전체의 신용 리스크를 줄이는 효과를 기대할 수 있다. 질적 완화는 유동성 공급보다는 자산 구성의 질적 개선에 초점을 맞추어 경기 부양을 목표로 한다. 중앙은행은 주로 정부채권, 우량 회사채 등 신용 등급이 높은 자산을 매입하여 금융기관이 고위험 자산에서 벗어나 안정적인 자산으로 전환할 수 있도록 돕는다. 이를 통해 경제 전반의 신용 환경이 개선되고, 안정적인 경제 성장이 가능해진다.

### QE (Quantitative Easing)

QE(양적 완화)는 중앙은행이 경기 부양을 위해 대규모 자산 매입을 통해 시중에 유동성을 공급하는 비전통적 통화정책이다. 중앙은행은 국채나 기타 금융 자산을 대량으로 매입하여 금리를 낮추고, 대출을 촉진해 소비와 투자를 활성화하는 것을 목표로 한다. QE는 주로 경기 침체기에 시행되며, 금리가 이미 낮아 추가 인하가 어려운 상황에서 유동성을 늘려 경제를 활성화하려는 목적으로 사용된다. 양적 완화는 금융 시장의 자금 흐름을 촉진하고, 인플레이션 목표를 달성하여 경제를 안정화하는 데 중요한 역할을 한다. 다만, 과도한 양적 완화는 장기적으로 인플레이션을 유발하거나 자산 거품을 형성할 위험이 있으므로 신중한 관리가 필요하다. QE는 미국, 유럽, 일본 등에서 금융 위기 대응책으로 사용된 바 있다.

### RB (Reserve Base)

RB(본원 통화)는 중앙은행이 발행한 통화로, 경제의 유동성을 직접적으로 조절하는 기반 자산을 의미한다. 시중 유통되는 현금과 은행들이 중앙은행에 예치한 지급준비금으로 구성되며, 경제의 기본적인 유동성 공급원으로 작용한다. 본원 통화는 중앙은행의 통화정책을 통해 조절되며, 경제 상황에 따라 본원 통화의 공급량을 조절하여 금리와 유동성에 영향을 미칠 수 있다. 본원 통화는 금융기관의 대출 및 예금 활동을 지원하고 전체 경제의 신용 창출을 가능하게 하는 중요한 역할을 한다. 예를 들어, 중앙은행이 본원 통화를 증가시키면 시중 은행은 더 많은 자금을 대출할 수 있게 되어 경제 활동이 촉진될 수 있다. 반대로, 본원 통화의 공급을 줄이면 은행의 대출 여력이 감소하여 유동성을 축소하는 효과가 나타난다. 본원 통화는 이러한 경제 조정 기능을 통해 경제 안정과 인플레이션 관리에 핵심적인 역할을 수행한다.

## RCA (Revealed Comparative Advantage)

RCA(현시 비교 우위)는 한 국가가 특정 상품이나 서비스에서 다른 국가에 비해 상대적으로 더 경쟁력을 가지는지를 측정하는 지표이다. 특정 상품이 국가 수출에서 차지하는 비중을 세계 시장에서 해당 상품의 수출 비중과 비교하여 산출된다. 이 지표는 무역 데이터를 통해 특정 국가가 어떤 분야에서 비교우위를 가지고 있는지 드러내주며, 무역 정책을 분석하거나 국가 간 산업 경쟁력을 평가하는 데 유용하다. RCA 값이 1보다 크면 해당 상품에서 국가가 비교우위를 가진 것으로 해석되며, 1보다 작으면 비교우위가 없는 것으로 본다. 예를 들어, 한 국가의 자동차 산업 RCA가 1보다 크면, 해당 국가가 자동차 산업에서 경쟁력이 상대적으로 높다는 것을 의미한다. RCA는 각 국가의 산업 구조와 무역 패턴을 이해하는 데 도움을 주며, 정부와 기업이 국제 시장에서 전략을 세우는 데 중요한 정보로 활용된다.

## RE (Ratchet Effect)

RE(반동 효과)는 일정 수준에 도달한 소비나 가격이 쉽게 되돌아가지 않고 유지되거나 상승하려는 경향을 의미한다. 톱니 효과라고 부르기도 한다. 경제학에서 반동 효과는 소득이 증가하면 소비 수준도 함께 높아지지만, 소득이 감소하더라도 소비 수준이 과거 수준으로 쉽게 줄어들지 않는 현상으로 자주 나타난다. 이로 인해 경제 침체기에도 소비 감소가 제한적일 수 있으며, 소비자와 기업 모두 일단 증가한 소비와 비용을 낮추는 데 어려움을 겪을 수 있다. 반동 효과는 기업의 가격 정책과 임금 구조에 영향을 미쳐 비용 구조의 경직성을 초래한다. 예를 들어, 경제가 성장하면서 임금이 인상되면 기업이 비용을 줄이기 위해 다시 임금을 낮추기가 어려워진다. 마찬가지로, 원가 상승으로 인해 인상된 상품 가격이 원가가 하락하더라도 쉽게 다시 내려가지 않는 경우가 많다. 이러한 반동 효과는 경제 전반의 유연성을 떨어뜨리고, 경기 변동에 대한 대응력을 제한하는 요인으로 작용할 수 있다.

**REER (Real Effective Exchange Rate)**
REER(실질 실효 환율)은 한 나라의 통화 가치를 주요 교역 상대국들의 통화와 비교하여, 물가 수준을 고려해 조정한 환율 지표다. 통화 가치뿐만 아니라 각국의 인플레이션 차이를 반영해 실제 구매력을 평가한다. REER이 높아지면 자국 상품의 상대적 가격이 비싸져 수출이 감소할 가능성이 있으며, 반대로 낮아지면 수출 경쟁력이 높아질 수 있다. REER은 국가 간 무역 경쟁력을 분석하고, 환율 정책 및 경제 정책 수립에 중요한 참고 자료로 활용된다. 이를 통해 각국은 자국 통화의 실질 가치가 과대평가 또는 과소평가되었는지를 파악해, 무역 수지와 경제 성과에 미칠 영향을 예측할 수 있다.

**REITs (Real Estate Investment Trust)**
REITs(부동산 투자 신탁)는 다수의 투자자로부터 자금을 모아 다양한 부동산에 투자하고, 발생하는 수익을 배당 형태로 지급하는 투자 방식이다. 상업용 부동산, 주거용 부동산, 호텔, 병원 등 다양한 유형의 부동산에 투자하며, 자산의 임대료와 매각 차익을 통해 수익을 창출한다. REITs는 소액 투자자도 부동산 투자에 참여할 수 있도록 하며, 높은 유동성과 정기적인 배당을 제공한다.

또한, 부동산의 직접 소유가 아닌 간접 투자 방식으로, 관리 부담이 적고 포트폴리오 다각화를 통해 리스크를 분산할 수 있다. REITs는 안정적인 현금 흐름을 원하는 투자자에게 인기가 많으며, 주식시장에 상장된 경우 거래소에서 손쉽게 매매할 수 있다.

## RI (Real Income)

RI(실질 소득)는 물가 수준을 고려하여 실제 구매력을 반영한 소득으로, 명목 소득에서 인플레이션 효과를 제외한 소득을 의미한다. 실질 소득은 한 사람이 혹은 가계가 실제로 구매할 수 있는 상품과 서비스의 양을 나타내며, 소득의 생활 수준을 더 정확히 평가하는 지표다. 예를 들어, 소득이 증가해도 물가가 더 많이 상승하면 실질 소득은 감소하여 구매력이 줄어든다. RI는 경제에서 개인과 가계의 실제 소비 가능성을 평가하는 중요한 지표로, 생활 수준과 경제 정책 수립에 필수적이다. 이를 통해 정책 입안자들은 인플레이션이 국민의 생활 수준에 미치는 영향을 분석하고, 소득 증가가 실제로 생활 향상에 기여하는지를 평가할 수 있다.

## RML (Reverse Mortgage Loan)

RML(역 모기지론)은 고령자가 소유한 주택을 담보로 금융기관에서 매달 일정 금액을 대출받는 금융 상품으로, 주택 자산을 활용하여 생활비나 의료비 등 노후 자금을 마련하는 데 도움을 준다. 대출자는 주택을 소유한 상태로 거주하며, 상환은 일반적으로 대출자가 사망하거나 주택을 팔 때 이루어진다. 역모기지론은 자산은 있지만 현금 흐름이 부족한 고령층에게 경제적 유동성을 제공하며, 주거 안정성을 유지할 수 있는 장점이 있다. 이는 주택 가격 상승이나 안정적인 주택 보유를 바탕으로 노후 생활 자금을 확보하려는 고령자들에게 인기가 있으며, 일부 국가에서는 정부가 보증해 안정성을 높이기도 한다.

## ROA (Return on Asset)

ROA(자산 수익률)는 기업이 보유한 자산을 활용하여 얼마나 효율적으로 이익을 창출했는지 평가하는 재무 지표다. 순이익을 총자산으로 나눈 비율로 계산되며, 기업의 자산 활용 효율성을 나타낸다. 높은 ROA는 기업이 자산을 효과적으로 운용해 수익을 잘 내고 있다는 것을 의미하며, 낮은 ROA는 자산 활용이 비효율적일 수 있음을 나타낸다. ROA는 경영진과 투자자들이 기업의 자산 효율성을 비교하고 평가하는 데 중요한 기준으로 사용된다. 이를 통해 자산의 활용도를 높이고 수익성을 개선할 수 있는 방향을 모색할 수 있다. ROA는 업종에 따라 이상적인 수준이 다르며, 다른 기업과의 비교 시 같은 산업 내에서 상대적 평가를 수행하는 것이 중요하다.

## ROE (Return on Equity)

ROE(자기 자본 이익률)는 주주의 투자 자본을 활용해 기업이 얼마나 효율적으로 이익을 창출했는지를 나타내는 지표다. 순이익을 자기 자본으로 나누어 계산되며, 주주가 투자한 자본이 얼마나 효과적으로 수익으로 전환되고 있는지를 보여준다. 이 지표는 기업의 경영 효율성과 주주 가치를 평가하는 데 중요한 역할을 하며, 일반적으로 ROE가 높을수록 기업이 주주의 자본을 잘 활용하고 있음을 의미한다. ROE는 기업 경영진과 투자자가 수익성과 재무 성과를 평가하는 주요 지표로, 높은 ROE는 주주의 자본이 효과적으로 사용되고 있음을 나타내고, 이는 기업의 경영 효율성과 성장 가능성에 긍정적인 신호로 작용할 수 있다. 반대로, ROE가 낮다면 자기 자본 대비 수익이 낮다는 뜻이며, 이는 비용 구조의 문제나 자산 활용의 비효율성을 시사할 수 있다.

## ROI (Return on Investment)

ROI(투자 수익률)는 투자한 자본 대비 발생한 이익을 평가하는 지표로, 투자 효율성을 측정하는 데 사용된다. 순이익을 투자 비용으로 나눈 후 백분율로 표현되며, 높은 ROI는 적은 투자로도 높은 수익을 창출했음을 의미한다. 이는 투자 성과를 평가하고, 자금 배분 결정을 내리는 데 유용하다. ROI는 경영진과 투자자들이 다양한 투자 옵션의 수익성을 비교하고, 자본 배분을 최적화하는 데 도움을 준다. 예를 들어, ROI를 통해 여러 프로젝트나 자산의 성과를 평가하여, 자원을 가장 효율적으로 사용할 수 있는 방안을 모색할 수 있다.

### ROR (Return on Revenue)

ROR(수익 대비 이익률)은 기업의 총 수익에서 순이익이 차지하는 비율을 나타내는 지표로, 매출 대비 얼마나 효율적으로 이익을 창출하는지를 보여준다. 순이익을 총 수익(또는 매출)으로 나누어 계산되며, 이 값이 높을수록 기업이 매출 대비 수익성을 잘 유지하고 있음을 의미한다. ROR은 기업의 영업 효율성과 비용 관리 능력을 평가하는 데 중요한 역할을 한다. 기업의 전반적인 수익성을 평가하고, 경영 효율성을 파악하는 데 유용한 지표다. 높은 ROR은 수익 대비 비용이 낮다는 의미로, 기업이 비용 구조를 효율적으로 관리하고 있음을 나타낸다. 반면, ROR이 낮다면 비용이 수익에 비해 과다하거나, 매출 대비 이익 창출에 어려움이 있다는 신호가 될 수 있다.

### RP (Repurchase Agreements)

RP(환매 조건부 채권 매매)는 증권 소유자가 일정 기간 후 정해진 가격에 증권을 되사는 조건으로 자금을 빌리는 단기 금융 거래를 의미한다. 주로 금융기관 간 자금 조달 수단으로 사용되며, 증권을 매도하고 다시 매입하는 형태를 통해 일시적인 유동성을 확보한다. RP는 금융기관이 자금이 필요할 때 신속하게 자금을 조달할 수 있는 방법이다. 환매 조건부 채권은 리스크가 낮고 안정적인 단기 자금 운용 수단으로, 중앙은행의 통화 정책 수단으로도 활용된다. 이를 통해 금융시장의 유동성을 조절하고, 이자율에 영향을 미치는 데 중요한 역할을 한다. RP는 대출자에게는 담보가 있고, 차입자에게는 짧은 기간 자금을 사용할 수 있는 이점이 있어 금융기관 간 거래에서 빈번히 활용된다.

## RPS (Retail Payment System)

RPS(소액 결제 시스템)는 일상적인 소액 거래를 처리하는 데 사용되는 결제 시스템으로, 개인과 소매업체 간의 거래를 지원한다. 신용카드, 직불카드, 모바일 결제, 전자지갑 등 다양한 지급 수단을 포함하며, 빠르고 안전하게 거래를 완료하도록 설계된다. 이는 개인 소비자와 소매업체가 일상적으로 사용하는 결제 시스템으로, 경제 내 소비 활동을 촉진한다. RPS는 금융기관과 결제 네트워크가 연계되어 소비자와 소매업체 간 자금 이체를 효율적으로 지원하며, 경제의 자금 흐름을 원활하게 한다. RPS의 안정성과 속도는 전자상거래와 디지털 결제 수단의 성장에 필수적이며, 금융 혁신을 통해 점차 다양한 형태의 결제 방식을 지원하도록 발전하고 있다.

## RSF (Required Stable Funding)

RSF(필요 안정 자금)는 금융기관이 자산 및 외부 노출을 안전하게 유지하기 위해 필요한 안정적인 자금의 최소 비율을 의미한다. 자산과 부채의 안정성을 고려해 금융기관이 안정적으로 운영될 수 있도록 요구되는 자금의 양을 나타내며, 특히 장기 자산에 대한 충분한 자금을 확보하기 위해 설정된다. 이는 금융기관이 단기적인 자금 유출이나 유동성 위기에 대응할 수 있도록 해주며, 장기적 자금 조달 구조의 안정성을 보장하는 데 중요한 역할을 한다. RSF는 주로 금융기관의 유동성과 자산의 만기를 관리하여 리스크를 줄이는 기능을 한다. 금융기관은 각 자산의 특성에 따라 필요한 자금 비율을 산정하고, 자산 만기와 일치하는 안정적인 자금을 확보해야 한다. RSF는 바젤 III 규제의 일환으로, 금융기관의 장기적 안정성을 위한 필수 요건이다. 금융기관들은 NSFR(Net Stable Funding Ratio) 기준을 충족하기 위해 RSF와 ASF(Available Stable Funding, 이용 가능한 안정 자금)를 비교하여 안정적인 자금 조달을 유지해야 한다. 이를 통해 금융기관의 자산과 부채의 만기 불일치를 줄이고, 전반적인 금융 시스템의 안전성을 강화한다.

**RT (RegTech, Regulatory Technology)**
RT(레그 테크)는 금융기관과 기업이 법적 규제를 준수하고 리스크를 관리하기 위해 최신 기술을 활용하는 시스템과 도구를 의미한다. 주로 빅데이터, 인공지능(AI), 블록체인 등의 기술을 사용하여 규제 준수 절차를 자동화하고 효율성을 높인다. 이를 통해 기업은 법적 규제와 관련된 데이터를 실시간으로 모니터링하고 분석해, 법적 리스크를 줄이고 준수 비용을 절감할 수 있다. RegTech는 복잡한 규제 환경에 대응해 금융기관의 준법 감시, 위험 평가, 데이터 관리 등을 효율적으로 지원한다. 금융기관은 RegTech를 통해 규제 변화에 신속하게 적응할 수 있으며, 이는 금융 안정성을 유지하고 법적 규제 위반을 방지하는 데 중요한 역할을 한다. RegTech는 규제 부담이 큰 금융 부문에서 특히 유용하며, 규제 준수의 디지털 혁신을 촉진한다.

**RWA (Risk-Weighted Assets)**
RWA(위험 가중 자산) 는 금융기관이 보유한 자산에 각 자산의 위험도를 반영해 가중치를 적용한 자산 규모를 의미한다. 은행과 같은 금융기관은 자산마다 부여된 위험 가중치를 반영해 RWA를 산출하며, 이는 자본 요건과 규제 준수를 평가하는 데 사용된다. 예를 들어, 정부 채권과 같은 안전 자산은 낮은 가중치를 받지만, 대출과 같은 위험 자산은 높은 가중치를 부여받는다. RWA는 은행의 자본 비율 산출과 위험 관리의 기초 자료로 활용된다. 금융기관은 RWA

를 기준으로 자기자본 비율(Capital Adequacy Ratio)을 계산하여 규제 기관의 자본 요건을 충족해야 한다. 바젤 III 규제에 따르면, 금융기관은 위험이 높은 자산에 대해 더 많은 자본을 확보해야 하며, 이를 통해 금융기관이 예기치 못한 손실을 감당할 수 있도록 자본 구조를 안정적으로 유지하게 된다. RWA는 금융기관의 안정성을 평가하고, 리스크를 관리하는 데 중요한 역할을 한다.

### S&P (Standard & Poor)

S&P(스탠더드 앤 푸어스)는 글로벌 금융 시장에서 신용 등급 평가와 지수 산출로 유명한 금융 서비스 회사다. 기업, 국가, 금융 상품 등의 신용 등급을 평가하여 투자자들이 채무자의 신용 위험을 파악할 수 있도록 돕는다. 신용 등급은 AAA에서 D까지로 분류되며, 이 평가를 통해 금융기관과 투자자들은 투자 결정을 내릴 때 참고할 수 있다. 또한 S&P는 주식 시장을 반영하는 다양한 지수를 산출하는데, 그중 S&P 500 지수가 가장 유명하다. S&P 500 지수는 미국 주요 대기업 500개의 주가를 기준으로 산출되며, 미국 경제와 주식 시장의 전반적 흐름을 파악하는 중요한 지표로 사용된다. S&P의 평가와 지수는 전 세계 금융 시장에서 신뢰할 수 있는 정보로 활용된다.

### SAP (System Application and Programs in Data Process)

SAP는 기업의 전사 자원 관리와 비즈니스 운영을 지원하는 소프트웨어로, ERP(Enterprise Resource Planning) 시스템의 선도적인 제공업체다. 기업의 재무, 인사, 물류, 생산 등 다양한 부서가 통합된 시스템에서 데이터를 공유하고 실시간으로 업무를 처리할 수 있도록 돕는다. 이를 통해 운영 효율성을 높이고 데이터의 정확성을 유지한다. SAP 시스템은 대규모 데이터 처리와 통합을 통해 기업의 의사결정 과정을 지원하며, 전 세계에서 널리 사용된다. SAP의 모듈들은 다양한 산업의 요구에 맞추어 설계되어, 고객 맞춤형 솔루션을 제공하고 비즈니스 프로세스의 표준화와 자동화를 가능하게 한다. SAP는 기업의 경쟁력을 높이는 데 중요한 역할을 하며, 글로벌 시장에서 ERP 솔루션의 대표주자로 자리 잡고 있다.

## SAS (Statistical Analysis System)

SAS(통계 분석 시스템)는 데이터 분석, 통계 처리, 예측 모델링 등을 수행하는 소프트웨어로, 빅데이터와 비즈니스 인텔리전스를 지원하는 강력한 도구다. 데이터 수집부터 분석, 시각화까지 전 과정을 처리하며, 다양한 산업 분야에서 통계 분석과 데이터 기반 의사결정에 활용된다. 이를 통해 기업과 연구기관은 정확한 데이터 분석을 기반으로 전략적 결정을 내릴 수 있다. SAS는 통계 분석, 머신러닝, 데이터 마이닝 등 고급 분석 기능을 제공하여 연구 및 비즈니스 환경에서 데이터를 체계적으로 이해하고 예측할 수 있도록 지원한다. 특히, 금융, 의료, 제조 등 대규모 데이터 관리와 분석이 중요한 분야에서 많이 사용되며, 데이터의 패턴과 트렌드를 파악해 실질적인 인사이트를 제공한다. SAS는 데이터 과학과 분석 전문가들 사이에서 필수적인 분석 도구로 자리 잡고 있다.

## SB (Specialized Banking)

SB(전문 은행업)는 특정 금융 서비스나 특정 고객 그룹에 초점을 맞춘 특화된 금융업을 의미한다. 일반적인 은행이 다양한 금융 서비스를 제공하는 것과 달리, 전문 은행은 주로 특정 산업, 특정 규모의 기업, 또는 특정 유형의 고객(예: 중소기업, 농업 분야 등)에 집중하여 맞춤형 금융 서비스를 제공한다. 예를 들어, 농업 전문 은행, 중소기업 대출 전문 은행 등이 이에 해당된다. 전문 은행업은 해당 분야에 대한 깊은 이해와 맞춤형 금융 솔루션을 제공하여 고객의 특정 금융 요구를 충족시키고, 산업 내 경쟁력을 높일 수 있는 장점이 있다. 이로 인해 금융 시장에서 차별화된 서비스를 제공하며, 특정 부문의 성장을 지원하는 중요한 역할을 한다.

## SB (Straight Bond)

SB(고정 금리부 채권)는 특정한 옵션 없이 정해진 이자율과 만기를 갖는 기본적인 형태의 채권이다. 이 채권은 발행 시 설정된 이자(쿠폰)를 정기적으로 지급하고, 만기일에 원금을 상환하는 구조로, 변동성 없이 고정된 수익을 기대할 수 있다. 이러한 채권은 추가적인 전환 옵션이나 조기 상환 권리 등이 없는 단순한 채권으로, 안정적인 투자 수단으로 선호된다. 이 채권은 투자자에게 고정 수익을 제공하며, 채권 시장에서 가장 기본적이고 단순한 형태로 간주된다. 기업이나 정부가 자금 조달을 위해 발행하며, 신용도에 따라 수익률이 결정된다. SB는 특히 안정적인 수익을 원하는 투자자에게 매력적인 옵션으로, 다른 형태의 채권에 비해 리스크가 적다.

## SC (Sunk Cost)

SC(매몰 비용)는 이미 지출되어 회수할 수 없는 비용을 의미하며, 의사 결정에 영향을 미쳐서는 안 되는 비용으로 간주된다. 과거의 투자나 지출로 인해 발생한 것으로, 해당 프로젝트나 투자에서 철수하거나 유지하더라도 더 이상 회수할 수 없는 비용이다. 예를 들어, 연구 개발 비용, 광고비, 장비 설치 비용 등은 매몰 비용으로, 이미 지출되었기 때문에 추가 의사 결정 시 고려하지 않는 것이 합리적이다. 매몰 비용은 의사 결정에서 비합리적 영향을 미칠 수 있기 때문에 주의가 필요하다. 사람들은 종종 이미 투입한 비용이 아깝다는 심리로 인해 손해를 보더라도 프로젝트를 지속하는 경우가 많다. 이를 "매몰 비용 오류(Sunk Cost Fallacy)"라 하며, 경제학에서는 매몰 비용을 무시하고 미래의 기대 수익과 비용에 초점을 맞추는 것을 권장한다. 예를 들어, 기업이 수익성이 낮은 프로젝트에 많은 초기 투자를 했다고 해서 이를 계속 유지할 이유는 없다. SC는 합리적인 의사 결정을 위한 필수적인 개념으로, 추가적인 손실을 방지하는 데 도움을 준다. 매몰 비용을 고려하지 않고 객관적으로 평가함으로써, 기업과 개인은 더 나은 경제적 선택을 할 수 있다.

## SC (Supplementary Capital)

SC(보완 자본)는 금융기관이 자본 규제를 충족하기 위해 기본 자본 외에 추가로 보유하는 자본을 의미한다. 이는 주로 금융기관의 안정성을 강화하고, 갑작스러운 손실에 대비할 수 있는 재정적 여력을 제공하기 위해 마련된다. 보완 자본은 기본 자본(Tier 1 Capital)보다 리스크가 크거나 회수 가능성이 낮지만, 규제 기관에서 요구하는 자본 요건을 충족하는 데 중요한 역할을 한다. 이 자본에는 후순위 채권, 일부 형태의 전환사채, 장기 차입금 등이 포함되며, 금융기관이 예기치 못한 손실을 견디고 정상적인 운영을 지속할 수 있도록 돕는다. 보완 자본은 특히 금융 위기 상황에서 금융 시스템의 안정을 유지하고 고객 자산을 보호하는 데 기여한다. SC는 금융기관의 리스크 관리와 규제 준수를 위한 중요한 자본 요소로 작용한다. 바젤 규제에 따르면, 금융기관은 자산 대비 충분한 기본 자본과 보완 자본을 유지해야 하며, 이를 통해 장기적인 재무 안정성을 확보할 수 있다. 보완 자본은 기본 자본을 보충해 금융기관이 리스크를 관리하고, 경제 불황이나 위기 상황에서의 회복력을 높이는 데 기여한다.

## SCF (Sunk Cost Fallacy)

SCF(매몰 비용 오류)는 이미 지출되어 회수할 수 없는 비용(매몰 비용)을 고려하여 비합리적인 결정을 내리는 심리적 오류를 의미한다. 과거에 투자한 시간, 노력, 자금 등을 아까워하여 비효율적인 상황에서도 계속해서 투자를 이어가는 경향을 나타낸다. 예를 들어, 시간이 많이 소요된 프로젝트가 실패할 가능성이 높아도, 이전의 투자 때문에 계속 진행하려는 것이 매몰 비용 오류의 대표적인 사례다. 이 오류는 합리적 의사결정을 방해하고, 비효율적인 자원 낭비를 초래할 수 있어 주의가 필요하다. 매몰 비용 오류를 극복하기 위해서는 과거 지출은 무시하고 미래의 수익과 비용을 중심으로 판단하는 것이 중요하다. 경제학과 경영학에서는 이 오류를 피하고 효율적인 자원 배분을 위해 매몰 비용을 고려하지 않는 것이 강조된다.

### SCM (Supply Chain Management)

SCM(공급망 관리)은 제품이나 서비스가 원재료 단계에서 최종 소비자에게 전달되기까지의 전체 과정을 효율적으로 관리하는 전략적 접근을 의미한다. 자재 조달, 생산, 물류, 재고 관리, 유통 등을 포함하며, 공급망 내 각 단계의 비용 절감과 품질 향상을 목표로 한다. 이를 통해 기업은 고객에게 빠르고 안정적인 공급을 보장할 수 있다. SCM은 기업의 경쟁력을 높이고, 고객 만족도를 증진시키는 데 중요한 역할을 한다. 공급망의 각 요소를 최적화하여 비용을 줄이고, 변화하는 수요에 유연하게 대응할 수 있도록 돕는다. 현대의 글로벌 시장에서는 복잡한 공급망을 효율적으로 관리하는 것이 필수적이며, 이를 통해 기업은 시장 변화와 리스크에 빠르게 대응할 수 있다.

### SDR (Special Drawing Rights)

SDR(특별인출권)은 국제통화기금(IMF)이 회원국 간의 국제 유동성을 높이고 외환 안정성을 지원하기 위해 발행하는 인위적인 국제 준비 자산이다. 특정 통화가 아닌 달러, 유로, 위안, 엔, 파운드 등 주요 통화의 가중치를 기반으로 계산되며, IMF 회원국들은 SDR을 보유하여 필요 시 외환으로 교환할 수 있다. SDR은 국제 유동성을 보강하고 회원국들이 경제 위기나 외환 부족 시 IMF 자금을 활용할 수 있는 중요한 수단이다. 이는 국가 간 무역 불균형을 조절하고, 국제 금융시장에서 신뢰를 유지하는 데 기여한다. SDR은 주로 중앙은행과 국제 금융기관 사이에서 통용되며, 일반적인 통화와는 달리 IMF의 특별한 자산으로 작용한다.

## SE (Snob Effect)

SE(속물 효과)는 상품의 가격이 높을수록 소비자들이 더 큰 매력을 느끼는 소비 행동을 나타내며, 주로 희소성이 강조된 고가 상품에서 나타나는 현상이다. 속물 효과를 통해 소비자들은 일반 대중과 차별화된 소비를 지향하며, 높은 가격이나 브랜드가 자신의 사회적 지위를 상징한다고 여긴다. 예를 들어, 고가의 명품이나 한정판 제품에 대한 수요가 이런 소비 패턴의 예다. 속물 효과는 상품의 품질보다는 가격과 희소성에 의해 구매 결정이 이루어지는 특징을 지니며, 이는 브랜드 전략과 가격 설정에 영향을 미친다. 이러한 효과는 주로 럭셔리 시장에서 활용되어, 제품의 희소성과 고가 전략이 소비자의 구매 심리를 자극하고, 해당 브랜드의 가치를 강화하는 데 기여한다.

## SEEA (System of Integrated Environmental and Economic Accounts)

SEEA(환경 경제 통합 계정 체계)는 자연 환경과 경제 활동 간의 상호작용을 체계적으로 측정하기 위해 개발된 국제적인 통계 체계다. 경제 활동이 환경에 미치는 영향과 자원 사용량을 계량화하여, 지속 가능한 경제 성장을 위한 의사 결정을 지원한다. 이 시스템은 환경 자산(예: 물, 산림, 토지 등)과 에너지, 폐기물의 흐름을 통합하여 환경과 경제의 연계성을 분석한다. SEEA는 환경 정책 수립과 지속 가능한 자원 관리에 필수적인 정보를 제공하여, 경제 성장과 환경 보전의 균형을 유지하는 데 도움을 준다. 이를 통해 각국 정부와 국제기구는 환경 및 경제 데이터에 기반한 정책을 수립하고, 장기적인 환경 보호와 경제적 번영을 동시에 달성할 수 있다. SEEA는 유엔 통계국이 주도적으로 개발하며, 여러 국가에서 환경 경제 통계의 표준으로 활용된다.

## SF (Settlement Finality)

SF(결제 최종성)는 금융 거래에서 결제가 완료되어 되돌릴 수 없는 상태가 되는 것을 의미한다. 주로 결제 시스템에서 사용되며, 특정 거래가 시스템 내에서 법적으로 최종 처리된 후 더 이상 변경이나 취소가 불가능함을 보장한다. 거래 당사자들이 거래에 따른 리스크를 회피하고, 자금 이동을 확실하게 보장하기 위해 필수적인 요소다. 결제 최종성은 금융 시스템의 안정성과 신뢰성을 높이는 데 중요한 역할을 한다. 특히, 결제 시스템에서 거래가 법적 효력을 가진 상태로 최종 처리되면, 거래 당사자들은 거래가 취소될 위험을 우려하지 않고 자산을 활용할 수 있다. 이 원칙은 금융 위기나 시스템 오류 발생 시에도 거래가 안전하게 처리될 수 있도록 보장하며, 금융 기관들이 거래 리스크를 관리하는 데 필수적이다.

## SI (Social Insurance)

SI(사회 보험)는 국가가 주도하여 질병, 실업, 노령, 장애 등의 위험으로부터 국민을 보호하기 위해 운영하는 보험 체계다. 국민이 소득 상실이나 경제적 어려움을 겪을 때 재정적 지원을 제공하며, 국민 건강과 생활 안정에 기여한다. 대표적인 사회보험으로는 건강보험, 고용보험, 연금보험, 산재보험 등이 있으며, 대부분 가입이 의무화되어 있어 사회적 안전망의 역할을 수행한다. 사회보험은 개인과 기업이 일정 금액의 보험료를 납부하여 자금을 조성하고, 필요한 경우 보험 혜택을 제공하는 방식으로 운영된다.

## SIFIs (Systemically Important Financial Institutions)

SIFIs(시스템적으로 중요한 금융기관)는 해당 금융기관이 파산하거나 큰 손실을 입을 경우 전체 금융 시스템에 심각한 영향을 미칠 수 있는 금융기관을 의미한다. 주요 글로벌 은행, 대형 보험사, 주요 금융 네트워크 제공자가 포함되며, 이들은 경제 안정성에 중요한 역할을 담당한다. 시스템적으로 중요한 금융 기관은 대규모 자산과 금융 시장의 중요한 부분을 차지하므로, 이들의 실패는 금융 시장의 연쇄 반응을 일으킬 위험이 있다. 이를 방지하기 위해 SIFIs는 일반 금융기관보다 더 엄격한 자본 요건, 유동성 기준, 규제 감독을 받으며, 재정 위기 시 신속한 구제 조치가 마련된다. 국제 기구와 각국 규제 당국은 SIFIs의 리스크를 줄이고, 금융 시스템의 안정성을 유지하기 위해 특별 관리 체계를 구축하고 있다.

## SIO (Stock Index Options)

SIO(주가지수 옵션)는 특정 주가지수를 기초 자산으로 하는 옵션 계약으로, 투자자가 주가지수의 미래 가격 변동에 대한 권리를 거래하는 금융 상품이다. 콜옵션(매수권)과 풋옵션(매도권)으로 구분되며, 투자자는 옵션 만기일에 주가지수를 특정 가격에 매수하거나 매도할 수 있는 권리를 가진다. 이를 통해 주가지수의 상승이나 하락에 따른 수익을 추구할 수 있다. 주가지수 옵션은 포트폴리오의 리스크 관리를 위해 자주 사용되며, 시장 전체의 변동성에 대한 헤지 수단으로 활용된다. 예를 들어, 투자자는 주가 하락 위험을 대비해 풋옵션을 구매하거나, 상승에 대비해 콜옵션을 구매하여 리스크를 조정할 수 있다. SIO는 개인 투자자뿐만 아니라 기관 투자자들에게도 유용한 도구로, 변동성 관리와 투자 전략 수립에 도움을 준다.

## SM (Secondary Market)

SM(2차 시장)은 주식, 채권 등 이미 발행된 금융 자산이 투자자 간에 거래되는 시장을 의미한다. 기업이나 정부가 자금을 처음 조달하는 1차 시장과 달리, 기존 자산의 소유권이 투자자들 간에 이전되는 형태로 운영된다. 주식 거래소와 같은 2차 시장은 자산의 유동성을 높이며, 투자자가 필요할 때 손쉽게 자산을 매도하거나 매수할 수 있는 환경을 제공한다. 2차 시장은 투자자에게 자산을 현금화할 수 있는 기회를 제공하며, 시장의 유동성과 가격 발견을 가능하게 한다. 예를 들어, 투자자가 특정 회사의 주식을 1차 시장에서 샀다면, 이를 2차 시장에서 다른 투자자에게 매도할 수 있다. 2차 시장에서 형성되는 가격은 수요와 공급에 의해 결정되며, 기업이나 발행 기관의 실적, 경제 상황 등 다양한 요인에 따라 변동한다. 이를 통해 자산의 공정한 시장 가치가 반영된다. 투자자들이 자산을 자유롭게 사고팔 수 있도록 하여, 금융 시장의 효율성을 높이는 데 중요한 역할을 한다. 2차 시장이 활성화됨으로써 투자자들은 투자 위험을 분산하거나 필요에 따라 자산을 재구성할 수 있다. 주식 시장뿐 아니라 채권, 파생상품, ETF 등 다양한 금융 자산이 2차 시장에서 거래되며, 이로 인해 금융 시스템의 유동성과 안정성이 강화된다.

## SNA (System of National Accounts)

SNA(국민 계정 체계)는 한 국가의 경제 활동을 체계적으로 기록하고 분석하기 위한 국제 표준 통계 시스템이다. 생산, 소비, 투자, 수출입 등의 경제 활동을 측정하고, GDP(국내총생산)와 같은 주요 경제 지표를 산출하는 데 사용된다. 이를 통해 국가 경제의 규모, 구조, 성장률을 파악하며, 경제 정책 수립과 국제 비교에 필요한 데이터를 제공한다. SNA는 유엔, 세계은행, IMF 등 국제 기구들이 개발하고 승인한 표준으로, 세계 각국이 통일된 기준으로 경제를 분석하고 보고하도록 설계되었다. 이를 통해 국가 간 경제 데이터를 비교할 수 있으며, 경제 성과를 평가하고 지속 가능한 성장 정책을 수립하는 데 중요한 역할을 한다.

## SO (Smoothing Operation)

SO(스무딩 오퍼레이션)는 데이터나 그래프의 변동성을 줄여서 보다 일관된 패턴을 도출하는 과정을 의미한다. 노이즈나 불규칙성을 제거해 데이터의 전반적인 추세를 파악하기 쉽도록 도와주며, 금융 시장 분석, 경제 데이터 처리, 수요 예측 등 다양한 분야에서 사용된다. 이를 통해 복잡한 데이터에서 주요 경향성을 더 명확하게 볼 수 있다. 이동평균법, 지수평활법 등 다양한 기법을 통해 이루어지며, 단기 변동보다 장기적인 추세를 중시하는 분석에 유용하다. 예를 들어, 주식 가격의 단기 변동을 평활화하면, 장기적인 가격 추세를 쉽게 파악할 수 있어 투자 전략 수립에 도움이 된다. 마찬가지로, 경제 지표의 변동성을 줄여 정책적 결정을 내릴 때 참고할 수 있는 명확한 데이터를 확보할 수 있다. SO는 데이터 분석의 효율성을 높이고 의사 결정에 신뢰성을 부여하는 중요한 과정이다. 데이터의 일관성 있는 패턴을 확인하여 노이즈를 제거함으로써, 분석가는 추세 분석과 예측의 정확성을 높일 수 있다. 이는 기업의 수요 예측, 경제 정책 평가, 금융 시장의 장기적 전략 수립 등 다양한 의사 결정 상황에서 중요한 역할을 한다.

### SO (Stock Option)

SO(스톡 옵션)는 특정 가격에 회사의 주식을 일정 기간 내에 매수할 수 있는 권리를 부여하는 금융 계약이다. 주로 회사가 임직원에게 인센티브로 제공하여, 직원들이 회사의 성장과 성과에 대한 책임감을 느끼게 하고, 주가 상승에 따른 혜택을 공유할 수 있도록 한다. 옵션 행사가격보다 주가가 높아지면, 옵션 보유자는 이익을 얻을 수 있다. 스톡 옵션은 회사의 성과와 주가 상승을 촉진하는 동기 부여 수단으로 활용되며, 직원들의 장기적인 회사 기여를 유도한다.

### SOHO (Small Office Home Office)

SOHO는 소규모 사무실이나 재택근무 환경에서 운영되는 비즈니스 형태를 뜻하며, 주로 소규모 사업자, 프리랜서, 원격 근무자가 포함된다. 대규모 사무실이 아닌 작은 공간에서 사업을 운영하는 방식으로, 인터넷과 디지털 기술 발전으로 인해 최근 더욱 활성화되었다. 이 개념은 재택근무, 원격 근무, 소규모 스타트업 등이 확대되면서 많은 산업에서 일반화되었다. SOHO는 초기 비용이 적고 유연성이 높은 비즈니스 운영을 가능하게 하며, 특히 창업 초기 단계나 비용 절감이 필요한 상황에 유리하다. 소규모 사무실은 대규모 오피스 임대나 운영 비용 부담 없이 비즈니스를 운영할 수 있도록 해 주며, 주거 공간을 활용해 홈오피스를 꾸리면 출퇴근 시간을 줄이고 효율성을 높일 수 있다. 이러한 운영 방식은 특히 기술과 온라인 비즈니스에 종사하는 사람들에게 적합하다.

## SP (Sterilization Policy)

SP(자금 중화 정책)는 중앙은행이 외환시장에서 개입해 발생한 유동성 변화를 국내 경제에 미치는 영향을 최소화하기 위해 시행하는 통화정책이다. 외환 매입이나 매도를 통해 환율을 안정시키는 과정에서 자국 통화 공급이 변할 수 있는데, 이를 상쇄하기 위해 중앙은행이 공개시장조작을 통해 통화량을 조정한다. 자금 중화 정책은 환율 안정과 물가 안정을 동시에 추구하며, 무역 흑자국이나 자본 유입이 많은 국가에서 주로 시행된다. 이를 통해 중앙은행은 통화 팽창이나 수축을 제어하고, 자국 경제의 거시적 안정성을 유지할 수 있다.

## SR (Swap Rate)

SR(스왑 금리)은 금리 스왑 거래에서 한쪽 당사자가 고정 금리를 지급하고, 다른 쪽 당사자가 변동 금리를 지급하는 계약에서 고정 금리의 수준을 의미한다. 스왑 금리는 주로 장기 대출의 금리 리스크를 관리하거나 대출 이자 비용을 절감하려는 기업과 금융기관이 활용한다. 스왑 거래에서 고정 금리는 시장 금리에 따라 결정되며, 변동 금리와 상호 교환되어 금리 변동에 따른 리스크를 관리할 수 있다. 스왑 금리는 금리 스왑 계약의 핵심 요소로, 대출자와 차입자가 금리 리스크를 조정하고 금융 비용을 최적화하는 데 사용된다. 특히 장기적으로 금리 변동을 예측하기 어려운 경우, 고정 금리와 변동 금리를 교환하는 스왑을 통해 금리 리스크를 줄이고, 안정적인 자금 운용을 가능하게 한다.

## ST (Security Thread)

ST(보안 은선)는 위조 방지를 위해 지폐나 중요한 문서에 삽입된 금속 또는 플라스틱 소재의 가느다란 띠를 의미한다. 지폐의 종이 재질에 실 형태로 삽입되거나 인쇄되는 경우가 많으며, 육안으로 확인하거나 특정 각도에서 빛을 비추면 쉽게 식별할 수 있다. 보안 은선은 위조 방지 기술 중 하나로, 고유한 특성과 인증 요소를 추가하여 지폐의 진위 여부를 판별하는 데 도움을 준다. 각국 중앙은행에서 발행하는 지폐의 신뢰성을 높이고, 위조 행위를 방지하기 위해 널리 사용된다. 보안 은선에는 종종 미세한 글씨나 반사 코팅이 포함되어 있으며, 빛에 따라 다양한 색상 변화가 나타나도록 설계될 수 있다. 특히, 고액권 지폐나 중요한 증서에 사용되는 보안 은선은 위조가 어렵고 식별이 용이하여 위조 방지에 효과적이다.

## ST (Stress Test)

ST(스트레스 테스트)는 금융기관이 가상으로 설정된 경제적 충격이나 위기 상황에서 자산과 부채를 얼마나 견딜 수 있는지를 평가하는 테스트다. 경기 침체, 금리 급등, 주식 시장 폭락 등 다양한 시나리오를 설정하여 금융기관의 재무 안정성과 회복력을 점검한다. 이를 통해 금융기관은 예상치 못한 시장 변동과 리스크에 대비하고, 필요 시 자본을 보충하거나 리스크 관리 전략을 강화할 수 있다. 스트레스 테스트는 금융기관의 건전성을 평가하고, 시스템 리스크를 줄이기 위한 주요 도구다. 글로벌 금융위기 이후 각국의 중앙은행과 금융 규제

기관은 스트레스 테스트를 정기적으로 수행하여, 금융 시스템의 취약점을 사전에 파악하고, 잠재적 리스크를 관리하는 데 활용하고 있다. 예를 들어, 은행은 가상의 경제 위기 상황에서 대출 부실이나 자본 부족에 대비할 수 있도록 시나리오별 자본 요구를 설정하고, 이에 맞춰 대응 계획을 수립한다.

**SU (Statistical Underground)**
SU(통계 사각지대)는 공식적인 통계에 포함되지 않아 경제 분석에서 누락되는 비공식적이거나 비공개적인 경제 활동을 의미한다. 주로 비공식 노동, 탈세, 불법 경제 활동 등으로 구성되며, 공식 통계에 반영되지 않아 실제 경제 규모나 성과를 정확히 반영하지 못할 수 있다. 이는 정책 입안자와 경제학자들이 경제 전반을 파악하는 데 장애가 되며, 경제 정책의 실효성을 떨어뜨릴 수 있다. 경제의 실제 규모와 구조를 왜곡할 가능성이 있으며, 정확한 경제 정책 수립에 문제를 초래할 수 있다. 예를 들어, 일부 자영업자나 소규모 사업자는 소득을 신고하지 않거나 세금을 피하기 위해 비공식 거래를 선호할 수 있다. 이러한 경제 활동은 통계에 포함되지 않으므로, 정부는 경제 상황을 제대로 파악하지 못하고, 정확한 재정 및 사회 정책을 수립하기 어려워질 수 있다.

**SUT (Supply and Use Tables)**
SUT(공급 및 사용표)는 한 국가의 경제에서 재화와 서비스의 생산, 분배, 소비 흐름을 기록하고 분석하는 통계 표다. 각 산업 부문별로 재화와 서비스가 어떻게 생산되고 사용되는지를 체계적으로 보여주며, 이는 생산, 수입, 소비, 수출, 투자 등 경제 활동의 흐름을 파악하는 데 도움을 준다. SUT는 국가 경제의 총생산과 지출 구조를 이해하는 데 중요한 자료로 사용된다. 국민계정체계(SNA)와 연결되어 GDP와 같은 경제 지표를 산출하고, 경제 구조를 분석하는 데 필수적인 도구로 활용된다. SUT는 생산 단계에서부터 최종 소비에 이르기까지 모든 경제 활동을 보여주어, 각 부문 간의 상호 연관성과 산업 구조를 파악하게 해준다. 이를 통해 정책 입안자들은 경제 전반의 구조와 자원 배분 효율성을 평가하고, 필요한 경제 정책을 설계할 수 있다.

## SWIFT (Society of Worldwide Interbank Financial Telecommunication)

SWIFT(국제 은행 간 금융 통신 협회)는 국제적으로 표준화된 금융 메시징 네트워크를 제공하여 은행과 금융기관 간의 안전하고 빠른 자금 결제를 가능하게 하는 시스템이다. 이 네트워크를 통해 금융기관들은 전 세계 어디서나 통일된 메시지 형식으로 송금, 외환 거래, 증권 거래 등의 금융 메시지를 주고받을 수 있다. SWIFT는 국제적으로 통용되는 금융 통신 표준으로 자리 잡았으며, 전 세계 수천 개의 금융기관이 이 시스템을 사용해 빠르고 효율적인 국제 금융 거래를 지원받고 있다. SWIFT 시스템은 은행 간 송금의 안전성과 효율성을 보장하며, 글로벌 금융 시스템의 원활한 운영을 돕는다. 각 금융기관에 부여된 고유 식별 코드로, 이를 통해 국제 송금 시 정확한 은행을 지정할 수 있다. 이러한 표준화된 방식은 자금 이체 과정에서 발생할 수 있는 오류를 줄이고, 송금 속도를 높이며 보안성을 강화한다.

## TB (Trading Book)

TB(트레이딩 북)는 금융기관이 단기 매매 수익을 목적으로 보유하는 금융 자산 포트폴리오를 의미한다. 주식, 채권, 파생상품 등 다양한 금융 상품이 포함되며, 이 자산들은 시장 변동에 따라 빠르게 거래되거나 청산된다. 이 자산은 시장 리스크와 신용 리스크에 노출되기 때문에, 금융기관은 이를 신속하게 평가하고 관리해 손실 위험을 최소화하려 한다. 트레이딩 북은 일반적인 투자 포트폴리오와 달리 단기 매매에 중점을 두어 시세 차익을 노리는 운영 방식을 취한다. 이를 위해 금융기관은 트레이딩 북의 자산을 자주 평가하고, 시장 상황에 맞춰 적극적으로 거래를 관리한다. 국제 금융 규제 기준에 따라, 트레이딩 북의 자산은 매일 시장 가격으로 재평가되며, 리스크가 큰 만큼 규제 당국은 트레이딩 북에 대해 더 높은 자본 요건을 요구한다.

## TDE (Trickle-Down Effect)

TDE(낙수 효과)는 경제 성장과 부의 혜택이 상위 계층에 집중되더라도, 시간이 지나면 그 혜택이 중하위 계층으로까지 확산되어 전체 경제에 긍정적인 영향을 미친다는 경제 이론이다. 주로 상위 계층에 대한 세금 감면, 기업 지원 등의 정책이 결국 고용 창출, 임금 상승 등을 통해 하위 계층에게도 혜택을 제공할 것이라는 가정에 기반을 두고 있다. 낙수 효과는 경제 성장 촉진을 위한 정책적 근거로 사용되기도 하지만, 그 효과에 대한 논란이 있다. 상위 계층의 부가 실제로 중하위 계층으로 퍼지지 않는 경우가 많아, 소득 불평등이 심화될 수 있다는 비판이 제기된다. 일부 경제학자들은 낙수 효과가 아닌 중하위 계층에 직접적인 혜택을 제공하는 방식이 더 효과적이라고 주장한다. 낙수 효과와 대비되는 개념으로 분수 효과(Fountain Effect)가 있다. 이는 저소득층과 중산층에 대한 지원을 통해 경제 성장을 촉진하는 이론으로, 이 계층의 소비력 강화가 결국 전체 경제에 긍정적인 파급 효과를 일으킨다고 본다. 분수 효과는 저소득층과 중산층의 소비가 증가하면서 기업의 매출과 고용이 늘어나고, 이를 통해 경제 전반에 활력을 불어넣는 선순환을 목표로 한다.

## TFR (Total Fertility Rate)

TFR(합계 출산율)은 한 여성이 가임 기간(15~49세)에 낳을 것으로 예상되는 평균 자녀 수를 나타내는 지표. 인구 성장률과 미래 인구 구조를 예측하는 데 중요한 지표로 사용되며, 주로 한 국가 또는 지역의 인구 정책 수립과 사회적 변화를 평가하는 데 활용된다. TFR이 2.1 이상이면 인구가 유지되는 것으로 간주되며, 이보다 낮으면 인구 감소가 예상된다. TFR은 사회경제적 요인, 교육 수준, 여성의 경제활동 참여, 건강 서비스 접근성 등 다양한 요인의 영향을 받는다. 예를 들어, 생활비 상승, 주거 불안, 자녀 양육 부담이 클수록 TFR이 낮아지는 경향이 있다. 이는 장기적으로 노동력 부족과 고령화 문제를 초래할 수 있어, 많은 국가들이 출산율을 높이기 위한 정책을 시행하고 있다.

## TiVA (Trade in Value Added)

TiVA(부가가치 기준 무역)는 각국의 수출입에서 부가가치가 실제로 창출되는 부분을 측정하여 무역 흐름을 분석하는 지표다. 전통적인 무역 통계는 완성품의 총액을 기준으로 계산하지만, TiVA는 각 생산 단계에서 더해진 부가가치를 추적하여 각국이 무역에 기여하는 실제 경제적 가치를 파악한다. 이를 통해 글로벌 가치사슬(GVC; Global Value Chain)에서 특정 국가가 창출하는 경제적 기여를 명확히 할 수 있다. TiVA는 글로벌 가치사슬이 복잡해지는 상황에서 전통적 무역 통계의 한계를 보완하고, 국가별 무역 의존도와 경쟁력을 보다 정확하게 평가하는 데 유용하다. 예를 들어, 한 국가가 중간재를 수입하여 제품을 조립한 후 수출한다면, TiVA는 그 국가가 부가가치를 더한 부분만을 무역 기여로 간주한다. 이는 국가 간 무역 불균형이나 산업별 기여도를 보다 정확히 분석하는 데 중요한 정보를 제공한다.

## TRS (Total Return Swap)

TRS(총 수입 스왑)는 한 자산의 총 수익(이자, 배당, 자본 이득 포함)을 다른 당사자와 교환하는 파생상품 거래다. 한쪽은 특정 자산(예: 주식, 채권, 부동산 등)의 총 수익을 받는 대신 고정 금리 또는 변동 금리를 상대방에게 지불한다. 반대로 상대방은 자산의 총 수익을 제공하는 대신 약정된 금리를 수취한다. 이를 통해 자산 보유 없이 수익을 얻거나 자산의 리스크를 헤지하는 전략으로 활용할 수 있다. TRS는 금융기관과 투자자가 자산을 직접 보유하지 않고도 그 자산에서 발생하는 수익과 리스크에 참여할 수 있게 해 주며, 레버리지를 통한 투자 기회를 제공한다. 예를 들어, 특정 채권의 총 수익을 받고자 하는 투자자는 TRS를 통해 채권을 직접 매입하지 않고도 수익을 얻을 수 있다. 동시에 자산 보유 리스크를 줄이고 자본 비용을 절감할 수 있다.

### TSR (Total Share Return)

TSR(총 주주 수익률)은 주식의 가격 상승과 배당 수익을 포함해 주주가 일정 기간 동안 얻은 총 수익률을 측정하는 지표다. 주식의 시세 차익과 배당금, 주식 분할 등 주주가 얻는 모든 혜택을 포함해, 주주가 실제로 경험한 투자 성과를 평가한다. 이를 통해 기업의 수익성과 주주 가치를 평가하는 데 중요한 자료로 활용된다. TSR은 주가 상승률과 배당 수익률을 모두 반영하기 때문에, 단순한 주가 변화만으로는 파악할 수 없는 총 투자 성과를 보여준다. 예를 들어, 어떤 주식이 1년 동안 5% 상승하고 3%의 배당금을 지급했다면, TSR은 8%가 된다. 이는 주주가 자본이익 외에 배당으로 얻는 수익까지 고려한 수치로, 주주의 전체 수익을 보다 현실적으로 나타낸다. TSR은 기업의 장기적인 주주 가치 창출 능력을 평가하고, 투자 성과를 비교하는 기준으로 자주 사용된다.

### TUE (Trickle-Up Effect)

TUE(분수 효과)는 저소득층이나 중산층에 대한 지원과 소비 촉진이 전체 경제 성장으로 이어진다는 경제 이론이다. 하위 계층의 소비 여력을 증가시킴으로써 소비 수요가 확대되고, 이로 인해 기업의 매출 증가와 고용 창출 등 경제 전반에 긍정적인 파급 효과가 발생한다고 본다. 즉, 하위 계층의 소비 증가가 상위 계층과 기업으로 이익이 확산되어 경제 전반의 성장을 도모한다는 개념이다. 분수 효과는 저소득층과 중산층에 대한 직접적인 지원과 임금 인상이 경제 성장의 기반이 될 수 있다고 주장하며, 사회적 불평등 완화에도 기여할 수 있다. 예를 들어, 생활비 지원, 교육 및 의료 혜택 확대 등의 정책을 통해 저소득층의 경제적 안정을 도모하면, 그들이 소비를 확대함으로써 경제 전체에 활력을 줄 수 있다.

## UB (Universal Banking)

UB(유니버설 뱅킹)는 단일 금융기관이 상업은행과 투자은행의 기능을 모두 제공하는 은행 운영 모델을 의미한다. 이 모델에서는 전통적인 예금과 대출 업무뿐 아니라, 증권 발행, 자산 관리, 보험, 투자 자문 등 다양한 금융 서비스를 한 곳에서 제공하여 고객의 금융 요구를 종합적으로 충족시킨다. 이는 고객들이 여러 금융기관을 방문할 필요 없이 종합적인 서비스를 받을 수 있게 해주는 장점이 있다. 유니버설 뱅킹은 비즈니스 다각화를 통해 금융기관이 수익원을 다양화하고 리스크를 분산하는 효과를 얻을 수 있다. 예를 들어, 대출 이자 수익이 감소할 때, 증권 투자나 자산 관리 서비스에서 얻는 수익으로 이를 보완할 수 있다. 유니버설 뱅킹 모델은 대규모 금융기관이 각종 금융 서비스를 통합 제공함으로써 운영 효율성을 높이고, 규모의 경제를 실현할 수 있도록 한다. 다만, 유니버설 뱅킹 모델은 여러 리스크에 노출될 수 있으며, 투자와 상업 업무가 결합됨으로써 이해 상충 문제가 발생할 가능성도 있다.

## UE (Underground Economy)

UE(지하 경제)는 정부의 규제를 받지 않거나 세금을 회피하는 방식으로 이루어지는 비공식적인 경제 활동을 의미한다. 탈세를 목적으로 신고되지 않은 소득, 불법 거래, 무허가 영업 등이 포함되며, 공식적인 경제 통계에 반영되지 않아 경제의 실제 규모를 왜곡할 수 있다. 지하 경제는 정부의 세수 부족을 초래하고, 합법적 시장 질서를 해칠 위험이 있다. 지하 경제에서 발생하는 수익은 신고되지 않으므로, 정부는 정확한 재정 정책을 수립하는 데 어려움을 겪는다. 예를 들어, 일부 자영업자나 프리랜서는 현금을 통해 거래를 하고 소득을 신고하지 않거나, 불법적인 상품 거래로 세금을 회피할 수 있다. UE는 경제의 투명성을 저해하고, 사회적 불평등을 심화시킬 가능성이 있다. 지하 경제 규모가 커질수록 정부는 세금 기반이 약화되며, 공공 서비스나 복지 정책을 지원하는 데 어려움을 겪는다. 이를 방지하기 위해 각국은 지하 경제를 억제하는 정책을 도입하고, 경제 활동의 투명성을 높이는 노력을 기울이고 있다.

## USDI (US Dollar Index)

USDI(미 달러 인덱스)는 미국 달러의 가치를 6개 주요 통화 대비 상대적으로 측정하는 지표다. 이 인덱스는 유로, 엔, 파운드, 캐나다 달러, 스웨덴 크로나, 스위스 프랑을 포함한 6개 통화의 가중 평균을 기준으로 하여 달러의 상대적 강세와 약세를 평가한다. USDI는 1973년을 기준(100)으로 설정하여 이후 달러의 변동성을 나타내며, 달러가 다른 주요 통화에 비해 강세 또는 약세인지를 한눈에 확인할 수 있게 한다. USDI는 글로벌 경제와 금융 시장의 흐름을 파악하는 중요한 지표로, 특히 원자재, 외환, 주식 시장에서 미국 달러의 강세와 약세에 따른 영향을 평가하는 데 활용된다. 예를 들어, 달러 인덱스가 상승하면 달러가 강세를 보이는 것이며, 이는 수출 감소와 원자재 가격 하락을 초래할 수 있다. 반면, 인덱스가 하락하면 달러가 약세임을 나타내며, 수출 증가와 같은 긍정적 효과가 나타날 수 있다.

## VAIC (Value Added Inducement Coefficients)

VAIC(부가가치 유발 계수)는 한 산업이 다른 산업 또는 경제 전반에 부가가치를 유발하는 정도를 측정하는 지표다. 이 계수는 특정 산업이 창출하는 부가가치가 다른 산업에 얼마나 파급 효과를 미치는지 평가하며, 국가 경제에서 특정 부문의 기여도를 파악하는 데 유용하다. VAIC는 산업 간의 상호 연관성을 분석하고, 특정 산업이 전체 경제 성장에 기여하는 영향을 평가하는 데 활용된다. 예컨대, 제조업의 VAIC가 높다면 해당 산업이 다른 부문에 큰 경제적 가치를 유발하여, 경제 전체의 부가가치 상승에 기여할 가능성이 크다는 것을 의미한다. 이러한 분석은 정책 입안자들이 주요 산업을 지원하거나 특정 부문에 투자하는 전략을 수립하는 데 도움을 준다. 부가가치 유발 계수는 경제 구조 분석과 산업 정책 수립에 중요한 지표로 사용된다. 이를 통해 정부와 기업은 자원의 배분 효율성을 높이고, 특정 산업의 성장이 경제 전반에 미치는 긍정적인 파급 효과를 극대화하는 전략을 세울 수 있다.

## VAR (Value at Risk)

VAR(리스크 기반 가치)은 특정 기간 동안 일정 수준의 신뢰구간 내에서 금융 자산의 최대 예상 손실액을 추정하는 위험 관리 지표다. 예를 들어, 하루 동안 95%의 신뢰수준에서 VAR이 10억원이라면, 하루 동안 최대 10억원의 손실을 초과할 확률이 5%라는 의미다. VAR는 금융 기관과 투자자들이 포트폴리오의 잠재적 손실을 평가하고 리스크 관리 계획을 수립하는 데 중요한 자료를 제공한다. VAR는 금융 리스크 관리에서 손실 가능성을 정량적으로 표현해 투자 의사 결정에 활용된다. 이 지표는 투자 포트폴리오, 시장 리스크, 신용 리스크 등 다양한 리스크 요소에 대해 적용되며, 특히 포트폴리오 전체의 리스크를 통합적으로 평가할 때 유용하다. 이는 금융기관이 자본 보유 요건을 충족하는지 평가하고, 리스크를 줄이기 위한 전략을 수립하는 근거로 활용된다. VAR는 단순하고 이해하기 쉬운 리스크 평가 방법으로, 금융 리스크 관리의 표준 지표로 자리 잡고 있다. 다만, VAR는 극단적인 시장 상황(테일 리스크)에서는 한계가 있을 수 있으며, 이를 보완하기 위해 CVaR(Conditional Value at Risk)과 같은 다른 리스크 관리 지표를 함께 사용하는 경우가 많다.

## VC (Virtual Currency)

VC(가상 화폐)는 디지털 형식으로 존재하며 중앙은행이나 정부의 발행 없이 거래되는 디지털 통화를 의미한다. 주로 인터넷에서 사용되며, 중앙 기관의 통제를 받지 않는 대신 블록 체인과 같은 분산 원장 기술을 통해 거래가 이루어진다. 대표적인 예로 비트코인(Bitcoin), 이더리움(Ethereum) 등이 있으며, 가상 화폐는 암호화 기술을 통해 안전하게 거래되고, 탈중앙화된 방식으로 운영된다. 가상 화폐는 결제, 송금, 투자 등 다양한 목적으로 사용되며, 금융 혁신의 한 형태로 인식된다. 전통적인 통화와 달리 가상 화폐는 국경에 구애받지 않고, 개인 간(P2P) 거래가 가능해 국제 송금이나 소액 결제에 유용하다. 또한, 가상 화폐는 제한된 발행량을 기반으로 하거나 특정 알고리즘에 따라 공급이 조절되므로 인플레이션 방지 기능을 갖추기도 한다.

## VE (Veblen's Effect)

VE(베블런 효과)는 소비자가 가격이 상승할수록 특정 상품에 대한 수요가 증가하는 현상을 의미한다. 이는 사회적 지위나 명성을 나타내기 위해 고가의 명품이나 사치품을 소비하는 경향에서 비롯된다. 기본적인 수요 법칙에 반하는 행동으로, 소비자들은 고가의 상품이 그들의 사회적 지위를 높여준다고 인식하기 때문에 비싼 가격이 소비 결정에 긍정적인 영향을 미친다. 이 효과는 주로 명품 시장에서 두드러지며, 소비자들이 가격이 비싸고 희소한 제품을 선호함으로써 브랜드의 가치를 강화하는 데 기여한다. 기업은 베블런 효과를 활용하여 고가 전략을 수립하고, 소비자들의 소비 욕구를 자극하는 마케팅 활동을 통해 제품의 이미지와 수요를 증가시킬 수 있다. 결과적으로, 이 효과는 기업이 프리미엄 가격을 책정하는 데 도움을 주며, 고급 브랜드 이미지와 고객 충성도를 구축하는 데 중요한 역할을 한다. 또한, 소비자들은 베블런 효과에 따라 가격 상승이 제품의 품질과 가치를 반영한다고 믿기 때문에, 이러한 심리적 요소가 소비 결정에 깊은 영향을 미친다.

### WACC (Weighted Average Cost of Capital)

WACC(가중 평균 자본 비용)는 기업이 자본을 조달하는 데 필요한 비용을 자본 구조에 따라 가중 평균한 값을 의미한다. 주식(자기자본)과 채권(타인자본) 등 다양한 자본 조달 방법의 비용을 비율에 맞춰 평균을 내어 계산하며, 기업이 투자 의사 결정을 내릴 때 기준이 되는 할인율로 사용된다. WACC가 낮을수록 기업의 자본 조달이 저렴하며, 높은 WACC는 자본 비용이 크다는 의미로, 이는 기업의 투자 수익성을 낮출 수 있다. WACC는 다음과 같은 공식으로 계산된다.

$$WACC = (E/V \times Re) + (D/V \times Rd \times (1 - Tax\ Rate)$$

여기서, E는 자기자본, D는 타인자본, V는 전체 자본, Re는 자기자본 비용, Rd는 타인자본 비용을 의미한다. WACC는 투자 프로젝트의 수익성을 평가하고 기업의 자본 구조를 최적화하는 데 필수적인 지표다. WACC보다 높은 수익을 기대할 수 있는 프로젝트에만 투자하는 것이 일반적으로 바람직하다.

### WLG (Wage-Led Growth)

WLG(임금 주도 성장)는 임금 인상을 통해 내수 소비를 촉진하고, 이를 경제 성장의 주요 동력으로 삼는 경제 모델을 의미한다. 임금이 증가하면 가계의 소비 여력이 커져 내수 시장이 활성화되고, 이는 기업의 매출 증가와 생산 확대를 유도해 경제 성장으로 이어진다. 임금 주도 성장은 특히 저소득층과 중산층의 소비가 경제에 중요한 역할을 하는 경제 구조에서 효과적이다. 임금 주도 성장은 소득 불평등을 완화하고 내수를 중심으로 한 안정적인 경제 성장을 추구한다. 임금 상승이 소비 증가로 연결되면서, 기업은 생산을 늘리고 고용을 확대해 다시 임금을 증가시키는 선순환이 형성될 수 있다. 이는 수출 중심의 성장 모델과 달리 내수 의존도를 높이고, 경제 불안정성을 줄이는 데 기여할 수 있다. WLG는 고용 안정과 소득 재분배를 통해 경제적 균형을 이루고자 하는 정책으로, 최저임금 인상, 노동자 권익 보호, 고용 확대 등의 정책과 밀접하게 관련된다. 이러한 정책은 가계의 소비력을 높이고, 경제 전반의 수요를 안정적으로 유지하여 지속 가능한 성장을 도모하는 데 기여할 수 있다.

## YTM (Yield to Maturity)

YTM(만기 수익률)은 채권을 만기까지 보유할 경우 예상되는 연간 수익률을 의미하며, 채권의 현재 시장 가격을 고려해 투자자가 만기 시점까지 받게 될 모든 이자 수익과 원금 상환을 포함한 수익률을 나타낸다. 채권의 표면 금리뿐만 아니라 현재 시장 가격, 잔여 기간, 이자 지급 빈도를 모두 반영하기 때문에, 채권의 실제 수익성을 평가하는 데 중요한 지표로 활용된다. 만기 수익률은 채권 가격이 액면가보다 높거나 낮을 경우에도 수익률을 비교할 수 있게 해주는 기준이다. 예를 들어, 채권을 액면가보다 낮은 가격에 매입하면 YTM이 표면 금리보다 높아지고, 반대로 높은 가격에 매입하면 YTM이 낮아진다. 이로 인해 YTM은 투자자에게 채권의 현재 시장 가치와 만기까지의 수익률을 정확하게 평가할 수 있는 정보를 제공한다.

# 2장 경영 일반

AMC (Asset Management Company)     177

APM (Asset Performance Management)     177

B2B (Business to Business)     177

B2C (Business to Customer)     178

BCP (Business Continuity Plan)     178

BD (Big Data)     179

BM (Business Model)     180

BMC (Business Model Canvas)     180

BOD (Board of Directors)     181

BPM (Business Process Management)     181

BSC (Balanced Score Card)     182

BSI (Business Survey Index)     182

CAGR (Compound Annual Growth Rate)     183

CDD (Commercial Due Diligence)     183

CFP (Capital Facilities Plan)     184

CRM (Customer Relationship Management)     184

CS (Customer Satisfaction)     185

CSI (Customer Satisfaction Index)     185

CSR (Corporate Social Responsibility)     186

| | |
|---|---|
| DRP (Distribution Requirement Planning) | 186 |
| EAM (Enterprise Asset Management) | 186 |
| EAMS (Enterprise Architecture Management System) | 187 |
| EC (Electronic Commerce) | 187 |
| EC (Executive Committee) | 188 |
| ECCS (Enterprise Controlling and Consolidation System) | 188 |
| EDI (Electronic Data Interchange) | 188 |
| EIS (Executive Information Systems) | 189 |
| ERP (Enterprise Resource Planning) | 189 |
| ES (Exit Strategy) | 190 |
| ESG (Environment Social Governance) | 190 |
| ESI (Employee Satisfaction Index) | 191 |
| EV (Enterprise Value) | 191 |
| FHC (Financial Holdings Company) | 192 |
| FI (Financial Investor) | 192 |
| FM (Facility Management) | 192 |
| FMV (Fair Market Value) | 193 |
| FRM (Financial Risk Management) | 193 |
| FS (Feasibility Study) | 194 |

| | |
|---|---|
| GCF (Green Climate Fund) | 194 |
| GRI (Global Reporting Initiative) | 195 |
| GT (Group Technology) | 195 |
| HRD (Human Resources Development) | 196 |
| HTBC (Historical Trend Base Change) | 196 |
| IA (Information Asymmetry) | 197 |
| IP (Intellectual Property) | 197 |
| IPO (Initial Public Offering) | 198 |
| IPR (Intellectual Property Rights) | 198 |
| IR (Investor Relations) | 199 |
| ISDS (Investor-State Dispute Settlement) | 199 |
| KMS (Knowledge Management System) | 199 |
| KPI (Key Performance Indicator) | 200 |
| M&A (Mergers & Acquisition) | 200 |
| M&O (Monopoly and Oligopoly) | 201 |
| MBA (Master of Business Administration) | 201 |
| MBO (Management by Objectives) | 202 |
| MS (Market Share) | 202 |
| NBD (New Business Development) | 203 |

O&M (Operation & Maintenance) 203

OBS (Organizational Breakdown Structure) 204

OC (Opportunity Cost) 204

OMO (Open Market Operation) 205

OR (Operational Risk) 205

PAM (Plant Asset Management) 206

PF (Project Financing) 206

PFV (Project Financing Vehicle) 206

R&D (Research and Development) 207

SI (Strategic Investor) 207

SOW (Share of Wallet) 208

SPC (Special Purpose Company) 208

SPM (Strategic Performance Measurement) 209

SRI (Socially Responsible Investment) 209

SWOT (Strengths, Weaknesses, Opportunities, Threats) 210

TCO (Total Cost of Ownership) 210

VOC (Voice of Customer) 211

## AMC (Asset Management Company)

AMC(자산운용사)는 개인, 기관 투자자 등의 자산을 관리하고 운용해 수익을 창출하는 금융 기관이다. 주식, 채권, 부동산, 파생상품 등 다양한 투자 상품에 자금을 투자하며, 고객의 투자 목표와 리스크 성향에 맞춘 포트폴리오를 구성해 운용한다. AMC는 투자 전문가와 금융 분석가를 통해 시장을 분석하고 최적의 투자 전략을 수립하여 고객 자산의 가치를 극대화하는 역할을 한다. 자산운용사는 투자자들이 직접 투자하기 어려운 자산이나 시장에 접근할 수 있도록 돕고, 분산 투자와 리스크 관리 서비스를 제공한다. 예를 들어, 개인 투자자는 AMC의 펀드에 투자함으로써 자산운용사가 관리하는 다양한 자산에 간접적으로 투자할 수 있다. 이를 통해 고객들은 자산관리의 복잡성을 줄이고, 전문가의 분석과 전략에 따라 안정적이고 효율적인 자산 성장을 기대할 수 있다.

## APM (Asset Performance Management)

APM(자산 성과 관리)은 기업이 보유한 물리적 자산의 성과와 상태를 모니터링하고 최적화하여 운영 효율성을 극대화하는 관리 시스템이다. 설비나 장비, 인프라와 같은 물리적 자산의 성능을 실시간으로 관리하며, 이를 통해 예상치 못한 고장이나 다운타임을 줄이고, 유지보수 비용을 절감할 수 있다. 예측 유지보수, 자산 분석, 리스크 관리 등의 기능을 포함해 기업의 자산이 최대 성과를 발휘하도록 돕는다. APM은 데이터 분석과 IoT 센서 기술을 활용하여 자산의 실시간 상태를 파악하고, 잠재적 문제를 조기에 발견하여 예방 조치를 취할 수 있게 한다.

## B2B (Business to Business)

B2B(기업 간 거래)는 한 기업이 다른 기업을 대상으로 제품이나 서비스를 제공하는 거래 방식을 의미한다. 제조업체와 공급업체 간 부품 거래, 소프트웨어

개발사가 기업에 솔루션을 제공하는 경우 등에서 볼 수 있으며, 기업의 생산 과정이나 운영을 지원하는 다양한 제품과 서비스를 포함한다. 일반 소비자를 대상으로 하는 B2C(Business to Consumer)와 달리, B2B는 주로 대량 거래와 맞춤형 솔루션이 특징이다. B2B 거래는 기업의 효율성을 높이고, 각기 다른 산업 간 협력 관계를 강화하는 역할을 한다. 예를 들어, 자동차 제조업체는 부품을 공급하는 다른 기업과 B2B 관계를 맺어, 안정적으로 부품을 조달받고 생산을 이어갈 수 있다. B2B 거래에서는 가격 협상, 장기 계약, 주문 맞춤형 제품 제공 등 기업 간 신뢰와 장기적 파트너십이 중요한 요소가 된다.

## B2C (Business to Customer)

B2C(기업과 소비자 간 거래)는 기업이 최종 소비자를 대상으로 제품이나 서비스를 직접 제공하는 거래 방식을 의미한다. 온라인 쇼핑몰, 식료품 판매점, 레스토랑 등에서 볼 수 있으며, 기업이 생산한 제품이나 서비스를 최종 사용자에게 직접 판매하는 구조로 이루어진다. 전자상거래의 발달로 B2C 거래는 오프라인뿐 아니라 온라인 플랫폼에서도 활발히 이루어지며, 편리한 쇼핑 경험과 다양한 결제 옵션을 제공한다. B2C는 고객의 구매 경험을 중시하며, 주로 소량 판매와 소비자 맞춤형 마케팅을 특징으로 한다. 기업은 소비자 트렌드와 수요 변화에 맞춰 제품을 빠르게 업데이트하고, 개별 고객의 관심을 반영한 마케팅 전략을 수립한다. 특히 디지털 마케팅, 소셜 미디어, 모바일 앱 등을 통해 소비자와 직접 소통하면서 충성 고객을 확보하고, 고객 경험을 개선하는 데 집중하고 있다.

## BCP (Business Continuity Plan)

BCP(비즈니스 연속성 계획)는 예상치 못한 재해, 사고, 시스템 중단 등으로 인한 운영 중단 상황에서도 기업이 핵심 비즈니스를 지속할 수 있도록 준비하는 종합적인 전략과 절차를 의미한다. 기업이 위기 상황에서 신속하게 대응하여 피해를 최소화하고, 가능한 한 빨리 정상 운영으로 복귀할 수 있도록 도와주는 체계적인 계획이다. 이를 통해 기업은 운영 중단으로 인한 재정적 손실을 줄이고, 고객과의 신뢰를 유지할 수 있다. BCP는 위험 식별, 복구 전략, 비상 연락 체계, 테스트 및 훈련 등의 요소로 구성되며, 기업의 중요한 데이터, 시스템, 인력, 시설에 대한 보호를 포함한다. 예를 들어, 데이터 백업 시스템 구축, 대체 작업 장소 확보, 주요 인력의 역할 재조정 등을 통해 비즈니스 연속성을 보장한다. 또한, 정기적으로 계획을 테스트하고 업데이트함으로써 변화하는 리스크 환경에 대비할 수 있다.

## BD (Big Data)

BD(빅 데이터)는 일반적인 데이터베이스 관리 도구로 처리하기 어려울 정도로 방대한 양의 데이터를 의미하며, 다양한 형태의 데이터를 수집, 저장, 분석하는 것을 포함한다. 통상적으로 대규모(Volume), 다양한 형식(Variety), 빠른 속도(Velocity)라는 3V 특성을 지니며, 최근에는 데이터의 신뢰성(Veracity)과 가치(Value)를 추가하여 5V로 설명되기도 한다. 빅 데이터는 소셜 미디어, 센서, 금융 거래, 인터넷 활동 등에서 생성되는 정형 및 비정형 데이터를 포함하며, 이를 분석하여 인사이트를 도출하는 것이 목적이다. 빅 데이터는 데이터 분석, 인공지능, 머신러닝 등과 결합해 다양한 분야에서 가치를 창출한다. 예를 들어, 고객의 구매 패턴을 분석해 맞춤형 마케팅을 실시하거나, 질병 예측과 같은 의료 분야에서 빅 데이터를 활용해 효율성을 높이는 것이 가능하다. 기업이 고객의 니즈를 정확히 파악하고 의사 결정을 최적화할 수 있도록 돕는다. 빅 데이터는 비즈니스, 과학, 공공 서비스 등에서 중요한 자원으로 자리 잡아, 데이터 기반 혁신을 촉진하고 경쟁력을 강화하는 데 기여한다. 빅 데이터의 효과적인 활용은 기업의 경쟁 우위를 확보하고 사회적 문제를 해결하는 데 중요한 역할을 하며, 이를 위해 데이터 저장 기술과 분석 방법론이 지속적으로 발전하고 있다.

### BM (Business Model)

BM(비즈니스 모델)은 기업이 수익을 창출하고 가치를 제공하는 방식과 구조를 정의하는 개념이다. 제품 또는 서비스가 어떻게 고객에게 전달되고, 어떤 방식으로 수익이 발생하는지를 설명한다. 예를 들어, 구독형 모델, 프리미엄 모델, 직접 판매 모델 등 다양한 비즈니스 모델이 존재하며, 각각의 모델은 기업이 고객의 요구를 충족시키고 지속 가능하게 운영될 수 있도록 설계된다. 비즈니스 모델은 제품 개발, 마케팅 전략, 수익 구조와 같은 핵심 요소들이 유기적으로 결합된 시스템으로, 기업의 경쟁력을 높이고 시장에서 차별화되는 데 중요한 역할을 한다. 예를 들어, SaaS(Software as a Service) 모델에서는 소프트웨어를 구독 형태로 제공하여 지속적인 수익을 창출하고, 고객 충성도를 높이는 방식으로 운영된다. 이와 같은 모델은 고객과의 관계 형성, 비용 절감, 수익성 증대를 목표로 한다.

### BMC (Business Model Canvas)

BMC(비즈니스 모델 캔버스)는 기업의 비즈니스 모델을 시각적으로 표현하고 구성 요소를 체계적으로 분석할 수 있도록 돕는 도구다. 알렉산더 오스터왈더와 이브 피그뉴어가 개발한 BMC는 비즈니스 모델을 9가지 핵심 요소로 구분해 한눈에 파악할 수 있도록 설계되었다. 이 캔버스는 창업자나 기업이 아이디어를 구체화하고 비즈니스 모델을 개발하거나 검토할 때 유용하다. BMC의 9가지 핵심 요소는 다음과 같다.

1) 고객 세그먼트(Customer Segments): 목표 고객 그룹.
2) 가치 제안(Value Propositions): 고객에게 제공하는 독특한 가치.

3) 채널(Channels): 고객에게 가치 제안을 전달하는 방법.
4) 고객 관계(Customer Relationships): 고객과의 관계 구축 방식.
5) 수익원(Revenue Streams): 수익 창출 방법.
6) 핵심 자원(Key Resources): 비즈니스 운영에 필요한 주요 자원.
7) 핵심 활동(Key Activities): 가치를 창출하기 위해 필요한 활동.
8) 핵심 파트너(Key Partners): 협력 관계가 필요한 주요 파트너.
9) 비용 구조(Cost Structure): 운영에 드는 주요 비용.

## BOD (Board of Directors)

BOD(이사회)는 기업의 최고 의사 결정 기구로, 주주를 대신하여 기업의 주요 정책과 전략을 감독하고 승인하는 역할을 수행한다. CEO와 경영진의 업무를 감독하며, 회사의 장기적인 방향성을 설정하고, 주요 재무, 운영, 인사 관련 결정에 대한 승인 권한을 가진다. 이사회는 대개 사내 이사와 사외 이사로 구성되며, 사외 이사는 독립적인 시각에서 기업의 경영을 감시하는 역할을 한다. 이사회의 주요 역할은 기업의 경영진을 감독하고, 주주 가치를 극대화하는 데 있다. 이를 위해 이사회는 기업의 전략적 목표를 수립하고, 경영진의 성과를 평가하며, 주주 이익을 보호하는 정책을 마련한다. 또한, 주요 자산 매각, 합병, 자금 조달 등의 중요한 경영 결정을 검토하고 승인함으로써 기업의 안정성과 성장 가능성을 보장한다.

## BPM (Business Process Management)

BPM(비즈니스 프로세스 관리)은 조직 내의 다양한 업무 프로세스를 분석, 설계, 실행, 모니터링하여 최적화하는 관리 방식이다. 이를 통해 기업은 업무의 비효율적인 부분을 제거하고, 작업 흐름을 개선하여 생산성과 품질을 높인다. BPM은 프로세스를 체계적으로 관리함으로써, 시간과 비용을 절감하고, 전반적인 운영 효율성을 향상시킨다. 특히 ERP, CRM 시스템과 통합되어 모든 업무를 일관성 있게 관리할 수 있다. BPM은 데이터 기반 의사 결정을 지원하며, 자동화를 통해 프로세스 개선을 촉진한다. BPM 툴을 통해 업무 흐름을 시각화하고, 효율성을 극대화할 수 있는 부분을 식별하여 작업을 자동화함으로써, 고객 관리, 재고 관리, 품질 보증과 같은 핵심 비즈니스 영역에서 가치를 창출한다. BPM은 변화하는 환경에 신속히 대응할 수 있도록 지원하여, 기업이 경쟁력을 유지하고 고객 만족도를 높이는 데 중요한 역할을 한다.

### BSC (Balanced Score Card)
BSC(균형 성과 카드)는 조직의 성과를 평가하고 관리하기 위한 전략적 계획 도구로, 재무적 지표와 비재무적 지표를 균형 있게 고려하여 조직의 목표 달성을 지원하는 시스템이다. 이 도구는 재무, 고객, 내부 프로세스, 학습 및 성장의 네 가지 관점을 통해 성과를 측정하고 분석한다. BSC의 주요 목적은 조직의 전략을 명확하게 전달하고, 각 부서와 직원의 목표를 조정하여 전체적인 목표와 일치시키는 것이다. 이를 통해 경영진은 조직의 성과를 종합적으로 평가하고, 전략적 의사결정을 내리는 데 필요한 통찰력을 제공받을 수 있다.

### BSI (Business Survey Index)
BSI(기업 경기 실사 지수)는 기업의 현재 경기 상황과 향후 전망에 대한 인식을 조사하여 수치화한 지표다. 기업의 설문 응답을 바탕으로 산출되며, 100을 기준으로 100 이상이면 경기 호전을 예상하는 기업이 많고, 100 이하이면 경기 악화를 예상하는 기업이 많다는 의미로 해석된다. BSI는 경기 동향을 파악하고 경제 정책을 수립하는 데 유용한 자료로 활용된다. 기업 경영진의 경제 전망을 반영하여 경제 전반의 경기 흐름을 예측하는 데 도움을 준다. 이를 통해 정책 입안자와 경제 분석가들은 기업의 투자 및 생산 계획을 간접적으로 확인할 수 있으며, 이는 향후 경기 대응 정책에 중요한 자료가 된다. BSI는 제조업, 서비스업 등 다양한 산업별로 구분해 조사할 수 있어, 특정 산업의 경기 상황을 보다 구체적으로 파악할 수 있다.

## CAGR (Compound Annual Growth Rate)

CAGR(연평균 복합 성장률)은 특정 기간 동안의 투자나 수익이 매년 일정한 비율로 성장했다고 가정할 때의 연평균 성장률을 의미한다. 초기 가치와 최종 가치를 기반으로 성장률을 계산하여 기간 전체의 평균적인 성장 속도를 나타낸다. 이는 주식, 투자 포트폴리오, 매출 성장 등 다양한 재무 성과를 평가하는 데 유용하며, 장기간의 성과를 비교할 때 변동성을 평준화 해서 실제 성장을 파악할 수 있다. CAGR은 기간의 수익성을 직관적으로 표현하며, 장기 투자 성과를 평가하고 미래 성장을 예측하는 데 사용된다. 예를 들어, 어떤 자산이 5년 동안 일정하게 성장하여 초기 대비 두 배가 되었다면, CAGR은 매년 일정 비율로 자산이 성장한 것으로 계산된다. CAGR은 투자자와 기업이 일정 기간 동안의 성과를 비교하고, 성장 목표를 설정하는 데 중요한 지표로 활용된다.

## CDD (Commercial Due Diligence)

CDD(상업 실사)는 기업 인수나 투자를 검토할 때 목표 기업의 상업적 타당성과 시장 경쟁력을 평가하는 과정이다. 해당 기업의 시장 지위, 경쟁 환경, 고객 및 공급망 구조, 성장 가능성 등을 분석하여, 투자 의사결정에 필요한 상업적 정보를 제공한다. 이를 통해 투자자는 인수 대상 기업이 시장에서 성공할 가능성을 평가하고, 리스크를 최소화할 수 있다. CDD는 시장 조사와 재무 분석을 결합하여 목표 기업의 비즈니스 모델과 성장성을 구체적으로 파악하는 데 유용하다. 특히, 해당 산업의 트렌드와 경쟁사의 전략을 이해함으로써 기업의 전략적 위치를 평가하고, 미래 수익성을 예측할 수 있다. 이는 투자자와 인수자에게 정확한 정보를 제공하여, 투자 가치와 리스크에 대한 객관적 판단을 돕는 필수적인 절차다.

## CFP (Capital Facilities Plan)

CFP(자본 시설 계획)는 향후 시설 투자 및 자산 관리를 위한 장기 계획으로, 주요 시설의 건설, 유지보수, 교체 등을 포함하는 종합적인 자본 예산 전략이다. 예산을 효율적으로 배분하고 시설의 수명을 연장하며, 필요한 인프라와 시설이 적시에 마련될 수 있도록 한다. 이를 통해 조직은 필요한 자본 시설을 확보하고, 향후 성장과 운영 요구를 충족할 수 있다. CFP는 자본 시설의 상태와 향후 요구를 평가하여 우선순위를 정하고, 재정적 계획을 세우는 데 중요한 역할을 한다. 예를 들어, 도시나 기업이 장기적으로 인프라 개발을 추진할 때, CFP는 프로젝트의 예상 비용과 일정을 파악하고, 필요한 재원을 확보하는 기반이 된다. CFP는 공공 부문과 민간 부문 모두에서 효율적인 자본 사용과 시설 관리를 위해 필수적인 계획 도구로 사용된다.

## CRM (Customer Relationship Management)

CRM(고객 관계 관리)은 기업이 고객과의 관계를 체계적으로 관리하고 강화하기 위해 사용하는 전략과 기술을 의미한다. 고객의 구매 이력, 상호작용 기록, 선호도 등을 데이터로 관리하여, 고객 만족을 높이고 충성도를 강화하는 데 중점을 둔다. 이를 통해 마케팅, 영업, 고객 서비스 활동을 맞춤형으로 제공하고, 고객의 요구에 더 잘 대응할 수 있다. CRM 시스템은 데이터 분석을 통해 고객 행동을 예측하고, 효과적인 마케팅과 고객 관리 전략을 설계하는 데 도움을 준다. CRM을 통해 고객과의 장기적 관계를 구축함으로써, 기업은 매출 증대와 고객 유지율 향상을 도모할 수 있다. 이러한 전략은 기업이 경쟁력을 유지하고 시장에서의 위치를 강화하는 데 필수적인 요소로 작용하며, 고객 중심의 접근 방식을 통해 지속 가능한 성장에 기여한다.

## CS (Customer Satisfaction)

CS(고객 만족)는 고객이 제품이나 서비스의 품질에 대해 느끼는 만족도와 그 경험의 총체적인 평가를 의미한다. 소비자의 기대와 실제 경험 간의 차이를 기반으로 하며, 이는 제품의 성능, 가격, 서비스, 브랜드 이미지 등 여러 요소에 의해 영향을 받는다. 높은 고객 만족도는 고객의 재구매 의사, 충성도, 긍정적인 입소문을 유도하는 데 중요한 역할을 한다. 기업의 성공과 지속 가능성을 결정짓는 핵심 요소로, 고객의 피드백을 바탕으로 서비스 개선과 제품 개발을 지속적으로 추진해야 한다. 이를 위해 기업은 고객 의견을 수집하고 분석하여, 고객의 요구와 기대를 충족시킬 수 있는 전략을 수립하는 것이 필요하다. 고객 만족은 시장 경쟁에서 차별화를 이루는 중요한 지표로 자리 잡고 있다.

## CSI (Customer Satisfaction Index)

CSI(고객 만족 지수)는 고객의 제품이나 서비스에 대한 만족도를 수치화하여 나타내는 지표로, 기업의 성과와 고객의 경험을 평가하는 데 사용된다. 이 지수는 고객 설문조사, 피드백, 리뷰 등을 기반으로 산출되며, 고객의 기대와 실제 경험 간의 차이를 측정해 고객의 만족도를 반영한다. 높은 CSI는 고객이 제품이나 서비스에 대해 긍정적인 인식을 가지고 있다는 것을 나타내며, 이는 고객 충성도와 재구매 가능성을 높이는 데 기여한다. CSI는 기업이 고객의 요구와 기대를 파악하고, 서비스 개선과 제품 개발에 반영할 수 있는 중요한 도구이다. 기업은 CSI를 활용하여 고객 만족도를 지속적으로 모니터링하고, 이를 바탕으로 마케팅 전략이나 운영 개선을 추진함으로써 경쟁력을 강화할 수 있다. CSI는 고객 중심의 경영을 위한 핵심 지표로 자리잡고 있다. 따라서, CSI의 개선은 기업의 전반적인 성과 향상과 직결된다.

## CSR (Corporate Social Responsibility)

CSR(기업의 사회적 책임)은 기업이 경제적 이익을 추구하는 동시에 사회와 환경에 긍정적인 영향을 미치기 위해 자발적으로 수행하는 활동을 의미한다. 기업이 운영하는 지역사회, 환경, 직원, 고객, 이해관계자에게 책임을 다하는 것으로, 윤리적 경영과 지속 가능한 발전을 추구한다. 예를 들어, 환경 보호, 지역사회 발전, 인권 존중 등 다양한 사회적 이니셔티브가 포함된다. 기업의 사회적 책임은 소비자와 투자자에게 긍정적인 이미지를 구축하고, 장기적으로 기업의 지속 가능성을 높이는 데 기여한다. CSR 활동은 단순한 기부나 자선활동을 넘어서, 기업의 전략과 운영에 통합되어야 하며, 기업의 가치와 미션에 부합하는 방향으로 진행되어야 한다. 이는 기업의 브랜드 충성도를 높이고, 사회적 신뢰를 구축하는 데 중요한 역할을 한다.

## DRP (Distribution Requirement Planning)

DRP(분배 자원 계획)는 상품의 수요를 기반으로 재고를 효율적으로 관리하고, 물류와 배급을 계획하는 프로세스를 의미한다. 이 시스템은 재고 수준을 최적화하고, 필요한 재고를 적시에 적절한 장소에 배치하기 위해 판매 예측 및 수요 변동을 고려하여 분배 전략을 수립한다.

## EAM (Enterprise Asset Management)

EAM(기업 자산 관리)은 기업이 보유한 자산의 수명 주기를 효율적으로 관리하여 성능을 극대화하고 비용을 최소화하는 전략적 접근이다. 자산의 계획, 구매, 운영, 유지보수, 폐기 등 모든 단계에서 자산 정보를 통합하고 관리함으로써, 자산의 가치를 극대화하고 운영 효율성을 향상시키는 데 초점을 맞춘다. EAM은 제조업, 에너지, 시설 관리 등 다양한 산업에서 자산 운영과 유지보수를 최적화하는 데 필수적이다. 이를 통해 기업은 자산의 가동 시간 증가, 유지보수 비용 절감, 자산 성과 분석 등의 이점을 누릴 수 있다. EAM 솔루션은 데이터 분석과 예측 유지보수 기능을 통해 자산 관리의 효율성을 높이고, 비즈니스 목표를 달성하는 데 기여한다.

### EAMS (Enterprise Architecture Management System)

EAMS(기업 아키텍처 관리 시스템)는 조직의 IT 시스템과 비즈니스 프로세스를 통합적으로 관리하고 최적화하기 위한 체계적인 접근 방식이다. 기업의 목표와 전략에 맞추어 정보 기술과 비즈니스 아키텍처를 정의하고 조정하여, 조직의 효율성과 유연성을 높이는 데 기여한다. 이를 통해 기업은 변화하는 비즈니스 환경에 빠르게 적응할 수 있다. EAMS는 자원 관리, 기술 표준화, 프로세스 개선, 데이터 관리 등 다양한 요소를 포함하여 기업 전반의 IT 전략을 지원한다. 이를 통해 조직은 비용을 절감하고, 비즈니스 목표를 효과적으로 달성할 수 있다. EAMS는 IT와 비즈니스 간의 조화를 이루어 조직의 전반적인 성과를 개선하는 데 중요한 역할을 한다.

### EC (Electronic Commerce)

EC(전자 상거래)는 인터넷과 디지털 기술을 활용하여 상품이나 서비스를 구매하고 판매하는 거래 방식을 의미한다. 이 형태의 상거래는 소비자와 기업 간의 거래뿐만 아니라 기업 간(B2B) 거래 및 소비자 간(C2C) 거래도 포함된다. 전자 상거래는 쇼핑 웹사이트, 온라인 마켓, 모바일 애플리케이션 등을 통해 이루어지며, 고객은 편리하게 상품을 검색하고 구매할 수 있다. 이러한 방식은 기업에게는 운영 비용 절감과 더 넓은 시장 접근을 가능하게 하고, 소비자에게는 다양한 선택과 편리한 쇼핑 경험을 제공하여 현대 상업의 중요한 요소로 자리 잡고 있다. 또한, 전자 상거래는 데이터를 활용한 개인화된 마케팅과 고객 분석을 통해 소비자의 취향을 반영한 맞춤형 서비스 제공이 가능해진다. 이로 인해 기업은 소비자와의 관계를 강화하고, 더 나은 고객 경험을 창출한다.

### EC (Executive Committee)
EC(경영 위원회)는 기업의 전략적 의사결정을 내리고, 주요 경영 활동을 감독하는 고위 경영진으로 구성된 위원회이다. 회사의 비전, 목표 및 정책을 수립하고, 이를 실행하기 위한 계획을 개발하며, 회사의 전반적인 운영을 지휘하는 중요한 역할을 한다. 이 위원회는 일반적으로 CEO와 주요 임원들로 구성되며, 기업의 미래 방향과 전략을 설정하는 데 핵심적인 역할을 한다. 경영위원회는 기업의 재무 성과, 시장 변화, 경쟁 전략 등을 분석하여 효과적인 의사결정을 내리는 데 필요한 정보를 공유하고, 이를 바탕으로 장기적인 경영 전략을 수립한다. 또한, 경영위원회는 중요한 경영 이슈에 대한 논의와 결정 과정에서 기업의 투명성을 유지하고, 이해관계자와의 신뢰를 구축하는 데 기여한다.

### ECCS (Enterprise Controlling and Consolidation System)
ECCS(기업 재무 통합 시스템)는 기업의 재무 데이터를 통합하고, 관리 및 보고 기능을 제공하여 경영진이 더 나은 의사결정을 할 수 있도록 돕는 시스템이다. 이 시스템은 재무 회계, 관리 회계, 예산 편성, 성과 분석 등을 포함하여 기업의 전체적인 재무 건강을 모니터링하고 분석하는 데 중요한 역할을 한다. ECCS는 여러 사업 부문과 지역에서 발생하는 재무 데이터를 통합하여, 전체적인 재무 성과를 평가하고, 이를 기반으로 효율적인 경영 전략을 수립할 수 있도록 지원한다. 이를 통해 기업은 자원 배분을 최적화하고, 예산 초과나 손실 위험을 최소화하는 데 도움을 받을 수 있다. 또한, ECCS는 데이터의 정확성과 일관성을 높여, 규제 준수와 내부 감사에 필요한 정보도 제공한다.

### EDI (Electronic Data Interchange)
EDI(전자 문서 교환)는 비즈니스 간에 표준화된 전자 형식으로 데이터를 교환하는 프로세스를 의미한다. 이 방식은 종이 문서 대신 전자 파일을 사용하여 주문서, 송장, 운송 문서 등의 비즈니스 정보를 신속하고 정확하게 교환할 수 있도록 돕는다. 전자 문서 교환은 물류 및 공급망 관리의 효율성을 높이고, 인적 오류를 줄이며, 처리 시간을 단축하는 데 기여한다.

## EIS (Executive Information Systems)

EIS(경영진 정보 시스템)는 경영진이 기업의 성과를 모니터링하고 전략적 결정을 내리기 위해 필요한 정보를 신속하게 제공하는 시스템이다. 고위 경영진이 데이터를 쉽게 접근하고 분석할 수 있도록 시각화된 대시보드, 보고서, KPI를 활용하여 경영 정보를 효율적으로 전달한다. EIS는 데이터 수집, 분석 및 보고 과정을 자동화하여 경영진이 중요한 비즈니스 지표를 실시간으로 파악하고, 시장 변화에 빠르게 대응할 수 있게 지원한다. 이를 통해 기업의 목표 달성에 필요한 인사이트를 제공하고, 의사결정 과정에서의 속도와 정확성을 높인다. EIS는 복잡한 데이터를 직관적으로 이해할 수 있도록 도와줌으로써, 경영진의 전략적 기획 및 실행을 더욱 효과적으로 만드는 데 기여한다.

## ERP (Enterprise Resource Planning)

ERP(전사적 자원 관리)는 기업의 다양한 비즈니스 프로세스와 자원을 통합하여 관리하는 종합 소프트웨어 시스템이다. 재무, 인사, 생산, 물류, 판매 등 여러 기능을 통합하여 실시간으로 데이터를 공유하고 분석할 수 있도록 한다. 이를 통해 기업은 효율성을 높이고, 운영 비용을 절감하며, 의사결정 과정을 개선할 수 있다. ERP 시스템은 기업의 모든 부서 간의 협업을 촉진하고, 데이터의 정확성과 일관성을 유지하여 통합된 비즈니스 운영을 가능하게 한다. 예를 들어, 재고 관리와 생산 계획, 고객 주문 처리 등이 상호 연결되어 있어, 각 부서가 실시간으로 필요한 정보를 공유함으로써 업무 효율성을 극대화할 수 있다. ERP는 특히 대규모 기업에서 복잡한 비즈니스 프로세스를 간소화하고, 지속 가능한 성장을 지원하는 중요한 도구로 자리 잡고 있다.

## ES (Exit Strategy)

ES(출구 전략)는 투자자나 기업이 투자에서 이익을 실현하거나 사업을 종료하기 위한 계획을 의미한다. 투자 과정에서 발생할 수 있는 리스크를 관리하고, 최대한의 수익을 추구하는 데 중요한 역할을 한다. 일반적인 출구 전략에는 기업 매각, 상장, 지분 매각, 합병 등이 포함된다. 출구 전략은 투자자와 경영진이 장기적인 비즈니스 목표를 달성하는 데 도움을 주며, 계획된 시점에 어떻게 투자 자산을 처분할 것인지에 대한 명확한 방향을 제시한다. 이는 불확실한 시장 환경에서 보다 전략적인 결정을 가능하게 하여, 이익을 극대화하고, 경영 리스크를 줄이는 데 기여한다. 출구 전략은 투자 초기 단계에서부터 고려되어야 하며, 이를 통해 성공적인 자산 처분과 경영 성과를 달성할 수 있다.

## ESG (Environment Social Governance)

ESG(환경 사회 지배구조)는 기업이 지속 가능한 발전을 위해 고려해야 할 환경, 사회적 책임, 그리고 기업 지배구조의 세 가지 요소를 포함하는 개념이다. ESG는 투자자와 소비자들이 기업의 비재무적 성과를 평가하는 기준으로 자리 잡았으며, 기업이 사회적 책임을 다하고 환경을 보호하는 방식을 중요하게 여긴다. ESG는 투자 결정에서 점점 더 중요해지고 있으며, 기업이 지속 가능한 방식으로 운영될 때 더 높은 투자 가치를 가진다고 인식되고 있다. 이를 통해 기업은 장기적인 성장과 사회적 신뢰를 구축할 수 있다.

1) 환경 (Environment): 기업의 활동이 자연 환경에 미치는 영향, 자원 관리, 에너지 효율성, 탄소 배출 등의 요소를 포함한다.
2) 사회 (Social): 노동 관행, 인권, 지역사회와의 관계, 고객 및 공급자와의

상호작용 등을 다루며, 기업의 사회적 책임을 평가한다.
3) 지배구조 (Governance): 기업의 지배구조, 경영진의 투명성, 윤리적 경영, 주주 보호 등을 포함하여 기업이 어떻게 운영되는지를 평가한다.

## ESI (Employee Satisfaction Index)

ESI(내부 고객 만족도)는 조직 내 직원들이 느끼는 직무 만족도와 근무 환경에 대한 전반적인 평가를 수치화한 지표다. 이 지수는 설문조사와 피드백을 통해 수집된 데이터를 기반으로 하며, 직원들의 직무 만족도, 조직 문화, 리더십, 복지 제도 등을 평가한다. 높은 ESI는 직원들이 자신의 직무와 조직에 대해 긍정적인 인식을 가지고 있음을 나타내며, 이는 생산성과 업무 효율성에 긍정적인 영향을 미친다. 직원 만족도 지수는 인재 유치와 유지, 기업의 성과 향상에 중요한 역할을 하며, 조직이 지속 가능한 경쟁력을 갖추는 데 기여한다. 기업은 ESI를 분석하여 개선이 필요한 영역을 파악하고, 직원의 요구와 기대에 맞춘 정책을 수립함으로써 전반적인 만족도를 높이려는 노력을 기울인다. ESI는 기업의 직원 관리와 조직 발전 전략의 핵심 지표로 활용된다.

## EV (Enterprise Value)

EV(기업 가치)는 기업의 총 가치를 평가하는 지표로, 시장 가치와 부채, 현금 및 현금성 자산을 포함한 포괄적인 기업 가치를 나타낸다. 기업의 시장 자본에 순부채를 더한 것으로 계산된다. 이를 통해 기업의 총 가치를 평가하고, 인수합병(M&A)이나 투자 분석 시 활용된다. 기업 가치는 회사의 실제 가치 평가에 중요한 역할을 하며, 기업의 재무 상태를 보다 명확하게 이해하는 데 기여한다. EV는 단순한 주식 시장 가치를 넘어, 부채 구조와 자산의 유동성을 포함하기 때문에 투자자들이 기업의 가치를 비교하고, 전략적 의사 결정을 내리는 데 유용한 기준이 된다.

## FHC (Financial Holdings Company)

FHC(금융 지주 회사)는 다양한 금융 서비스를 제공하는 여러 자회사를 소유하고 운영하는 회사를 의미한다. 이러한 회사는 일반적으로 은행, 보험사, 증권사 등 다양한 금융 기관을 포함하여, 이들 자회사의 관리와 통제를 통해 시너지를 창출하고 효율성을 높이는 역할을 한다. 금융 지주회사는 각 자회사의 전문성과 자원을 활용하여 전체 그룹의 경쟁력을 강화할 수 있다. FHC는 규제 요건을 준수하면서 다양한 금융 서비스를 통합적으로 제공하여 고객의 다양한 요구에 대응할 수 있는 장점을 갖고 있다. 이러한 구조는 리스크 분산과 자본 효율성을 높이며, 글로벌 시장에서의 경쟁력을 향상시키는 데 기여한다. 또한, 금융 지주회사는 변화하는 금융 환경에 민첩하게 대응하고, 새로운 사업 기회를 창출하는 데 중요한 역할을 한다.

## FI (Financial Investor)

FI(재무적 투자자)는 자산을 투자하여 수익을 추구하는 개인 또는 기관을 의미한다. 금융 투자자는 주식, 채권, 부동산, 파생상품 등 다양한 금융 자산에 투자하며, 시장 변동성을 활용하여 자본 이익을 극대화하려는 전략을 세운다. 이들은 전문적인 지식과 분석 능력을 바탕으로 투자 결정을 내리며, 단기 또는 장기적인 투자 목표를 설정할 수 있다. 재무적 투자자는 자산 포트폴리오를 구성하여 리스크를 분산하고, 시장 변화에 대응하는 데 주의를 기울인다. 이러한 투자자들은 종종 펀드 매니저, 헤지펀드, 자산 운용사와 같은 기관 형태로 존재하며, 개인 투자자들도 포함된다. 경제 성장과 기업의 자본 조달을 지원하며, 자본 시장의 중요한 참여자로 기능한다.

## FM (Facility Management)

FM(자산 관리)은 건물 및 시설의 운영, 유지보수, 안전 및 효율적인 관리에 관련된 종합적인 관리 기법이다. 자산 관리의 주요 목적은 사용자에게 안전하고 편리한 환경을 제공하면서, 자산의 가치와 성능을 극대화하는 것이다. 건물의 유지보수, 청소, 보안, 에너지 관리, 공간 계획 등 다양한 서비스를 포함하며, 조직의 운영 효율성을 높이는 데 중요한 역할을 한다. 자산 관리는 직원 만족도와 생산성을 향상시키고, 비용 절감 및 자원의 최적화를 도모하는 데 기여한다. 효과적인 FM 시스템은 지속 가능한 개발과 친환경적인 운영 방식을 추구하며, 규제 준수를 통해 법적 요구사항을 충족하는 것도 포함된다. FM은 다양한 산업 분야에서 필수적인 요소로 자리 잡고 있으며, 현대의 복잡한 건물 운영 환경에서 점점 더 중요해지고 있다.

### FMV (Fair Market Value)

FMV(공정 시장 가치)는 자산이나 부동산이 일반적인 시장 상황에서 판매될 때 합리적인 구매자가 지불할 의사가 있는 가격을 의미한다. 이는 자산의 가치를 평가할 때 고려되는 기준으로, 판매자와 구매자 간에 강제성이 없는 조건에서 이루어진 거래를 바탕으로 한다. FMV는 주로 세금, 인수합병, 재무 보고, 분쟁 해결 등 다양한 상황에서 사용된다. 공정 시장 가치는 경제적 상황, 자산의 상태, 시장 수요와 공급, 유사 자산의 거래 가격 등을 반영하여 결정된다. 이는 전문가에 의해 평가되거나 비교 가능한 거래 사례를 통해 산출될 수 있으며, 특정 자산의 객관적인 가치를 파악하는 데 중요한 역할을 한다. FMV는 공정하고 투명한 거래를 위해 필수적인 개념으로, 기업의 자산 가치를 명확히 이해하는 데 기여한다.

### FRM (Financial Risk Management)

FRM(금융 리스크 관리)은 기업이나 금융기관이 직면하는 다양한 금융 리스크를 식별, 평가, 모니터링 및 통제하기 위한 전략적 접근을 의미한다. 금융 리스크에는 시장 리스크, 신용 리스크, 유동성 리스크, 운영 리스크 등이 포함되며, FRM은 이러한 리스크를 효과적으로 관리하여 기업의 재무적 안정성과 지속 가능성을 유지하는 데 초점을 맞춘다. 금융 리스크 관리는 리스크 평가 모델, 헤지 전략, 정책 및 절차 수립 등을 통해 리스크를 최소화하고 기업의 목표 달성을 지원한다. 이를 통해 기업은 예기치 못한 손실을 줄이고, 자본 효율성을 높이며, 규제 준수를 이행할 수 있다. FRM은 금융기관뿐만 아니라 기업의 모든 분야에서 중요한 역할을 하며, 리스크 관리의 전문성과 전략적 사고가 필수적으로 요구된다.

**FS (Feasibility Study)**
FS(타당성 조사)는 프로젝트나 사업의 실행 가능성을 평가하기 위해 수행되는 분석 과정이다. 프로젝트가 경제적, 기술적, 법적, 운영적 측면에서 실행 가능한지를 평가하고, 이를 통해 프로젝트의 성공 가능성을 판단하는 데 중요한 정보를 제공한다. 주요 요소로는 시장 조사, 비용 분석, 수익성 예측, 자원 평가 등이 포함된다. 타당성 조사는 투자자와 이해관계자가 신뢰할 수 있는 의사결정을 내릴 수 있도록 지원하며, 프로젝트가 실제로 실현 가능하다는 것을 입증하는 데 필수적이다. 이를 통해 불확실성을 줄이고, 자원의 효율적인 배분을 도모할 수 있다. FS는 새로운 사업 아이디어나 대규모 프로젝트를 시작하기 전에 반드시 수행되어야 하며, 이를 통해 성공적인 실행을 위한 기초를 마련할 수 있다.

**GCF (Green Climate Fund)**
GCF(녹색 기후 기금)는 기후 변화에 대응하기 위해 개발도상국이 저탄소 및 기후 탄력적 발전을 촉진할 수 있도록 재원을 지원하는 국제 기구이다. 이 기금은 2010년 파리 협정의 일환으로 설립되었으며, 전 세계적으로 기후 변화에 적응하고 완화하기 위한 프로젝트와 프로그램을 지원한다. GCF는 다양한 자금 조달 방식을 통해 국가 및 지역 차원에서 기후 대응 전략을 지원한다. 녹색 기후 기금은 개발도상국이 기후 변화로 인한 위험을 줄이고 지속 가능한 발전 목표를 달성할 수 있도록 도와주는 중요한 재정적 지원을 제공한다. 이를 통해 기후 변화 대응 능력을 향상시키고, 청정 에너지 기술 및 인프라 개발을 촉진하며, 기후 변화의 부정적인 영향을 최소화하는 데 기여한다. GCF는 각국 정부, 민간 부문, 비정부 기구와 협력하여 기후 재정의 효율성을 높이고 지속 가능한 기후 변화를 위한 국제적인 노력에 기여하고 있다.

**GRI (Global Reporting Initiative)**
GRI(글로벌 리포팅 이니셔티브)는 조직이 경제, 환경 및 사회적 영향을 투명하게 보고할 수 있도록 도와주는 국제적인 수단이다. GRI는 기업 및 기타 조직이 지속 가능성 보고서를 작성하는 데 필요한 지침과 기준을 제공하며, 이를 통해 다양한 이해관계자와 투자자에게 기업의 지속 가능성 성과를 알릴 수 있도록 한다. GRI의 목표는 조직의 비재무적 성과를 정량적 및 정성적으로 평가하고, 이를 기반으로 더 나은 의사결정을 할 수 있게 지원하는 것이다. GRI는 지속 가능성 관련 지표와 성과를 통합하여 기업의 사회적 책임을 강화하고, 투명성을 높여 기업의 신뢰도를 증진시키는 데 기여한다. 이를 통해 GRI는 지속 가능한 발전 목표를 달성하고 기업과 사회 간의 관계를 개선하는 데 중요한 역할을 한다.

**GT (Group Technology)**
GT(그룹 기술)는 생산 과정에서 비슷한 부품이나 제품을 그룹화하여 효율성을 극대화하는 관리 및 설계 접근 방식이다. 이 기술은 제품 설계와 제조 공정의 유사성을 활용하여 생산 효율성을 향상시키고, 재고 관리, 생산 계획 및 작업 배치를 최적화하는 데 중점을 둔다. GT는 일반적으로 기계 가공, 조립 및 자동화 시스템에서 사용되며, 유사한 형태와 기능을 가진 부품들을 같은 그룹으로 묶어 생산 과정에서의 비효율성을 줄인다. 그룹 기술은 생산성과 품질을 개선하고, 제조 비용을 절감하는 데 기여한다. 또한, 표준화된 부품 사용을 촉진하여 부품 설계와 생산의 일관성을 높인다. GT는 다양한 산업 분야에서 활용되며, 특히 대량 생산 환경에서 효율성을 극대화하기 위한 중요한 전략으로 자리 잡고 있다.

## HRD (Human Resources Development)

HRD(인적 자원 개발)는 조직의 인적 자원을 효과적으로 관리하고 발전시키기 위한 전략적 프로세스를 의미한다. 직원의 능력, 기술, 지식 및 역량을 향상시키기 위한 교육 및 개발 프로그램을 포함하며, 이러한 과정을 통해 조직의 목표 달성과 경쟁력 강화를 지원한다. HRD는 조직 내에서 지속적인 학습과 성장을 촉진하고, 직원들이 개인의 경력 발전과 함께 조직의 목표에 기여할 수 있도록 돕는 역할을 한다. 이를 위해 다양한 교육 프로그램, 멘토링, 경력 개발 계획 및 성과 평가 시스템이 사용된다. HRD는 기업의 인적 자원 관리에 있어 중요한 요소로, 조직의 성과와 직원 만족도를 높이는 데 기여한다.

## HTBC (Historical Trend Base Change)

HTBC(과거 트렌드 기반 변경)는 과거 데이터와 추세를 기반으로 하여 미래의 변화를 예측하거나 전략을 수립하는 방법론이다. 이 접근 방식은 기업이 시장 환경, 소비자 행동, 재무 성과 등의 변화에 효과적으로 대응하기 위해 과거의 패턴과 트렌드를 분석하는 데 초점을 맞춘다. HTBC는 데이터 분석과 예측 모델링을 통해 비즈니스 의사결정에 필요한 통찰력을 제공한다. 조직이 지속 가능한 성장 전략을 개발하고, 위험 관리 및 자원 배분을 최적화하는 데 중요한 역할을 한다. 과거의 성과와 시장 반응을 분석함으로써 기업은 미래의 기회를 포착하고, 예상되는 도전 과제를 미리 준비할 수 있다. 이 방법론은 특히 변화하는 시장 상황에 적응하기 위해 중요한 전략적 도구로 활용된다.

**IA (Information Asymmetry)**

IA(정보 비대칭)는 거래 당사자 간에 정보의 양과 질이 다를 때 발생하는 경제적 상황을 의미한다. 이는 한 쪽이 다른 쪽보다 더 많은 정보를 가지고 있거나, 정보의 해석에 차이가 있어 거래에서 불균형한 조건을 초래하는 경우를 말한다. 주로 금융 시장, 보험, 부동산 거래 등에서 나타나며, 이로 인해 시장 실패나 비효율적인 의사결정이 발생할 수 있다. 정보 비대칭은 구매자와 판매자 간의 신뢰 문제를 유발하며, 이는 거래 비용을 증가시키고, 시장의 불확실성을 높이는 원인이 된다. 예를 들어, 중고차 시장에서 판매자가 차량의 결함에 대한 정보를 숨기는 경우, 구매자는 적절한 가격 결정을 내리기 어려워진다. 이를 해결하기 위해 정보 공개, 표준화된 정보 제공, 제3자 인증 등의 방법이 활용된다. 정보 비대칭을 줄이는 것은 공정한 거래를 촉진하고, 시장의 효율성을 높이는 데 기여한다.

**IP (Intellectual Property)**

IP(지적 재산권)는 창작자의 아이디어, 발명, 디자인, 브랜드 및 기타 지적 창작물을 보호하는 법적 권리를 의미한다. 저작권, 특허, 상표 및 산업 디자인 등의 다양한 형태로 존재하며, 창작자가 자신의 작품이나 발명에 대해 일정 기간 독점적으로 사용할 수 있는 권리를 부여한다. 이를 통해 창작자는 자신이 투자한 시간과 자원을 보호받고, 경제적 가치를 실현할 수 있다. 지적 재산권은 혁신과 창의성을 촉진하는 중요한 요소로, 기업이나 개인이 새로운 아이디어를 개발하고 상업화할 수 있는 기반을 제공한다. IP 보호는 경쟁력을 강화하고,

시장에서의 차별화를 가능하게 하며, 무단 사용이나 침해로부터 창작물을 방어하는 역할을 한다. 따라서 IP는 현대 경제에서 중요한 자산으로 간주되며, 효과적인 관리와 보호가 필수적이다.

### IPO (Initial Public Offering)

IPO(기업 공개)는 회사가 처음으로 주식을 일반 투자자에게 공개하여 증권 거래소에 상장하는 과정을 의미한다. 이 과정에서 회사는 자본을 조달하고, 주주들에게 회사의 소유권을 분배하게 된다. IPO를 통해 회사는 신규 투자자의 자금을 유치하고, 기업의 성장과 운영 자금을 확보할 수 있다. 기업공개는 회사가 공개 기업으로 전환하는 중요한 이정표이며, 신뢰성과 투명성을 높이고 브랜드 가치를 증가시키는 효과가 있다. 또한, IPO 이후에는 시장에서 주식 거래가 가능해져, 주식 가치의 변동성을 통해 기업의 재무 성과를 시장에서 반영할 수 있다. 그러나 IPO는 높은 규제와 공개 의무를 수반하므로, 기업은 철저한 준비와 전략적 계획이 필요하다.

### IPR (Intellectual Property Rights)

IPR(지적 재산권)은 창작자가 자신의 지적 창작물에 대해 법적으로 부여받는 권리를 의미한다. 저작권, 특허, 상표, 산업 디자인 등 다양한 형태로 존재하며, 창작자는 자신이 만든 작품이나 발명품을 보호받을 수 있다. 이러한 권리는 창작자가 창의적 작업에 대한 경제적 가치를 실현할 수 있도록 돕고, 타인의 무단 사용을 방지하는 역할을 한다. 지적 재산권은 혁신과 창의성을 촉진하는 중요한 요소로, 기업과 개인이 새로운 아이디어를 보호하고 상업화할 수 있는 기반을 제공한다. IP의 보호는 경쟁력을 강화하고, 시장에서의 차별화를 가능하게 하며, 법적 분쟁을 예방하는 데 기여한다. 따라서 IPR은 현대 경제에서 중요한 자산으로 간주되며, 효과적인 관리와 보호가 필수적이다.

## IR (Investor Relations)

IR(기업 설명회)은 기업과 투자자 간의 정보 소통 및 관계 관리를 담당하는 활동을 의미한다. IR의 주요 목적은 투자자에게 회사의 비즈니스 모델, 재무 성과, 전략 및 시장 환경에 대한 정보를 제공하여, 신뢰를 구축하고 투자 결정을 지원하는 것이다. 이를 통해 기업은 투명성을 높이고, 주주 및 잠재 투자자와의 긍정적인 관계를 유지할 수 있다. 투자자 관계 활동은 정기적인 재무 보고서, 연례 주주 총회, 투자자 프레젠테이션, 미디어 커뮤니케이션 등을 포함한다. 기업은 IR을 통해 시장의 기대에 부합하는 정보를 전달하고, 기업 가치를 극대화하기 위한 전략적 방향을 공유한다. 효과적인 IR 전략은 투자자와의 신뢰 관계를 구축하고, 기업의 시장 가치를 안정적으로 유지하는 데 기여한다.

## ISDS (Investor-State Dispute Settlement)

ISDS(투자자와 국가간 분쟁 해결)는 국제 투자에서 발생할 수 있는 분쟁을 해결하기 위해 투자자와 해당 국가 간의 법적 분쟁을 중재하거나 해결하는 메커니즘을 의미한다. 주로 다국적 기업이 외국 정부와의 계약이나 투자에 대한 불만이 있을 때 활용되며, 투자자가 국가를 상대로 법적 조치를 취할 수 있는 경로를 제공한다. ISDS 메커니즘은 투자자의 권리를 보호하고, 외국 투자에 대한 신뢰를 증진시키는 중요한 역할을 한다. 이를 통해 투자자는 국가의 법적, 행정적 조치에 의해 부당하게 피해를 입었을 때 중립적인 제3자에 의해 분쟁을 해결할 수 있다. 그러나 ISDS는 국가의 주권을 침해할 수 있다는 우려와 함께, 공공 정책에 대한 제한으로 비판을 받기도 한다.

## KMS (Knowledge Management System)

KMS(지식 관리 시스템)는 조직 내 지식과 정보를 효율적으로 수집, 저장, 공유 및 활용할 수 있도록 돕는 IT 기반 시스템이다. 직원들이 보유한 경험, 노하우, 프로세스, 문서 등을 중앙화하여 접근성과 활용성을 높이며, 조직의 지식 자산을 관리하는 데 중점을 둔다. 지식 관리 시스템은 조직의 의사결정 과정을 개선하고, 혁신을 촉진하며, 업무 효율성을 높이는 데 기여한다. 이를 통해 직원들은 필요한 정보를 신속하게 찾고 공유할 수 있으며, 반복적인 작업을 줄이고, 학습 조직으로 성장하는 데 도움을 준다. KMS는 기업의 경쟁력을 강화하고, 지속 가능한 발전을 지원하는 중요한 도구로 자리 잡고 있다.

### KPI (Key Performance Indicator)

KPI(핵심 성과 지표)는 조직의 목표 달성을 측정하고 평가하기 위해 설정된 중요한 성과 지표다. 특정 목표와 성과를 평가하는 데 도움을 주며, 기업의 전략적 방향과 일치하는 데이터를 기반으로 한다. KPI는 재무적 지표(예: 매출 성장률, 순이익)와 비재무적 지표(예: 고객 만족도, 직원 이직률)로 구분될 수 있다. 조직의 성과를 모니터링하고, 필요한 조정을 통해 목표를 달성하는 데 중요한 역할을 한다. 효과적인 KPI는 측정 가능하고, 명확하며, 시간에 따른 변화를 반영할 수 있어야 한다. KPI는 경영진과 팀이 목표 달성을 위해 노력하고, 성과를 개선하기 위한 전략을 수립하는 데 기초 자료로 활용된다.

### M&A (Mergers & Acquisition)

M&A(인수 합병)는 기업이 다른 기업을 인수하거나 두 개의 기업이 합병하여 새로운 기업 형태를 형성하는 과정을 의미한다. 인수는 한 기업이 다른 기업의 지분을 구매하여 소유권을 확보하는 방식이며, 합병은 두 개 이상의 기업이 동등한 조건으로 통합되어 새로운 법인을 형성하는 경우를 말한다. M&A는 기업 성장 전략의 중요한 수단으로, 시장 점유율 확대, 기술 확보, 비용 절감 및 시너지를 창출하는 데 기여한다. 이 과정은 철저한 사전 조사와 평가를 필요로 하며, 법적, 재무적, 운영적 측면에서의 복잡한 절차가 수반된다. M&A는 기

업의 경쟁력을 강화하고, 새로운 시장에 진입하는 데 중요한 역할을 하며, 성공적으로 수행될 경우 기업의 장기적인 성장과 지속 가능성을 높일 수 있다.

## M&O (Monopoly and Oligopoly)

M&O(독점과 과점)는 시장 구조의 두 가지 형태로, 시장 내에서 공급자의 수와 가격 결정 방식에 따라 구분된다.

1) 독점(Monopoly)은 시장에서 단 하나의 기업이 제품이나 서비스를 독점적으로 공급하는 상황을 의미한다. 이 경우, 독점 기업은 가격을 자유롭게 설정할 수 있으며, 시장 진입 장벽이 높아 경쟁이 거의 없다. 독점은 소비자 선택의 제한과 높은 가격을 초래할 수 있지만, 특정 경우에는 대규모 생산에 따른 비용 절감 효과를 가져올 수도 있다.
2) 과점(Oligopoly)는 시장에서 소수의 기업이 지배적인 역할을 하는 구조로, 이들 기업은 서로의 가격 및 생산 결정에 영향을 미친다. 과점 시장에서는 기업들이 경쟁하지만, 가격 인하나 생산량 조절이 상호 간의 반응을 초래할 수 있다. 과점은 브랜드 충성도가 높고 제품 차별화가 중요한 경우가 많으며, 기업 간 협력이 이루어질 수 있는 여지도 있다.

## MBA (Master of Business Administration)

MBA(경영학 석사)는 경영학 및 비즈니스 관련 분야에서 전문성을 높이기 위한 대학원 프로그램이다. MBA 과정은 일반적으로 경영, 금융, 마케팅, 인사관리, 전략 등 다양한 비즈니스 과목을 포함하여, 학생들이 기업의 운영 및 관리에 필요한 이론과 실무 능력을 배양하도록 설계된다. MBA 프로그램은 경영자와 리더십 역할을 수행할 준비가 된 인재를 양성하는 데 중점을 두며, 네트워킹 기회와 실무 경험을 제공하여 졸업생들이 실제 비즈니스 환경에서 성공할 수 있도록 돕는다. 많은 MBA 과정은 풀타임, 파트타임 및 온라인 형식으로 제공되며, 기업가 정신과 혁신, 글로벌 비즈니스에 대한 이해를 깊게 하는 데 기여한다. MBA는 경력 전환, 직무 상승 및 네트워크 확장을 원하는 사람들에게 인기 있는 선택이다.

### MBO (Management by Objectives)

MBO(목표 관리)는 조직의 목표를 설정하고, 그 목표 달성을 위한 구체적인 계획과 평가를 통해 성과를 관리하는 경영 기법이다. 경영진과 직원이 함께 목표를 설정하고, 이를 기반으로 개인과 팀의 성과를 평가하며 피드백을 제공하는 과정이다. 이 방법은 목표의 명확화와 책임 분담을 통해 조직의 효율성을 높이고, 직원의 동기를 부여하는 데 기여한다. MBO 기법은 조직의 전략적 방향과 일치하는 목표를 설정하고, 그 목표 달성을 위한 성과 지표를 개발하여 운영을 조정하는 데 중점을 둔다. MBO는 성과 측정, 피드백 제공, 성과 개선을 위한 행동 계획 수립 등을 통해 지속적인 성장과 발전을 도모한다. 이 접근 방식은 개인과 조직의 목표를 일치시키는 데 유용하며, 전반적인 성과 개선을 위한 중요한 도구로 자리 잡고 있다.

### MS (Market Share)

MS(시장 점유율)는 특정 기업이 시장에서 차지하고 있는 비율로, 해당 기업의 판매량 또는 수익이 전체 시장에서 차지하는 비율을 나타내는 지표다. 보통 백분율로 표현되며, 기업의 경쟁력과 시장 내 위치를 평가하는 중요한 기준이 된다. 높은 시장 점유율은 일반적으로 해당 기업이 시장에서 강력한 위치를 가지고 있음을 의미하며, 소비자에게 브랜드 인지도를 높이는 데 도움을 줄 수 있다. 시장 점유율은 기업의 성과 분석, 전략 수립 및 경쟁사와의 비교를 위해 사용된다. 이를 통해 기업은 시장에서의 성장 기회를 포착하고, 제품이나 서비스 개선에 필요한 정보를 얻을 수 있다. MS는 기업이 시장에서 얼마나 성공적으로 경쟁하고 있는지를 이해하는 데 중요한 역할을 하며, 경영진이 효과적인 마케팅 및 판매 전략을 개발하는 데 기여한다.

## NBD (New Business Development)

NBD(신사업 개발)는 기업이 새로운 시장, 제품 또는 서비스 기회를 탐색하고 개발하여 성장과 수익성을 증대시키는 프로세스를 의미한다. 기존 사업 영역 외에 새로운 수익원을 창출하기 위한 전략적 접근으로, 시장 조사, 아이디어 발굴, 제품 개발, 마케팅 전략 수립 등을 포함한다. 신사업 개발은 기업이 변화하는 시장 환경에 적응하고 경쟁력을 유지하기 위해 필수적이다. 이를 통해 기업은 고객의 요구를 충족시키고, 혁신적인 솔루션을 제공하여 시장 점유율을 확대할 수 있다. NBD는 종종 기업의 지속 가능한 성장 전략의 핵심 요소로 자리 잡으며, 경영진은 이를 통해 장기적인 비전을 실현하고 기업 가치를 높이기 위한 방향성을 설정한다.

## O&M (Operation & Maintenance)

O&M(운영 및 유지보수)은 시설, 시스템 또는 장비의 효율적인 운영과 지속적인 유지보수를 관리하는 과정을 의미한다. 이 과정은 자산이 최적의 성능을 유지하도록 보장하고, 고장이나 비상 상황을 예방하는 데 중점을 둔다. 일반적으로 다양한 산업 분야에서 적용되며, 특히 에너지, 공공 인프라, 제조업 및 교통 시스템에서 중요하다. O&M은 정기적인 점검, 수리, 소프트웨어 업데이트, 성능 모니터링 등을 포함하여 자산의 수명 주기를 관리한다. 이를 통해 기업은 운영 비용을 절감하고, 효율성을 높이며, 안전성을 강화할 수 있다. O&M의 효과적인 실행은 자산의 가동 시간을 증가시키고, 전체적인 운영 효율성을 개선하는 데 기여하여 기업의 경쟁력을 높인다. 또한, O&M 과정에서 수집된 데이터 분석을 통해 자산의 성능을 지속적으로 최적화하고, 미래의 유지보수 계획

을 세울 수 있어 장기적인 비용 절감 효과를 가져온다. 이러한 관리 시스템은 기업이 경쟁 시장에서 지속 가능한 성장을 이루는 데 필수적인 요소로 자리잡고 있다.

## OBS (Organizational Breakdown Structure)

OBS(조직 분할 구조)는 프로젝트 관리에서 사용되는 구조적 도구로, 조직 내에서 프로젝트 팀의 역할과 책임을 명확히 정의하고 시각적으로 표현하는 방법이다. 프로젝트의 각 구성 요소와 관련된 인력 및 자원의 계층 구조를 나타내며, 각 팀원의 책임과 권한을 분명히 하는 데 도움을 준다. 프로젝트의 관리 및 조정을 용이하게 하며, 자원 배분과 커뮤니케이션의 효율성을 높이는 데 기여한다. 이를 통해 프로젝트 매니저는 팀원 간의 협업을 촉진하고, 프로젝트 목표 달성을 위한 역할을 효과적으로 조정할 수 있다. 조직 분해 구조는 프로젝트의 복잡성을 관리하고, 팀의 성과를 극대화하는 데 중요한 역할을 한다.

## OC (Opportunity Cost)

OC(기회비용)는 특정 선택을 함으로써 포기한 대안의 가치를 의미한다. 경제학에서 자원을 한 가지 용도로 사용했을 때 발생하는 대안의 이익을 측정하는 중요한 개념이다. 즉, 어떤 결정을 내릴 때 그 결정으로 인해 얻지 못하는 대안의 가치가 기회비용이 된다. 기회비용은 효율적인 자원 배분과 의사결정 과정에 필수적이며, 모든 선택에는 대안이 존재하므로 그에 대한 비용을 고려해야 한다. 예를 들어, 투자자가 A 자산에 투자하기로 결정하면, 그 자산의 수익률이 B 자산에 투자했을 경우의 수익률보다 낮을 수 있으며, 이 경우 B 자산의 수익이 기회비용이 된다. 기회비용을 고려함으로써 더 나은 선택을 하고, 자원을 효과적으로 활용할 수 있다. 이러한 분석은 개인의 일상적인 소비 결정에서부터 기업의 전략적 투자에 이르기까지 널리 적용될 수 있으며, 장기적인 이익을 극대화하는 데 기여한다. 따라서, 기회비용을 명확히 이해하는 것은 합리적인 의사결정을 내리는 데 필수적이다.

## OMO (Open Market Operation)

OMO(공개 시장 운영)는 중앙은행이 시장에서 국채와 같은 금융 자산을 매매하여 통화 공급과 금리를 조절하는 통화정책 수단이다. 주로 경제의 유동성을 조절하고 인플레이션 또는 디플레이션을 방지하기 위해 사용된다. 중앙은행이 자산을 매입하면 시중에 유동성이 증가하고, 반대로 자산을 매도하면 유동성이 감소하여 금리를 높일 수 있다. 이 조치는 금융 시장의 안정성을 유지하고 경제 성장을 촉진하는 데 중요한 역할을 한다. 예를 들어, 경기 침체 시 중앙은행은 자산을 매입하여 유동성을 늘리고, 기업과 가계의 대출 비용을 낮춤으로써 소비와 투자를 촉진한다. 반대로 인플레이션이 우려되는 상황에서는 자산을 매도하여 통화량을 줄이고 금리를 상승시키는 방식으로 조정한다.

## OR (Operational Risk)

OR(운영 리스크)은 기업의 일상적인 운영 과정에서 발생할 수 있는 손실 위험으로, 사람, 프로세스, 시스템 및 외부 사건과 관련된 모든 리스크를 포함한다. 직원의 실수, 시스템 고장, 프로세스 실패, 사기, 자연 재해 등 다양한 요인에서 발생할 수 있으며, 이러한 리스크는 기업의 재무적 손실뿐만 아니라 평판에도 부정적인 영향을 미칠 수 있다. 이 리스크 관리는 리스크를 식별, 평가, 모니터링 및 통제하여 조직의 안정성과 지속 가능성을 확보하는 데 중점을 둔다. 효과적인 운영 리스크 관리는 기업이 비즈니스 프로세스를 개선하고, 재무 성과를 최적화하며, 법적 및 규제 요건을 준수하는 데 기여한다. 따라서 운영 리스크는 모든 산업 분야에서 중요한 관리 요소로 자리 잡고 있으며, 지속적인 모니터링과 개선이 필요하다.

## PAM (Plant Asset Management)

PAM(공장 자산 관리)은 산업 시설의 자산을 효율적으로 관리하고 운영하기 위한 시스템과 전략을 의미한다. 이 관리 시스템은 자산의 수명 주기 전반에 걸쳐 최적화된 성능을 유지하고, 유지보수 비용을 절감하며, 가동 시간을 극대화하는 데 중점을 둔다. PAM은 주로 제조업, 에너지, 화학 및 기타 중공업 분야에서 중요하게 다뤄진다. 자산 관리는 정기적인 점검, 예방 유지보수, 자산 성능 분석 등을 통해 자산의 가치를 극대화하고, 운영 효율성을 향상시키는 데 기여한다. 효과적인 PAM 시스템은 데이터 기반의 의사결정을 지원하고, 자원의 최적화를 통해 생산성 향상과 비용 절감을 도모할 수 있다.

## PF (Project Financing)

PF(프로젝트 파이낸싱)는 특정 프로젝트를 수행하기 위해 필요한 자금을 조달하는 금융 구조로, 일반적으로 프로젝트의 수익성과 자산을 담보로 하는 방식이다. 이 방식은 대규모 인프라 프로젝트, 에너지 개발, 건설 등 자본 집약적인 사업에 자주 사용된다. 보통 대출 기관, 투자자, 정부 기관 등 다양한 이해관계자와의 협력을 통해 이루어진다. 프로젝트 파이낸싱의 주요 특징은 자금 조달이 프로젝트 자체의 현금 흐름에 기반하여 이루어진다는 것이다. 따라서 프로젝트가 성공적으로 운영될 경우 발생하는 수익을 통해 대출을 상환하는 구조를 갖는다. 이는 일반 기업 자산에 의존하지 않기 때문에, 프로젝트에 참여하는 기업들은 자본 부담을 줄이고 위험을 분산시킬 수 있는 장점이 있다. 특정 프로젝트의 성공적인 실행을 위해 필수적인 재정적 기반을 제공하며, 지속 가능한 발전과 경제 성장을 지원하는 중요한 수단으로 여겨진다.

## PFV (Project Financing Vehicle)

PFV(프로젝트 파이낸싱 시행자)는 특정 프로젝트 파이낸싱 자금을 조달하기 위해 설계된 법적 구조 또는 엔티티를 의미한다. 프로젝트의 자산과 수익을 기반으로 자금을 조달하고, 자금 조달자, 투자자 및 채권자와의 관계를 관리하는 역할을 한다. 이러한 수단은 대규모 인프라 프로젝트, 에너지 개발, 건설 프로젝트 등에서 자주 사용된다. PFV는 프로젝트의 재무 구조를 최적화하고, 위험을 분산하며, 투자자와 채권자에게 안정적인 수익원을 제공하는 데 기여한다. 일반적으로 PFV는 독립적인 법인으로 설립되며, 프로젝트에서 발생하는 현금 흐름을 관리하고, 프로젝트와 관련된 계약을 체결하는 기능을 수행한다. 이를 통해 프로젝트의 금융적 성공을 보장하고, 자본 조달을 용이하게 하는 중요한 역할을 한다.

## R&D (Research and Development)

R&D(연구 및 개발)는 기업이나 기관이 새로운 제품, 서비스, 기술을 개발하거나 기존의 것을 개선하기 위해 수행하는 체계적인 활동이다. 연구 단계에서는 기초 과학이나 응용 과학에 기반한 혁신적인 아이디어와 기술을 탐구하며, 개발 단계에서는 이러한 아이디어를 실용화하여 실제 제품이나 서비스로 구현하는 과정을 포함한다. R&D는 기업의 경쟁력을 유지하고 시장에서의 위치를 강화하는 데 필수적이다. 이를 통해 기업은 혁신을 도모하고, 고객의 요구에 부합하는 제품을 제공하여 시장 점유율을 확대할 수 있다. 또한, R&D는 장기적인 성장 전략의 핵심 요소로, 기업의 지속 가능한 발전을 위한 중요한 투자로 간주된다. 성공적인 R&D 활동은 기업의 수익성을 높이고, 기술적 우위를 확보하는 데 기여할 수 있다.

## SI (Strategic Investor)

SI(전략적 투자자)는 기업의 성장이나 전략적 목표 달성을 위해 특정 기업에 투자하는 개인 또는 기관을 의미한다. 단순히 재정적 수익을 추구하는 것이 아니라, 투자하는 기업의 운영이나 기술, 시장 접근성 등을 활용하여 시너지 효과를 극대화하고 장기적인 관계를 형성하는 데 중점을 둔다. 이들은 산업 내에서의 경쟁력을 높이기 위해 자원을 공유하거나 협력 관계를 구축할 수 있다. 전략적 투자자는 M&A(인수 합병)나 자본 투자, 파트너십을 통해 투자 대상을 지원하며, 이는 투자 대상 기업의 성장을 촉진하고 새로운 시장 기회를 창출하는 데 기여한다. 이러한 투자 방식은 양쪽 모두에게 이익이 될 수 있으며, 기업의 혁신과 기술 발전을 가속화하는 데 중요한 역할을 한다.

### SOW (Share of Wallet)

SOW(내부 점유율)는 특정 고객이 특정 기업에 대해 지출하는 금액의 비율로, 고객의 전체 소비 중 기업이 차지하는 부분을 의미한다. 이 개념은 기업이 기존 고객에게서 얼마나 많은 매출을 발생시키고 있는지를 평가하는 데 중요한 지표로 활용된다. SOW는 기업이 고객의 지출 패턴을 이해하고, 고객의 구매 결정에 영향을 미치는 요소를 분석하는 데 도움을 준다. SOW를 높이는 것은 고객 충성도를 증대시키고, 기존 고객의 가치를 극대화하는 전략의 일환으로, 마케팅 및 세일즈 전략의 핵심 목표가 된다. 기업은 고객의 필요와 선호를 충족시킴으로써 SOW를 증가시킬 수 있으며, 이를 통해 매출 성장과 경쟁력 향상을 도모할 수 있다.

### SPC (Special Purpose Company)

SPC(특수 목적 법인)는 특정 프로젝트나 거래를 수행하기 위해 설립된 법인으로, 일반적으로 자산, 부채 및 법적 책임을 분리하여 리스크를 관리하는 데 사용된다. SPC는 주로 부동산 개발, 금융 거래, 투자 프로젝트 등에서 사용되며, 자산 소유권이나 특정 비즈니스 활동을 독립적으로 관리할 수 있는 구조를 제공한다. 자산의 위험을 분산시키고, 투자자나 채권자에게 안정성을 제공하는 역할을 한다. 예를 들어, 특정 프로젝트의 자산과 부채를 SPC에 할당하면, 원래 회사의 재무 상태와 분리하여 프로젝트의 성과를 평가할 수 있다. 이와 같은 구조는 특히 대규모 자본이 필요한 프로젝트에서 자주 활용되며, 규제 준수 및 세금 계획에도 기여할 수 있다.

## SPM (Strategic Performance Measurement)

SPM(전략적 성과 측정)은 조직의 목표와 전략을 달성하기 위해 성과를 평가하고 관리하는 시스템과 프로세스를 의미한다. 재무적 지표뿐만 아니라 비재무적 지표를 포함하여, 조직의 전략적 목표 달성 정도를 종합적으로 분석한다. 이 시스템은 KPI(Key Performance Indicator; 핵심 성과 지표), BSC(Balanced Score Card; 균형 성과 카드) 등 다양한 도구를 사용하여 성과를 측정하고 개선 방향을 제시한다. 전략적 성과 측정은 조직의 장기적인 목표와 일치하는 성과 기준을 설정하고, 이를 통해 의사결정 과정에서 유용한 정보를 제공한다. 이를 통해 경영진은 조직의 현재 성과를 분석하고, 필요 시 전략을 조정하거나 리소스를 재배분할 수 있다.

## SRI (Socially Responsible Investment)

SRI(사회적 책임 투자)는 기업의 재무 성과뿐만 아니라 환경, 사회적 책임, 윤리적 기준 등을 고려하여 투자 결정을 내리는 접근 방식을 의미한다. SRI 투자자는 기업의 운영 방식이 긍정적인 사회적 영향을 미치는지 평가하고, 인권, 환경 보호, 노동 조건, 기업 지배구조 등 다양한 기준을 기준으로 투자 대상을 선정한다. 사회적 책임 투자는 투자자가 재정적 이익을 추구하는 동시에 사회적 가치를 실현하려는 의도를 반영하며, 이는 기업의 지속 가능성과 장기적인 성장에 기여할 수 있다. SRI는 최근 ESG(환경, 사회, 지배구조) 투자와 밀접하게 연결되어 있으며, 환경 및 사회적 문제가 점점 더 중요해짐에 따라, 많은 투자자와 기관들이 SRI의 원칙을 채택하고 있다.

## SWOT (Strengths, Weaknesses, Opportunities, Threats)

SWOT(강점 약점 기회 위협)는 조직이나 프로젝트의 내부 강점과 약점, 외부 기회와 위협을 평가하여 전략적 의사결정을 지원하는 도구이다. 이 분석 방법은 비즈니스 전략 개발, 마케팅 계획 수립, 경쟁 분석 등 다양한 분야에서 활용되며, 조직의 현재 상태를 파악하고 미래 방향성을 설정하는 데 중요한 역할을 한다.

1) 강점(Strengths): 조직이 잘하는 부분으로, 경쟁 우위를 제공하는 요소이다. 예를 들어, 브랜드 인지도, 기술력, 고객 충성도 등이 포함된다.
2) 약점(Weaknesses): 조직의 개선이 필요한 부분으로, 경쟁력 저하를 초래할 수 있는 요소이다. 예를 들어, 낮은 품질, 재무적 어려움, 인력 부족 등이 있을 수 있다.
3) 기회(Opportunities): 외부 환경에서 긍정적인 영향을 미칠 수 있는 요소로, 시장의 성장 가능성이나 새로운 트렌드가 포함된다. 예를 들어, 새로운 시장 진출, 기술 혁신 등이 있다.
4) 위협(Threats): 외부 환경에서 조직에 부정적인 영향을 미칠 수 있는 요소로, 경쟁 증가나 규제 강화 등이 해당된다. 예를 들어, 경제 불황, 경쟁사의 성장 등이 있다.

## TCO (Total Cost of Ownership)

TCO(총 소유 비용)는 제품이나 서비스의 구매뿐만 아니라 운영, 유지보수, 지원 및 폐기 등의 모든 비용을 포함하여 해당 자산을 소유하는 데 드는 총 비용을 평가하는 개념이다. TCO는 초기 구매 비용뿐만 아니라 장기적인 비용을 고려하여, 보다 현실적인 재무 분석을 가능하게 한다. TCO 분석은 기업이 자산의 전체 생애 주기 동안의 비용을 파악하고, 비용 효율적인 의사결정을 내리는 데 중요한 역할을 한다. 예를 들어, IT 장비나 소프트웨어의 경우, 구매 가격 외에도 설치 비용, 유지보수 비용, 교육 비용, 에너지 비용 등을 고려해야 한다.

**VOC (Voice of Customer)**

VOC(고객의 소리)는 고객의 요구, 기대, 선호 및 경험을 수집하고 분석하여 기업이 고객 중심의 제품 및 서비스 개선을 할 수 있도록 하는 개념이다. 고객의 피드백을 통해 제품이나 서비스의 품질을 향상시키고, 고객 만족도를 높이는 데 중요한 역할을 한다. VOC는 설문조사, 인터뷰, 피드백 폼, 소셜 미디어, 리뷰 등 다양한 방법을 통해 수집된다. 이 데이터를 분석하여 고객의 의견을 이해하고, 제품 개발이나 서비스 개선에 반영함으로써 고객의 요구를 충족시키고 경쟁력을 강화할 수 있다.

# 3장 무역 영어

AAP (Age Additional Premium)     225

AB (Accepting Bank)     225

AB (Advising Bank)     225

AC (Account Current)     226

ACC (Air Cargo Consolidator)     226

ACT (Air Cargo Transportation)     227

ADR (European Agreement concerning the International Carriage of Dangerous Goods by Road)     227

AIV (Agreed Insurable Value)     227

ALB (America Land Bridge)     228

ALC (Acceptance Letter of Credit)     228

AMR (Agreed Minimum Rate)     229

AMS (Automatic Manifest System Charge)     229

AOG (Arrival of Goods)     230

AON (Accident of Navigation)     230

AR (Acceptance Rate)     230

AR (Advance Remittance)     230

AS (Annual Survey)     231

ASR (Airport Surveillance Radar)     231

ASRS (Automated Storage and Retrieval System)     232

ATA (Actual Time of Arrival)     232

ATD (Actual Time of Departure)     232

ATL (Absolute Total Loss)     233

AWB (Air-way Bill)     233

BA (Banker's Acceptance)     233

BAF (Bunker Adjustment Factor)     234

BL (Bill of Lading)     234

CA (Correction Advice)     234

CAD (Cash against Documents)     235

CAF (Currency Adjustment Factor)     235

CBM (Cubic Meter)     235

CBR (Critical Bunker Recovery)     236

CCF (Collect Charge Fee)     236

CCF (Container Cleaning Fee)     236

CFR (Cost and Freight)     237

CFS (Container Freight Station)     237

CGT (Compensated Gross Tonnage)     237

| | |
|---|---|
| CI (Commercial Invoice) | 238 |
| CIF (Cost Insurance and Freight) | 238 |
| CLC (Confirmed Letter of Credit) | 238 |
| CO (Certificate of Origin) | 239 |
| COD (Cash on Delivery) | 239 |
| CONSOL (Consolidation) | 239 |
| CP (Charter Party) | 240 |
| CPFR (Collaborative Planning Forecasting Replenishment) | 240 |
| CPT (Carriage Paid To) | 240 |
| CT (Container Terminal) | 241 |
| CW (Chargeable Weight) | 241 |
| CY (Container Yard) | 241 |
| DC (Demurrage Charge) | 242 |
| DC (Detention Charge) | 242 |
| DC (Drayage Charge) | 242 |
| DD (Demand Draft) | 242 |
| DDC (Destination Delivery Charge) | 242 |
| DDP (Delivered Duty Paid) | 243 |

| | |
|---|---|
| DDU (Delivered Duty Unpaid) | 243 |
| DEQ (Delivered Ex Quay) | 243 |
| DES (Delivered Ex Ship) | 244 |
| DGR (Dangerous Goods Regulations) | 244 |
| DLC (Documentary Letter of Credit) | 244 |
| DO (Delivery Order) | 245 |
| DP (Document against Payment) | 245 |
| DS (Docking Survey) | 245 |
| DWT (Dead Weight Tonnage) | 246 |
| EBS (Emergency Bunker Surcharge) | 246 |
| ECA (Export Credit Agency) | 246 |
| EL (Export License) | 246 |
| EOC (Error and Omission Clause) | 247 |
| ETA (Estimated Time of Arrival) | 247 |
| ETD (Estimated Time to Departure) | 247 |
| EXW (Ex-Work) | 247 |
| FAF (Fuel Adjustment Factor) | 248 |
| FAS (Free Alongside Ship) | 248 |

| | |
|---|---|
| FC (Forwarding Company) | 248 |
| FCA (Free Carrier) | 249 |
| FCL (Full Container Load) | 249 |
| FEU (Forty-foot Equivalent Units) | 249 |
| FIATA (International Federation of Freight Forwarders Associations) | 249 |
| FIFO (First In First Out) | 250 |
| FL (Freight List) | 250 |
| FO (Firm Offer) | 250 |
| FOB (Free On Board) | 250 |
| FSC (Fuel Surcharge) | 251 |
| FT (Free Time) | 251 |
| FTA (Free Trade Agreement) | 251 |
| GA (General Average) | 251 |
| GATT (General Agreement on Tariffs and Trade) | 252 |
| GCA (Ground Controlled Approach) | 252 |
| GL (Germanischer Lloyd) | 252 |
| GPI (Ground Position Indicator) | 253 |
| GPWS (Ground Proximity Warning System) | 253 |

| | |
|---|---:|
| GRI (General Rate Increase) | 253 |
| GT (Gross Tonnage) | 253 |
| H&M (Hull & Machinery Insurance) | 254 |
| HC (Handling Charge) | 254 |
| IACS (International Association of Classification Societies) | 254 |
| IC (Inspection Certificate) | 254 |
| ICD (Inland Container Depot) | 255 |
| ID (Import Declaration) | 255 |
| IL (Import License) | 255 |
| ILC (Irrevocable Letter of Credit) | 256 |
| ILS (Instrument Landing System) | 256 |
| IMDG (International Maritime Dangerous Goods) | 256 |
| IMO (International Maritime Organization) | 257 |
| INCOTERMS (International Rules for the Interpretation of Trade Terms) | 257 |
| IP (Insurance Policy) | 257 |
| IPI (Interior Point Intermodal) | 258 |
| IS (Intermediate Survey) | 258 |
| KIFFA (Korea International Freight Forwarders Association) | 259 |

| | |
|---|---|
| LC (Letter of Credit) | 259 |
| LCL (Less than Container Load) | 259 |
| LG (Letter of Guarantee) | 259 |
| LI (Letter of Indemnity) | 260 |
| LTA (Long Term Agreement) | 260 |
| MBL (Master Bill of Landing) | 260 |
| MCI (Marine Cargo Insurance) | 261 |
| MF (Manifest) | 261 |
| MFCS (Manifest Consolidation System) | 261 |
| MLB (Mini Land Bridge) | 261 |
| MLC (Master Letter of Credit) | 262 |
| MR (Mate's Receipt) | 262 |
| MT (Metric Ton) | 262 |
| MTO (Multimodal Transport Operator) | 260 |
| MV (Mother Vessel) | 263 |
| NLC (Negotiation Letter of Credit) | 263 |
| NVOCC (Non Vessel Operating Common Carrier) | 263 |
| OA (Open Account) | 264 |

| | |
|---|---:|
| OBL (Original Bill of Lading) | 264 |
| ODM (Original Development/Design Manufacturing) | 264 |
| OEM (Original Equipment Manufacturing) | 265 |
| OF (Ocean Freight) | 265 |
| OSC (Over Storage Charge) | 265 |
| OTC (Open Top Container) | 266 |
| PA (Particular Average) | 266 |
| PCS (Port Congestion Surcharge) | 266 |
| PL (Packing List) | 266 |
| PSS (Peak Season Surcharge) | 266 |
| RIPI (Revised Interior Point Intermodal) | 267 |
| RORO (Roll On Roll Off Vessel) | 267 |
| RT (Revenue Ton) | 267 |
| RVP (Reid Vapor Pressure) | 268 |
| RVR (Runway Visual Range) | 268 |
| RVV (Runway Visibility Value) | 268 |
| SBL (Surrender Bill of Lading) | 268 |
| SBL (Switch Bill of Lading) | 269 |

SC (Service Contract) 269

SC (Shipping Company) 269

SC (Shoring Charge) 270

SCR (Specific Commodity Rate) 270

SD (Shipping Date) 270

SD (Shipping Document) 270

SGS (Societe Generale de Surveillance) 271

SO (Sipping Order) 271

SOC (Shipper's Own Container) 271

SR (Shipping Request) 271

SSC (Security Surcharge) 272

TC (Tally Charge) 272

TC (Time Charter) 272

TC (Trucking Charge) 272

TEU (Twenty Foot Equivalent Unit) 273

THC (Terminal Handling Charge) 273

TL (Total Loss) 273

TR (Trust Receipt) 273

| | |
|---|---|
| TS (Trans-shipment) | 274 |
| TSCS (Trans-Siberian Container Service) | 274 |
| TSR (Trans-Siberian Railway) | 274 |
| TT (Telegraphic Transfer) | 274 |
| TT (Transit Time) | 275 |
| TTC (Through Transport Club) | 275 |
| TVP (True Vapor Pressure) | 275 |
| TWRA (Transpacific Westbound Rate Agreement) | 275 |
| UCP (Uniform Customs and Practice for Documentary Credits) | 276 |
| ULC (Usance Letter of Credit) | 276 |
| VOY (Voyage) | 276 |
| VSL (Vessel) | 276 |
| WA (With Average) | 277 |
| WCS (Weight Surcharge) | 277 |
| WFG (Wharfage) | 277 |
| WRS (War Risk Surcharge) | 277 |
| WT (Weight Ton) | 278 |

## AAP (Age Additional Premium)

AAP(선령 할증)는 선박이 진수한 시점부터 계산된 선박의 연령에 따라 화물 운송 보험료에 추가적으로 부과되는 비용이다. 선령(Age of Vessel)은 선박의 연령을 나타내며, 이는 보험료 산정 시 중요한 요소로 작용한다. 일반적으로 적재 선박의 보험료는 선급, 선령에 의해 표준 규격선의 조건에 따라 결정되지만, 선령이 15년 이상인 선박(정기선 제외)은 이러한 조건에서 제외된다. 선령이 15년 이상인 선박에 대해서는 기계적 결함이나 사고 발생 가능성이 높아지므로, 보험사는 추가적인 리스크를 반영하여 선령 할증이라는 명목으로 추가 보험료를 징수한다. 이러한 AAP는 해상 운송의 안전성을 높이고, 보험사의 재정적 위험을 관리하는 데 필수적인 역할을 한다.

## AB (Accepting Bank)

AB(인수 은행)는 신용장 거래에서 수출자의 은행으로부터 요청을 받아 해당 신용장의 조건을 승인하고, 이를 통해 수출자가 결제를 받을 수 있도록 지원하는 은행을 의미한다. 수출자가 제공한 상품이나 서비스에 대한 대금을 지불할 의무를 갖게 되며, 일반적으로 수출자의 거래에 대한 신뢰성을 높이는 역할을 한다. 인수 은행은 신용장을 통해 거래의 안전성을 보장하고, 수출자가 수입자로부터 결제를 받을 수 있도록 도와준다. 이 은행은 또한 수출자가 요구하는 문서가 신용장 조건에 부합하는지를 검토하고, 승인한 후 대금을 지급하는 과정을 담당한다.

## AB (Advising Bank)

AB(통지 은행)는 수출자가 수입자로부터 받은 신용장을 수출자의 은행에 통지하고, 신용장에 명시된 조건을 확인하여 수출자에게 알리는 역할을 하는 은행이다. 주로 수출자의 본국 또는 거래국에 위치하며, 신용장 거래의 안전성과 신뢰성을 높이는 중요한 역할을 한다. 통지 은행은 신용장 내용의 적합성을 검토하고, 수출자가 요구하는 문서와 조건을 확인한 후 이를 수출자에게 전달한다. 또한, 필요한 경우 수출자에게 신용장 조건에 대한 조언을 제공하며, 수출자가 문서 제출 및 결제 절차를 이해하는 데 도움을 준다.

**AC (Account Current)**
AC(당좌 계정)는 상대방과의 거래 내역을 기록하여 상호 간의 채무 및 채권을 정리하는 회계 장부를 의미한다. 주로 기업 간의 상거래에서 사용되며, 각 거래의 대금 지불, 크레딧 및 디벳 내역이 포함된다. 당좌 계정은 특정 기간 동안의 모든 거래 내역을 한눈에 파악할 수 있게 해주며, 정산 과정을 용이하게 만든다. 당좌 계정은 특히 수출입 거래나 무역 거래에서 유용하게 사용되며, 양 당사자가 자주 거래할 경우 이 계정을 통해 현재의 채무 및 채권 상태를 명확히 하고, 정산을 쉽게 할 수 있다. 이를 통해 기업은 재무 관리를 효율적으로 할 수 있으며, 거래의 투명성을 높여 신뢰를 강화하는 데 기여한다.

**ACC (Air Cargo Consolidator)**
ACC(항공 화물 혼재 업자)는 여러 개의 소규모 화물을 하나의 대형 화물로 묶어 항공사에 운송하는 서비스를 제공하는 업체를 의미한다. 이들은 소량 화물의 운송 비용을 절감하고, 운송 효율성을 높이기 위해 다양한 고객의 화물을 집합시켜 항공사와 협력하여 운송한다. ACC는 고객의 개별 화물에 비해 더 낮은 운송 비용을 제공하며, 고객의 물품을 안전하게 모아 목적지까지 배송하는 데 필요한 모든 절차를 처리한다. 이들은 또한 물류 관리, 통관 절차, 운송 일정 조정 등 다양한 서비스도 함께 제공하여 고객이 보다 편리하게 화물을 운송할 수 있도록 돕는다. 이러한 역할은 특히 국제 물류에서 중요한데, 고객이 소량 화물 운송을 통해 더 많은 유연성을 갖도록 하며, 시장의 변화에 신속하게 대응할 수 있게 한다. ACC는 항공 화물 운송의 효율성을 극대화하고, 고객의 물류 비용 절감을 지원하는 중요한 파트너로 자리잡고 있다.

### ACT (Air Cargo Transportation)

ACT(항공 화물 운송)는 항공기를 이용하여 화물을 운송하는 서비스를 의미한다. 이 운송 방식은 빠른 배송이 필요한 상품이나 대량의 물품을 국제적으로 이동시키는 데 적합하다. 일반적으로 상품의 긴급한 요구에 대응할 수 있으며, 다른 운송 수단에 비해 짧은 시간 안에 목적지에 도달할 수 있는 장점이 있다. 항공 화물 운송은 고속성, 안전성, 그리고 전 세계적으로 연결된 네트워크를 통해 이루어지며, 식품, 의약품, 전자기기 등 다양한 품목을 포함한다. 이 운송 방식은 항공사, 화물 운송업체, 물류 회사와의 협력을 통해 운영되며, 수출입 거래에서 중요한 역할을 한다. 또한, 항공 화물 운송은 빠른 통관 절차와 효율적인 물류 관리로 고객의 만족도를 높이는 데 기여한다.

### ADR (European Agreement concerning the International Carriage of Dangerous Goods by Road)

ADR(국가 간 위험 물질의 수송에 관한 유럽 협약)은 도로를 통해 위험 물질을 국제적으로 운송하기 위한 규정을 설정한 유럽 협약이다. 이 협약은 위험 물질의 안전한 운송을 보장하고, 도로 운송 중 발생할 수 있는 사고와 환경 피해를 최소화하기 위해 제정되었다. ADR은 유럽 전역에서 위험 물질 운송에 대한 일관된 기준을 제공하여, 운송 업체와 관련 당사자들이 법적 요건을 준수하도록 돕는다. ADR은 위험 물질을 정의하고, 그에 대한 포장, 표시, 운송 문서, 교육 및 차량 요구 사항 등을 규정하여 안전한 운송 환경을 조성한다.

### AIV (Agreed Insurable Value)

AIV(협정 보험 가액)는 보험 계약에서 보험 가입자와 보험사가 사전에 합의한 자산의 보험 가액을 의미한다. 이 가액은 보험 가입자가 보험에 가입할 때, 자산의 가치에 대해 양측이 동의한 금액으로, 보험금 지급 시 기준이 된다. AIV는 특히 해상 보험 및 화물 보험에서 자주 사용되며, 화물의 가치나 기계 및 장비의 가치를 평가할 때 중요한 역할을 한다. 보험 가입자가 자산을 보험에 가입할 때, 보험사가 이 가액을 기준으로 보험료를 산정하고, 손해 발생 시 지급할 보험금을 결정하는 데 사용된다. AIV는 보험사가 손해 평가 과정에서 발생할 수 있는 분쟁을 줄이고, 보험 가입자가 자산의 실제 가치를 반영하여 적정한 보험료를 지불하도록 돕는다. 이를 통해 국제 무역에서 화물의 안전성을 보장하고, 자산 보호를 위한 안정적인 재정 기반을 제공하는 데 기여한다.

## ALB (America Land Bridge)

ALB(미국 횡단 철도)는 1972년 Sea Train에 의해 개발된 물류 경로로, 극동 아시아에서 미국 서안까지 해상 운송 후 대륙을 가로질러 철도로 화물을 운송하고, 마지막으로 미국 동부의 대서양 연안 항구로 다시 해상 운송하는 복합 운송 방식이다. 이 시스템은 시베리아와 미 대륙을 연결하여, 극동 항구에서 미국 태평양 연안의 항구(예: LA, 시애틀)로 화물을 수송한 후, 미국 동부의 대서양 연안 항구(예: 뉴욕, 볼티모어, 마이애미 등)로 육상 운송을 진행하여 유럽으로 향하는 경로를 형성한다. 기존의 전구간 해상 운송 및 시베리아 횡단 철도에 비해 상당한 운임 절감과 소요 일수 감소를 가져왔다. 이 경로는 미국 대륙의 동서 간의 긴 거리를 효과적으로 연결하는 '랜드 브릿지' 역할을 하며, 미국의 아시아 및 유럽 간의 물류 효율성을 향상시키는 데 기여한다.

## ALC (Acceptance Letter of Credit)

ALC(인수 신용장)는 수입자가 수출자에게 발행한 신용장 중 하나로, 수출자가 화물을 선적한 후, 해당 신용장에 따라 대금을 지급받기 위해 필요한 문서와 조건이 명시된 문서를 의미한다. 수출자가 지정된 문서를 제출하면, 금융 기관이 대금을 지급하는 약속을 제공하는 형태로, 국제 무역에서 신뢰를 보장하는 중요한 수단으로 사용된다. 인수 신용장은 특히 화물의 안전한 배송과 거래의 원활한 진행을 보장하는 데 중요한 역할을 한다. 수출자는 ALC를 통해 선적된 화물에 대한 대금을 보장받을 수 있으며, 수입자는 약속된 대금을 지급하기 전에 화물이 안전하게 도착했음을 확인할 수 있다. 이는 거래의 투명성을 높이고, 양측 간의 신뢰를 구축하는 데 기여한다.

### AMR (Agreed Minimum Rate)

AMR(최저 운임제)은 운송 서비스 제공자와 고객 간에 합의된 최저 운임을 설정하여, 특정 조건에서 운송 비용이 일정 수준 이하로 떨어지지 않도록 보장하는 제도를 의미한다. 이는 운송업체가 경제적 안정성을 유지하고, 고객에게 일관된 가격을 제공함으로써 서비스의 품질을 보장하는 데 기여한다. 최저 운임제는 특히 국제 무역 및 해상 운송에서 중요한 역할을 하며, 계약의 투명성을 높이고 양측 간의 신뢰를 강화하는 데 도움을 준다. 이러한 제도는 운송업체가 지속 가능하게 운영할 수 있도록 지원하며, 고객은 예측 가능한 비용으로 서비스를 이용할 수 있다.

### AMS (Automatic Manifest System Charge)

AMS(미 관세청 적하 목록 시스템)는 해상 및 항공 화물의 세관 신고를 위해 미국 관세청(CBP; Customs and Border Protection)이 요구하는 시스템이다. 이 시스템은 수출입 화물에 대한 적하 목록 정보를 자동으로 수집하고 관리하여, 세관 당국이 화물의 안전성과 합법성을 확인할 수 있도록 돕는다. AMS는 정확하고 신속한 세관 처리를 가능하게 하며, 물류 체계의 효율성을 높이는 데 기여한다. 이를 통해 화물의 흐름을 원활하게 하고, 잠재적인 위험 요소를 사전에 파악하여 무역 거래의 신뢰성을 강화한다.

## AOG (Arrival of Goods)

AOG(상품 도착 시)는 할인(discount)의 개시 시기 또는 지급 기일이 상품의 도착 시점이라는 것을 의미한다. 이 용어는 국제 무역에서 중요한 역할을 하며, 상품이 목적지에 도착한 시점이 할인 조건의 시작 또는 지급 기한을 결정하는 기준으로 사용된다. AOG는 물류 및 재무 관리를 통해 거래의 조건을 명확히 하고, 판매자와 구매자 간의 계약 이행을 지원하는 데 기여한다. 이를 통해 거래의 투명성을 높이고, 양측의 기대를 조율하는 데 중요한 요소로 작용한다.

## AON (Accident of Navigation)

AON(해상 사고)은 선박이 항해 중 발생하는 사고를 의미하며, 해상 운송에서 중요한 리스크 요소로 간주된다. 이러한 사고는 화물 손실, 선박 손상, 인명 피해 등을 초래할 수 있으며, 국제 무역 및 해상 보험에서 중요한 고려 사항이 된다. 해상 사고는 주로 기상 조건, 기계적 결함, 인적 오류 등 다양한 원인에 의해 발생할 수 있으며, 이는 보험사의 손해 평가 및 보상 절차에 영향을 미친다.

## AR (Advance Remittance)

AR(사전 송금)은 상품이나 서비스의 제공 전에 미리 대금을 송금하는 방식을 의미하며, 주로 국제 무역에서 사용된다. 이 방식은 판매자가 구매자로부터 선지급을 받음으로써 거래의 안전성을 높이고, 미수금을 방지하는 데 기여한다. 사전 송금은 특히 신뢰할 수 없는 거래 상대방과의 거래에서 흔히 사용되며, 거래의 리스크를 최소화하는 방법으로 유용하다.

## AR (Acceptance Rate)

AR(수입 어음 결제율)은 수입자가 제시한 어음을 수출자가 수락하여 결제에 이르는 비율을 의미하며, 이는 무역 거래의 신뢰성을 평가하는 중요한 지표로 작용한다. 이 비율은 특정 기간 동안의 수입 어음 중에서 수출자가 수락한 어음의 비율을 나타내며, 수출자는 높은 결제율을 통해 안정적인 수익을 확보할 수 있다. 수입 어음 결제율은 신용도, 거래 상대방의 신뢰성 및 시장 조건에 따라 달라질 수 있으며, 이는 무역 계약의 조건이나 결제 방식에 따라 영향을 받는다. 예를 들어, 수입자가 신뢰할 수 있는 거래 상대방인 경우, 결제율이 높아지는 경향이 있다. AR은 국제 거래에서 결제의 안전성과 신뢰성을 높이는 데 기여하며, 무역 파트너 간의 관계를 강화하는 요소로 작용한다.

## AS (Annual Survey)

AS(연차 선급 검사)는 선박, 구조물, 또는 기타 해양 시설이 안전성과 법적 요건을 충족하는지 확인하기 위해 매년 수행되는 검사를 의미한다. 이 검사는 해당 시설의 운영 효율성을 보장하고, 사고를 예방하기 위한 중요한 절차로, 국제 해사 기구(IMO)와 관련 규정에 따라 실시된다. 연차 선급 검사는 선박의 기계 및 전기 시스템, 안전 장비, 구조적 무결성 등을 평가하며, 검사가 완료되면 적합성 인증서를 발급받는다. 이러한 검사는 선박 소유자에게는 법적 요구사항을 충족할 수 있도록 도와주고, 해상 운송의 안전성을 높이는 데 기여한다. 또한, 연차 선급 검사는 보험료 산정 및 국제 무역에서의 신뢰성 확보에도 중요한 역할을 한다.

## ASR (Airport Surveillance Radar)

ASR(공항 감시 레이더)은 공항 주변의 항공기를 감시하고 추적하는 데 사용되는 레이더 시스템이다. 이 시스템은 항공기의 위치와 고도 정보를 실시간으로 제공하여 공항의 항공 교통 관제사가 안전하게 항공기를 관리하고 통제할 수 있도록 돕는다. ASR은 특히 이착륙 및 착륙 과정에서 항공기의 위치를 정확하게 파악하는 데 중요하다. 공항 감시 레이더는 항공 교통의 혼잡도를 줄이고, 비행 안전성을 높이며, 공항의 운영 효율성을 향상시키는 역할을 한다. ASR 시스템은 악천후나 낮은 시정 조건에서도 항공기를 정확하게 추적할 수 있어, 공항 내 안전한 비행 경로를 확보하는 데 필수적이다.

### ASRS (Automated Storage and Retrieval System)

ASRS(자동 창고 시스템)는 창고 내에서 상품이나 자재를 자동으로 저장하고 회수하는 기술 시스템이다. 이 시스템은 일반적으로 로봇, 컨베이어 시스템 및 컴퓨터 소프트웨어를 활용하여 효율적인 재고 관리를 제공하며, 창고 공간의 최적화를 통해 운영 비용을 절감한다. ASRS는 재고의 정확성을 높이고, 인적 오류를 줄이며, 물품의 접근 시간을 단축시키는 데 기여한다. ASRS는 물류 및 공급망 관리에서 점점 더 중요해지고 있으며, 대량의 상품을 빠르고 효율적으로 처리할 수 있는 능력 덕분에 제조업체와 유통업체에서 널리 사용된다.

### ATA (Actual Time of Arrival)

ATA(실제 도착 시간)는 항공편이나 화물의 실제 도착 시간을 기록하는 용어로, 이 정보는 물류 및 운송 관리에서 중요한 역할을 한다. 예정 도착 시간(ETA)과 비교하여 운송의 효율성을 평가하고, 고객에게 정확한 정보를 제공하는 데 필요하다. 실제 도착 시간은 운송 경로의 지연 원인이나 운영 효율성을 분석하는 데 유용하며, 물류 관리자는 이를 통해 향후 운송 계획을 개선할 수 있다. ATA는 국제 무역에서의 배송 일정 관리와 고객 서비스 향상에 기여하는 중요한 요소로 자리 잡고 있다.

### ATD (Actual Time of Departure)

ATD(실제 출발 시간)는 항공편이나 화물의 실제 출발 시간을 기록하는 용어로, 운송 관리와 물류 운영에서 중요한 역할을 한다. ATD는 예정 출발 시간

(ETD)과 비교하여 운송의 정확성과 효율성을 평가하고, 고객에게 신뢰할 수 있는 정보를 제공하는 데 필요하다. 실제 출발 시간은 운송 경로의 지연 원인이나 운영 효율성을 분석하는 데 유용하며, 물류 관리자는 이를 통해 향후 운송 계획을 개선할 수 있다.

## ATL (Absolute Total Loss)

ATL(절대 전손)은 보험 및 해상 운송에서 사용되는 용어로, 화물이나 자산이 완전히 파손되거나 소실되어 복구가 불가능한 상태를 의미한다. 이 경우, 보험 가입자는 해당 자산의 전액에 대해 보험금을 청구할 수 있으며, 이는 일반적으로 보험 계약에 명시된 조건에 따라 지급된다. 절대 전손은 해상 사고, 화재, 도난 등 다양한 이유로 발생할 수 있으며, 이러한 사건은 물류 및 국제 무역에서의 리스크 관리에 중요한 고려 사항으로 작용한다. ATL은 손실 평가 및 보험금 청구 절차에서 핵심적인 요소로, 보험사가 손실을 신속하고 공정하게 처리할 수 있도록 하는 데 기여한다.

## AWB (Air-way Bill)

AWB(항공 화물 운송장)는 항공 화물 운송에 사용되는 문서로, 화물의 운송 계약 및 내용을 기록하는 역할을 한다. 이 문서는 발송인, 수신인, 화물의 세부 사항 및 운송 경로 등의 정보를 포함하고 있으며, 항공사와 화물 운송업체 간의 계약 증명서로 기능한다. 항공 화물 운송장은 물품의 추적과 관리, 세관 통관 절차 및 보험 청구 등에 필수적인 역할을 하며, 국제 무역에서의 원활한 물류 운영을 지원한다.

## BA (Banker's Acceptance)

BA(은행 인수 어음)는 수출입 거래에서 사용되는 금융 문서로, 은행이 특정 금액을 약속하고 수취인이 지급을 보장하는 형태의 어음이다. 이 어음은 일반적으로 수출자가 상품을 발송한 후, 수입자가 대금을 지급하기 전에 발행되며, 은행이 어음을 인수하여 지급을 보증함으로써 거래의 신뢰성을 높인다. 은행 인수 어음은 무역 거래에서의 지급 보증 수단으로 사용되며, 수출자는 이 어음을 금융기관에 할인하여 즉시 자금을 확보할 수 있다.

## BAF (Bunker Adjustment Factor)

BAF(유류 할증료)는 해상 운송에서 유가 변동에 따른 추가 비용을 보전하기 위해 부과되는 할증료를 의미한다. 이 비용은 선사가 연료 가격 상승으로 인한 운송 비용 증가를 보상하기 위해 적용되며, 운송 계약의 일부로 명시된다. 유류 할증료는 특히 유가가 급등할 경우, 선사가 화물 운송 비용을 안정적으로 유지하는 데 필수적인 요소로 작용한다. BAF는 화물 운송의 총 비용에 포함되어 고객에게 청구되며, 이는 국제 무역에서의 예측 가능한 운송 비용을 설정하는 데 중요한 역할을 한다.

## BL (Bill of Lading)

BL(선하 증권)은 화물이 운송되는 동안 발송인과 운송업체 간의 계약을 증명하는 문서로, 화물의 소유권, 운송 조건 및 수령인 정보를 포함한다. 이 문서는 해상 운송에서 필수적인 역할을 하며, 발송자가 화물을 선적한 후 발급받는다. 선하 증권은 화물의 소유권을 이전하는 중요한 증거로 작용하며, 수령인은 해당 문서를 제출하여 화물을 인수할 수 있다. 또한 BL은 국제 무역에서의 세관 통관 및 보험 청구 과정에서 중요한 문서로 사용되며, 물류 관리의 투명성과 신뢰성을 높이는 데 기여한다.

## CA (Correction Advice)

CA(정정 통지서)는 거래나 문서에서 발생한 오류를 수정하기 위해 발송되는 공식 통지서를 의미한다. 이 문서는 주로 금융 거래, 계약서, 송장 등의 내용을 정정하거나 수정할 필요가 있을 때 사용되며, 잘못된 정보를 수정하는 데 중요한 역할을 한다. 정정 통지서는 수정된 내용을 명확하게 기재하여 관련 당사자에게 전달하며, 이는 거래의 정확성과 투명성을 유지하는 데 기여한다. CA는 특히 국제 무역에서 문서의 정확성이 중요한 경우, 관련 기관이나 파트너 간의 신뢰를 증진시키는 데 필수적인 요소로 작용한다.

## CAD (Cash against Documents)

CAD(서류 인도 결제)는 수출자가 화물을 선적한 후, 수입자가 해당 화물의 서류를 제출하고 대금을 지불하는 방식의 결제 방법이다. 이 시스템에서는 수출자가 화물의 운송 서류를 은행을 통해 수입자에게 전달하며, 수입자는 서류를 수령하기 위해 대금을 지불해야 한다. 서류 인도 결제는 신뢰할 수 있는 거래 상대방 간에 흔히 사용되며, 수출자는 대금 회수의 안전성을 확보하고, 수입자는 화물이 도착하기 전에 서류를 확보하여 통관 절차를 준비할 수 있다.

## CAF (Currency Adjustment Factor)

CAF(통화 할증료)는 환율 변동으로 인한 비용 변화를 반영하기 위해 해상 운송이나 항공 운송에서 추가적으로 부과되는 요금이다. 이 할증료는 주로 국제 무역에서 사용되며, 특정 통화의 가치가 변동함에 따라 운송 비용에 미치는 영향을 조정하기 위해 적용된다. 통화 할증료는 특정 통화로 거래할 때 발생하는 리스크를 관리하고, 계약의 수익성을 보장하기 위한 장치로 기능한다. 이를 통해 운송업체는 환율 변동으로 인한 손실을 최소화할 수 있으며, 고객은 운송 비용이 예측 가능한 범위 내에서 유지되도록 보장받을 수 있다.

## CBM (Cubic Meter)

CBM(입방 미터)은 부피의 단위로, 1미터 x 1미터 x 1미터의 크기를 가지는 공간의 부피를 나타낸다. 이 단위는 주로 물류 및 운송 분야에서 화물의 부피를 측정할 때 사용되며, 국제 무역에서 운송 비용 계산에 중요한 역할을 한다. CBM은 해상 운송, 항공 운송, 육상 운송 등에서 화물의 적재 용량과 공간 효율성을 평가하는 데 필수적인 지표이다. 이를 통해 운송 업체는 물류 계획을 최적화하고, 고객에게 정확한 운송 비용을 산정할 수 있다.

### CBR (Critical Bunker Recovery)
CBR(긴급 유류 할증료)은 유가 급등이나 연료 공급의 불안정으로 인해 해상 운송 업체가 부과하는 추가 비용을 의미한다. 이 할증료는 항공사와 해운사가 연료 비용의 변동을 보전하기 위해 설정하며, 유가가 특정 수준을 초과할 때 발효된다. 긴급 유류 할증료는 물류 및 운송 계약에서 발생할 수 있는 경제적 리스크를 관리하고, 안정적인 운송 서비스를 유지하는 데 기여한다. 이를 통해 운송업체는 연료 비용 상승으로 인한 손실을 최소화할 수 있으며, 고객은 예측 가능한 비용으로 화물 운송 서비스를 이용할 수 있다.

### CCF (Collect Charge Fee)
CCF(착지불 수수료)는 항공 운송에서 수입화물의 운임이 착지불될 때 해당 포워더가 출발지 국가에 대금 송금이나 환 리스크 등을 관리하기 위해 통상적으로 2%에서 5%의 추가 비용을 부과하는 개념이다. 이는 환가료의 일종으로, 수입자가 화물을 수령하기 위해 지불해야 하는 비용을 포함한다.

### CCF (Container Cleaning Fee)
CCF(컨테이너 청소료)는 화물의 특성에 따라 적입 전이나 적입 후에 컨테이너의 청소를 요구할 경우 부과되는 비용이다. 이 비용은 컨테이너 내부가 청결해야 하는 경우, 특히 특정한 화물의 저장 또는 운송이 필요한 상황에서 발생한다. 컨테이너 청소료는 운송업체가 청소 서비스를 제공하거나 외부 업체에 의뢰하여 컨테이너를 청소할 때 발생하며, 이는 고객이 깨끗한 컨테이너에서 화물을 수령할 수 있도록 보장한다. 이와 관련된 용어로 CCC(Container Cleaning Charge)라는 명칭도 사용되며, 국제 무역에서 화물의 품질을 유지하는 데 중요한 역할을 한다.

## CFR (Cost and Freight)

CFR(운임 포함 조건)은 판매자가 화물의 비용과 운임을 포함하여 목적지 항구까지 화물을 운송하는 조건이다. 이 조건에 따라 판매자는 화물의 가격 외에 운송 비용도 부담하며, 화물이 선적되면 위험은 구매자에게 이전된다. 운임 포함 조건은 수출자가 운송 과정에서 발생하는 비용을 관리하고, 구매자는 운송을 포함한 전체 비용을 사전에 예측할 수 있도록 돕는다. CFR은 국제 무역에서 일반적으로 사용되는 거래 조건 중 하나로, 물품의 안전한 배송과 거래의 원활한 진행을 보장하는 데 중요한 역할을 한다.

## CFS (Container Freight Station)

CFS(컨테이너 화물 집화소)는 컨테이너 화물을 집합하고 처리하는 시설로, 주로 수출입 화물의 하역, 보관 및 분류 작업을 수행하는 장소이다. 이곳에서는 컨테이너가 선박에서 하역되고, 화물이 분류되어 적절한 운송 수단으로 재배치되며, 필요한 경우 세관 통관 절차도 진행된다. CFS는 물류 관리의 효율성을 높이고, 화물의 안전한 이동을 보장하는 데 중요한 역할을 한다. CFS는 수출업체와 수입업체 간의 연결 고리 역할을 하며, 화물의 흐름을 원활하게 하고 비용을 절감하는 데 기여한다.

## CGT (Compensated Gross Tonnage)

CGT(보정 총 톤수)는 조선업계에서 사용하는 톤수로, 선종과 선형이 복잡해짐에 따라 기존의 GT로는 정확한 평가가 어려워 새로운 척도의 필요성이 대두되어 1967년부터 사용되기 시작했다. CGT는 선박의 가공 공수, 설비 능력 및 선가 등을 GT에서는 나타낼 수 없었던 요소들을 상대적인 지수 표시인 CGT 계수를 사용하여 계산한 결과이다. 즉, CGT는 기준선인 1.5만 DWT(1만 GT) 일반화물선의 1GT당 건조에 소요되는 공사량(가공 공수)을 1.0으로 설정하고, 각 선종 및 선형에 대한 상대적 지수로 CGT 계수를 설정하여, 선박의 GT에 이를 곱하여 구한 값이다.

### CI (Commercial Invoice)

CI(상업 송장)는 상품 판매와 관련된 거래의 세부사항을 기록한 문서로, 판매자와 구매자 간의 거래 조건을 명시한다. 이 문서는 화물의 종류, 수량, 가격, 지급 조건, 선적 방법 등을 포함하며, 국제 무역에서 필수적인 역할을 한다. 상업 송장은 세관 통관 절차와 국제 운송에서 필요한 중요한 문서로, 수입자가 세관에서 화물을 통관하기 위해 제출해야 한다. 이 문서는 거래의 증거로 기능하며, 구매자는 송장을 통해 지불해야 할 금액을 확인하고, 판매자는 이를 바탕으로 재무 관리를 수행한다.

### CIF (Cost Insurance and Freight)

CIF(운임 보험료 포함 조건)는 판매자가 화물의 비용, 운임, 보험료를 포함하여 목적지 항구까지 운송하는 조건을 의미한다. 이 조건에 따라 판매자는 화물의 가격 외에 운송 및 보험 비용을 부담하며, 위험은 화물이 선적되면서 구매자에게 이전된다. CIF 조건은 판매자가 보험을 들어 화물의 손실이나 손상을 대비함으로써 구매자에게 추가적인 안전성을 제공하며, 구매자는 전체 비용을 미리 예측할 수 있는 장점이 있다.

### CLC (Confirmed Letter of Credit)

CLC(확인 신용장)는 수출자가 수입자로부터 발행된 신용장을 수락한 후, 제3의 은행이 추가로 보증하여 지급을 확약하는 형태의 신용장이다. 이 경우, 제3

의 은행은 수입자의 은행과 함께 수출자에게 지급을 보장하므로, 수출자는 더 높은 안전성을 확보할 수 있다. 확인 신용장은 국제 무역에서 거래의 신뢰성을 높이고, 수출자의 리스크를 줄이는 중요한 수단으로 활용된다. 특히, 거래 상대방의 신용도가 낮거나 불확실할 때 유용하며, 수출자는 거래가 원활하게 진행될 것이라는 확신을 가질 수 있다.

## CO (Certificate of Origin)

CO(원산지 증명서)는 특정 제품이 생산된 국가나 지역을 증명하는 문서이다. 이 증명서는 수출업체가 발급하며, 수입국의 세관에서 화물의 원산지를 확인하기 위해 필요하다. 원산지 증명서는 세금, 관세, 무역 규제 및 원산지에 따라 차별화된 혜택을 적용받는 데 중요한 역할을 한다. 이는 국제 무역에서 거래의 투명성을 높이고, 제품이 해당 국가의 규정과 협정에 부합함을 보장한다.

## COD (Cash on Delivery)

COD(현물 인도 결제)는 구매자가 상품을 수령할 때 대금을 현금으로 지불하는 결제 방식을 의미한다. 이 방식은 온라인 쇼핑 및 화물 운송에서 널리 사용되며, 구매자는 상품이 도착한 후에야 대금을 지불하게 된다. 현물 인도 결제는 구매자가 상품을 직접 확인한 후 결제를 진행할 수 있어, 거래의 안전성을 높이는 장점이 있다. 이 방법은 특히 신뢰할 수 없는 거래 상대방과의 거래에서 유용하며, 소비자가 사전에 지불하지 않아도 되므로 구매 결정에 긍정적인 영향을 미칠 수 있다.

## CONSOL (Consolidation)

CONSOL(혼재 작업)은 여러 개의 소량 화물을 하나의 대형 화물로 묶어 운송하는 과정을 의미한다. 이 작업은 주로 해상 운송 및 항공 운송에서 사용되며, 다양한 화주로부터 수집한 화물을 함께 적재하여 운송 효율성을 높인다. 혼재 작업은 물류 비용을 절감하고, 운송의 빈도를 높이는 데 기여하며, 소량 화물의 운송을 보다 경제적으로 만드는 장점이 있다.

## CP (Charter Party)

CP(용선 계약서)는 선박의 임대 조건을 명시한 법적 문서로, 선주와 용선자 간의 계약을 정의한다. 이 계약서에는 선박의 운항 기간, 운임, 화물 종류, 책임 및 의무 등이 상세히 기재되어 있으며, 주로 해상 운송에서 사용된다. 용선 계약서는 선박 임대의 모든 조건을 명확히 함으로써 양 당사자 간의 분쟁을 방지하고, 거래의 안전성을 높이는 역할을 한다.

## CPFR (Collaborative Planning Forecasting Replenishment)

CPFR(협업적 기업간 수요 예측)은 여러 기업 간에 수요 예측과 재고 보충을 협력적으로 계획하는 프로세스를 의미한다. 이 방법은 공급망 참여자들이 정보를 공유하고 공동으로 계획을 수립하여 효율성을 높이고, 재고 비용을 최소화하는 데 중점을 둔다. 협업적 수요 예측은 실시간 데이터와 시장 통찰력을 활용하여 수요 변동에 적시에 대응할 수 있도록 하며, 이를 통해 고객의 요구를 보다 정확하게 충족시킬 수 있다.

## CPT (Carriage Paid To)

CPT(운송비 지급 인도 조건)는 판매자가 화물의 운송 비용을 부담하고, 지정된 목적지까지 화물을 운송하는 조건을 의미한다. 이 조건에 따르면, 판매자는 운송 비용을 지불하며, 위험은 화물이 운송업체에게 인도될 때 구매자에게 이전된다. 운송비 지급 인도 조건은 판매자가 화물의 안전한 운송을 보장하고, 구매자는 전체 비용을 사전에 예측할 수 있도록 하는 장점이 있다. CIF(Cost, Insurance and Freight)는 판매자가 화물의 비용, 운임, 보험료를 포함하여 목적지까지 운송하며, 화물이 선적되면 위험이 구매자에게 이전된다. 판매자가 보험을 포함하여 화물을 운송하며, 구매자는 화물 손실이나 손상에 대한 보험 혜택을 받는다. CPT는 판매자가 운송 비용을 부담하고 지정된 목적지까지 운송하나, 화물이 운송업체에게 인도될 때 위험이 구매자에게 이전된다. 보험이 포함되지 않으며, 판매자가 운송 비용만 부담한다. 구매자가 필요시 별도로 보험을 마련해야 한다.

### CT (Container Terminal)

CT(컨테이너 터미널)는 컨테이너 화물을 하역, 저장 및 분배하는 시설로, 주로 항구에 위치한다. 이 터미널은 화물의 효율적인 이동과 관리를 위해 설계되었으며, 대량의 컨테이너를 신속하게 처리할 수 있는 장비와 인프라를 갖추고 있다. 화물이 선박에서 하역되고, 트럭이나 기차를 통해 내륙으로 운송되기 전까지 임시로 보관하는 장소로 기능한다.

### CW (Chargeable Weight)

CW(운임 산출 중량)는 운송업체가 화물의 운임을 계산할 때 사용하는 중량으로, 실제 중량과 부피 중 더 큰 값을 기준으로 한다. 즉, 화물의 실제 중량이 부피 중량(체적 중량)보다 적을 경우 부피 중량이 사용되며, 이로 인해 운송 비용이 보다 공정하게 산정된다. 운임 산출 중량은 주로 항공 및 해상 운송에서 사용되며, 화물의 크기와 모양에 따라 운송 비용이 달라질 수 있음을 반영한다.

### CY (Container Yard)

CY(컨테이너 집하장)는 컨테이너 화물을 저장하고 처리하는 지정된 야외 공간으로, 주로 항구나 물류 센터에 위치한다. 이 장소에서는 컨테이너의 하역, 적재 및 보관이 이루어지며, 화물의 출발과 도착을 관리하는 중요한 역할을 한다. 운송업체가 화물을 선적하기 전에 컨테이너를 보관하고, 트럭이나 기차를 통해 내륙으로 운송하기 위한 준비를 하는 장소로 기능한다.

## DC (Demurrage Charge)

DC(체선료)는 화물이 지정된 시간 내에 하역되지 못해 컨테이너나 선박이 항구에서 추가로 대기하게 될 경우 발생하는 비용을 의미한다. 이 비용은 일반적으로 선주나 화물 운송업체가 청구하며, 화물 수취인이 하역 지연으로 인해 발생한 손실을 보상하기 위해 지불해야 한다.

## DC (Detention Charge)

DC(지체료)는 화물이 지정된 시간 내에 운송 수단에서 하역되지 않고 장기간 보관될 경우 발생하는 추가 비용을 의미한다. 이 비용은 주로 트럭, 선박 또는 컨테이너의 사용자가 하역 지연으로 인해 발생한 손실을 보상하기 위해 지불해야 한다.

## DC (Drayage Charge)

DC(부두 이송 내륙 운송료)는 컨테이너가 항구에서 내륙의 최종 목적지까지 이동하는 과정에서 발생하는 비용을 의미한다. 이 비용은 일반적으로 컨테이너를 항구에서 트럭이나 기차를 이용하여 인근의 창고, 물류 센터 또는 다른 운송 수단으로 이송할 때 부과된다.

## DD (Demand Draft)

DD(송금환 수표)는 은행이 발행하는 수표의 일종으로, 수취인이 지정된 금액을 즉시 수령할 수 있도록 하는 금융 문서를 의미한다. 송금환 수표는 일반적으로 지급인이 미리 금액을 예치한 후 발행되며, 수취인은 은행에서 직접 현금으로 교환할 수 있다.

## DDC (Destination Delivery Charge)

DDC(도착지 화물 인도 비용)는 화물이 최종 목적지에 도착한 후, 수취인에게 인도하기 위해 발생하는 비용을 의미한다. 이 비용은 주로 화물의 하역, 보관 및 최종 운송 과정에서 발생하며, 운송업체가 수취인에게 청구한다.

## DDP (Delivered Duty Paid)

DDP(관세 지급 반입 인도 조건)는 판매자가 화물의 운송 비용 및 수입국의 모든 세금과 관세를 포함하여 목적지까지 화물을 운송하는 조건을 의미한다. 이 조건에 따라 판매자는 모든 비용을 부담하며, 화물이 구매자에게 도착할 때까지 모든 위험과 책임을 지게 된다. DDP 조건은 구매자가 화물 수령 시 추가 비용이나 책임을 지지 않도록 보장하며, 판매자는 모든 세금 및 관세를 사전에 지불해야 한다.

## DDU (Delivered Duty Unpaid)

DDU(관세 미지급 반입 인도 조건)는 판매자가 화물을 목적지까지 운송하지만, 해당 국가의 수입 관세 및 세금을 지불하지 않는 조건을 의미한다. 이 경우, 판매자는 화물이 목적지에 도착할 때까지의 모든 운송 비용을 부담하지만, 수입국에서 발생하는 세금과 관세는 구매자가 부담하게 된다. DDU 조건은 구매자가 세금 및 관세를 직접 처리해야 하며, 이는 국제 거래에서의 위험과 비용을 분담하는 방법 중 하나로 작용한다.

## DEQ (Delivered Ex Quay)

DEQ(부두 인도 조건)는 판매자가 화물을 목적지의 부두에서 인도하는 조건을 의미한다. 이 조건에 따르면, 판매자는 화물이 부두에 도착할 때까지의 모든 운송 비용을 부담하며, 위험도 판매자가 지게 된다. 그러나 화물이 부두에 도착한 후의 통관 및 관련 비용은 구매자가 부담하게 된다. DEQ 조건은 판매자가 화물의 안전한 운송을 보장하고, 구매자가 물품을 직접 수령하는 방식으로 거래의 신뢰성을 높이는 역할을 한다.

## DES (Delivered Ex Ship)

DES(착선 인도 조건)는 판매자가 화물을 선적된 선박에서 직접 구매자에게 인도하는 조건을 의미한다. 이 조건에 따라, 판매자는 화물이 목적지 항구에 도착할 때까지 모든 운송 비용과 위험을 부담하며, 구매자는 화물이 선박에서 하역된 후부터 책임을 지게 된다.

## DGR (Dangerous Goods Regulations)

DGR(위험물 규정)은 위험한 물질이나 화물이 안전하게 운송될 수 있도록 하기 위한 규정과 지침을 정의한 문서이다. 이 규정은 국제 항공 운송 협회(IATA; International Air Transportation Association) 및 기타 관련 기관에 의해 설정되며, 화물의 안전한 취급, 저장 및 운송을 위한 절차와 요구사항을 포함하고 있다. 위험물의 분류, 포장, 표지, 운송 문서의 요구사항 등을 상세히 규정하며, 이를 통해 사고를 예방하고 인명 및 재산 피해를 최소화하는 데 기여한다.

## DLC (Documentary Letter of Credit)

DLC(화환 신용장)는 수입자가 수출자에게 대금을 지급하기 위해 은행을 통해 발행하는 신용장으로, 특정 서류가 제출될 때 지급이 보장되는 방식이다. 이 신용장은 거래의 안전성을 높이기 위해 사용되며, 수출자는 요구된 서류(예: 송장, 운송서류, 보험증서 등)를 제출함으로써 대금을 확보할 수 있다. DLC는 수출자가 제출하는 특정 서류가 정확하게 요구사항을 충족해야만 대금이 지급되는 구조로, 거래의 안전성을 보장한다. 서류가 정당해야 지급이 이루어지므로, 구매자가 대금을 지급하기 전에 제품이 적절하게 운송되고 보험이 적용되었음을 확인할 수 있다. DLC는 은행이 지급을 보증하기 때문에, 수출자는 거래 상대방의 신용도와 관계없이 안전하게 대금을 받을 수 있다. 이는 특히 신뢰가 부족한 거래 상대방과의 거래에서 유용하다. 또한, DLC는 국제 거래에서 발생할 수 있는 다양한 리스크를 관리하는 데 중요한 도구로 작용하며, 각국의 법률과 관행에 따라 유연하게 적용될 수 있다. 이러한 특성 덕분에 DLC는 글로벌 상거래에서 거래의 신뢰성을 높이고, 원활한 자금 흐름을 지원하는 데 필수적인 역할을 한다.

### DO (Delivery Order)

DO(화물 인도 지시서)는 화물의 수취인이 해당 화물을 인도받기 위해 운송업체나 창고에 제출하는 문서이다. 이 문서는 수취인이 화물에 대한 소유권을 주장하고, 화물을 수령하기 위한 절차를 간소화하는 데 사용된다. 화물 인도 지시서는 화물의 종류, 수량, 운송 방법 및 수취인의 정보 등을 포함하며, 이 문서를 제시함으로써 수취인은 화물을 안전하게 인수받을 수 있다.

### DP (Document against Payment)

DP(지급도 어음)는 일람불 거래 방식으로, 추심은행과 수입상이 어음 및 선적서류와 현금을 서로 교환하는 방식이다. 이 방식에서 일람불 환어음이 발행되며, 매수인은 대금을 지급함으로써 선적서류를 인도받게 된다. 지급도 어음은 수출자가 화물 발송 후, 매수인이 대금을 지급할 때까지 선적서류를 보유하여, 안전하게 거래를 진행할 수 있도록 하는 중요한 금융 수단이다.

### DS (Docking Survey)

DS(입거 선급 검사)는 선박이 정비나 수리를 위해 도크에 들어가기 전에 실시되는 검사를 의미한다. 이 검사는 선박의 구조적 무결성과 기계적 상태를 평가하여, 수리 작업이 필요한 부분을 식별하고, 선박이 안전하게 운항할 수 있는지 확인하는 데 목적이 있다. 입거 선급 검사는 일반적으로 선박의 유지보수 주기 중 중요한 단계로, 이 검사를 통해 선박의 안전성을 확보하고, 장기적인 운영 비용을 절감할 수 있다. 또한, 이러한 검사는 보험사나 규제 기관의 요구

사항을 충족하는 데에도 필수적이다.

## DWT (Dead Weight Tonnage)

DWT(재화 중량 톤수)는 선박이 안전하게 운반할 수 있는 최대 중량을 나타내는 지표로, 화물, 연료, 승무원, 기타 장비를 포함한 모든 중량을 합한 값이다. 이 값은 선박의 적재 능력을 평가하는 데 중요한 요소로 작용하며, 해상 운송의 효율성을 측정하는 데 사용된다. 선박의 설계 및 운항 성능에 영향을 미치며, 해상 물류에서의 안전성과 비용 효율성을 확보하는 데 기여한다.

## EBS (Emergency Bunker Surcharge)

EBS(긴급 유류 할증료)는 유가의 급격한 변동이나 공급 부족으로 인해 선박 운송업체가 추가로 부과하는 비용을 의미한다. 이 할증료는 선사들이 연료비 상승으로 인한 손실을 보전하기 위해 설정하며, 특히 유가가 특정 수준을 초과할 때 발효된다.

## ECA (Export Credit Agency)

ECA(수출 신용 기관)는 국가 또는 정부가 지원하는 기관으로, 수출업체가 해외 시장에서의 거래를 촉진하고 위험을 최소화할 수 있도록 금융 지원과 보증을 제공하는 역할을 한다. 이 기관들은 주로 수출 신용을 제공하여 수출업체가 외환 리스크를 줄이고, 경쟁력을 높일 수 있도록 돕는다. 수출 신용 기관은 수출 업체에게 자금을 대출하거나 보증을 제공하며, 또한 해외 투자에 대한 보험을 제공하여 수출업체의 안정적인 해외 진출을 지원한다.

## EL (Export License)

EL(수출 면허)은 특정 상품이나 기술을 해외로 수출하기 위해 정부 기관에서 발급하는 허가증을 의미한다. 이 면허는 수출이 국가의 법률 및 규제를 준수하는지 확인하고, 국가 안보, 외교 정책 및 경제적 이익을 보호하기 위한 목적을 가지고 있다. 수출 면허는 특정 품목, 수출국 및 거래 상대방에 따라 요구될 수 있으며, 이를 통해 정부는 수출의 안전성과 규제 준수를 관리할 수 있다.

### EOC (Error and Omission Clause)

EOC(전문인 배상 책임보험)는 전문 서비스 제공자가 제공한 서비스에서 발생할 수 있는 오류나 누락에 대해 보상하는 보험을 의미한다. 이 보험은 변호사, 회계사, 엔지니어 등 전문직 종사자들이 직면할 수 있는 법적 책임으로부터 보호해준다. 서비스 제공 중 발생할 수 있는 손해에 대해 보험금을 지급하며, 이를 통해 전문가는 불확실한 법적 리스크를 관리하고, 고객에게 더욱 신뢰할 수 있는 서비스를 제공할 수 있다.

### ETA (Estimated Time of Arrival)

ETA(예상 도착일)는 화물이나 승객이 목적지에 도착할 것으로 예상되는 시점을 의미한다. 이 정보는 물류 관리와 항공, 해상 운송에서 중요한 요소로, 운송 계획 및 고객에게 정확한 도착 시간을 안내하는 데 사용된다.

### ETD (Estimated Time to Departure)

ETD(예상 출발일)는 화물이나 승객이 출발할 것으로 예상되는 시점을 의미한다. 이 정보는 물류 관리와 항공, 해상 운송에서 필수적인 요소로, 운송 계획 및 스케줄링에 중요한 역할을 한다.

### EXW (Ex-Work)

EXW(공장 인도 조건)는 판매자가 화물을 자신의 장소(공장, 창고 등)에서 인도하며, 이후의 모든 비용과 위험은 구매자가 부담하는 거래 조건을 의미한다. 이 조건에 따라 판매자는 제품을 준비해 두는 것 외에는 별도의 의무를 지지 않으며, 구매자가 화물을 수령하고 운송하는 모든 과정을 책임진다. 공장 인도 조건은 구매자가 물품을 인도받기 위해 필요한 모든 절차를 수행해야 하므로, 거래의 복잡성이 증가할 수 있다. 이 조건에 따라 판매자는 제품을 자신의 장소에서 인도하는 것만 책임지며, 그 이후의 모든 비용(운송비, 보험료, 세관 수수료 등)은 구매자가 부담하게 된다.

### FAF (Fuel Adjustment Factor)

FAF(유류 할증료)는 운송업체가 연료 비용의 변동을 반영하기 위해 부과하는 추가 요금을 의미한다. 이 할증료는 주로 해상 운송, 항공 운송 및 육상 운송에서 사용되며, 연료 가격이 상승할 경우 고객에게 전달되는 비용이다. 유류 할증료는 운송업체가 연료비 상승으로 인한 손실을 최소화하고, 고객에게 예측 가능한 운송 비용을 제공하는 데 기여한다.

### FAS (Free Alongside Ship)

FAS(본선 인도 조건)는 판매자가 화물을 지정된 항구에서 선박 옆에 인도하는 조건을 의미한다. 이 조건에 따라 판매자는 화물을 선박의 옆에 위치시켜주는 책임을 지며, 그 이후의 모든 비용과 위험은 구매자가 부담하게 된다. FAS 조건은 구매자가 화물을 선적하기 위해 필요한 모든 절차를 수행해야 하므로, 거래의 복잡성이 증가할 수 있다.

### FC (Forwarding Company)

FC(포워딩 업체)는 국제 물류 및 운송 서비스를 제공하는 기업으로, 화물의 수출입 및 국내 운송을 위한 모든 과정을 관리하는 역할을 한다. 이 업체는 고객의 요구에 따라 최적의 운송 경로를 계획하고, 필요한 서류 작업을 처리하며, 물류 과정을 원활하게 진행하는 데 기여한다. 포워딩 업체는 운송, 창고 보관, 세관 통관, 보험 및 화물 추적 등의 서비스를 제공하여, 고객이 복잡한 물류 과정을 보다 쉽게 관리할 수 있도록 돕는다.

### FCA (Free Carrier)

FCA(운송인 인도 조건)는 판매자가 화물을 지정된 장소에서 운송인에게 인도하는 조건을 의미한다. 이 조건에 따라 판매자는 화물을 운송인에게 전달할 책임을 지며, 그 이후의 모든 비용과 위험은 구매자가 부담하게 된다. FCA 조건은 판매자가 화물을 안전하게 인도하는 한편, 구매자는 운송 과정에서 발생할 수 있는 리스크를 관리해야 한다.

### FCL (Full Container Load)

FCL(전체 컨테이너 중량)은 하나의 컨테이너가 전체적으로 하나의 고객의 화물로 가득 차 있는 상태를 의미한다. 이 방식은 주로 대량 화물을 운송할 때 사용되며, 고객은 전체 컨테이너를 독점적으로 사용할 수 있어 운송 비용을 보다 효율적으로 관리할 수 있다. FCL은 컨테이너의 적재 용량을 최대한 활용함으로써 물류 비용 절감과 함께 안전한 운송을 보장하는 장점이 있다.

### FEU (Forty-foot Equivalent Units)

FEU(40피트 콘테이너)는 40피트 컨테이너를 기준으로 한 화물 용량 단위를 의미한다. 이 단위는 해상 운송에서 컨테이너의 용량을 측정하는 데 사용되며, 20피트 컨테이너(TEU)와 함께 물류 및 국제 무역에서 널리 활용된다.

### FIATA (International Federation of Freight Forwarders Associations)

FIATA(국제복합운송업협회)는 전 세계의 화물 포워더와 물류 관련 기업을 대표하는 국제 기구이다. 이 협회는 화물 운송 산업의 발전과 회원국 간의 협력을 촉진하며, 글로벌 물류와 공급망 관리의 표준화를 도모하는 역할을 한다.

FIATA는 화물 포워더와 물류 기업들이 직면하는 문제를 해결하고, 교육 및 훈련 프로그램을 제공하여 산업의 전문성을 향상시키는 데 기여한다.

## FIFO (First In First Out)

FIFO(선입선출)는 재고 관리 및 회계에서 사용되는 방법으로, 먼저 입고된 상품이 먼저 출고되는 원칙을 의미한다. 이 방식은 주로 식료품, 의약품 및 기타 유통기한이 있는 제품의 재고 관리에 효과적이다. FIFO 방식은 재고의 신선도를 유지하고, 오래된 재고가 유통되지 않도록 관리하는 데 기여한다. FIFO는 회계 처리에서도 활용되며, 재고 평가 시 발생하는 비용을 보다 정확하게 반영할 수 있도록 도와준다.

## FL (Freight List)

FL(운임 목록)은 운송업체가 제공하는 서비스에 대한 운임과 관련된 정보를 나열한 문서를 의미한다. 이 목록에는 다양한 화물의 운임, 적재 조건, 운송 경로 및 기타 관련 비용이 포함되어 있으며, 고객이 운송 서비스를 선택할 때 유용한 참고 자료로 활용된다. FL은 고객이 다양한 운송 옵션을 비교하고, 예산을 계획하는 데 도움을 주며, 투명한 가격 책정을 통해 고객과 운송업체 간의 신뢰를 구축하는 데 기여한다.

## FO (Firm Offer)

FO(확정 오퍼)는 판매자가 특정 가격과 조건으로 제품이나 서비스를 제공하겠다고 명시한 제안을 의미한다. 수취인이 수락할 경우, 일정 기간 동안 변경되지 않으며, 판매자는 이 기간 동안 해당 조건을 유지할 의무가 있다.

## FOB (Free On Board)

FOB(본선 인도 조건)는 판매자가 화물을 선적 항구에서 선박에 실을 때까지 모든 비용과 위험을 부담하는 거래 조건을 의미한다. 이 조건에 따라 판매자는 화물이 선적되기 전까지의 모든 책임을 지며, 화물이 선박에 실리면 위험이 구매자에게 이전된다. FOB 조건은 판매자가 화물의 안전한 운송을 보장하는 동시에, 구매자는 선적 후의 모든 비용과 리스크를 관리해야 하는 구조이다.

### FSC (Fuel Surcharge)

FSC(유류 할증료)는 연료 비용의 변동에 따라 운송업체가 고객에게 추가로 부과하는 요금을 의미한다. 이 할증료는 주로 해상, 항공, 육상 운송에서 사용되며, 연료 가격이 상승할 경우 운송업체가 고객에게 전달되는 비용이다.

### FT (Free Time)

FT(자유 장치 기간)는 화물이 운송업체나 창고에 도착한 후 무료로 보관될 수 있는 기간을 의미한다. 이 기간 동안 고객은 추가 비용 없이 화물을 보관할 수 있으며, 주로 화물의 하역 및 운송 준비에 필요한 시간을 고려하여 설정된다. 자유 장치 기간은 고객이 화물을 수령하기 위해 필요한 시간을 확보하고, 운송업체가 물류 흐름을 효율적으로 관리하는 데 기여한다.

### FTA (Free Trade Agreement)

FTA(자유 무역 협정)는 두 개 이상의 국가 간에 체결된 협정으로, 서로의 상품 및 서비스에 대한 관세 및 무역 장벽을 줄이거나 제거하는 목적을 가지고 있다. 이러한 협정은 무역을 촉진하고 경제적 협력을 강화하기 위해 설계되며, 각국의 시장 접근성을 높여준다. 자유 무역 협정은 수출입 비용을 절감하고, 경쟁력을 향상시키며, 경제 성장을 촉진하는 데 기여한다.

### GA (General Average)

GA(공동 해손)는 해상 운송 중 발생한 손실을 모든 이해당사자 간에 공평하게 분담하는 원칙을 의미한다. 이 원칙에 따라, 특정 화물이 선박의 안전을 위해 의도적으로 손해를 입히거나 손실을 초래한 경우, 모든 화물 소유자는 그 손실을 공유해야 한다. 공동 해손은 선주와 화물 소유자 간의 책임을 분명히 하고, 예기치 않은 사고나 위기 상황에서의 재정적 부담을 공평하게 분산하는 데 도움을 준다.

### GATT (General Agreement on Tariffs and Trade)
GATT(관세 및 무역에 관한 일반 협정)는 세계 무역을 촉진하고, 국가 간의 무역 장벽을 줄이기 위해 1947년에 체결된 국제 협정이다. 이 협정은 상품의 수출입에 적용되는 세금과 관세를 규제하며, 무역의 공정성을 확보하고 경제 협력을 강화하는 목적을 가지고 있다. GATT는 회원국 간의 무역을 보다 자유롭고 공정하게 운영할 수 있도록 하는 중요한 기반이 되었으며, 1995년에 WTO(세계무역기구)로 발전하게 된다.

### GCA (Ground Controlled Approach)
GCA(지상 통제 접근)는 항공기가 착륙하기 전에 지상에서 제공되는 항법 지원 시스템을 의미한다. 이 시스템은 공항의 관제탑에서 레이더와 음성 지시를 통해 비행기의 접근을 지원하여, 악천후나 시정이 좋지 않은 상황에서도 안전한 착륙을 가능하게 한다. 지상 통제 접근은 항공기의 위치와 고도를 지속적으로 모니터링하고, 조종사에게 필요한 정보를 제공함으로써 착륙 과정의 안전성을 높이는 데 기여한다.

### GL (Germanischer Lloyd)
GL(독일 선급)은 선박의 설계, 건조 및 유지 관리에 대한 품질 보증 및 인증을 제공하는 기관이다. 이 기관은 독일에서 1867년에 설립되어, 해양 산업의 안전성을 높이기 위해 선박과 해양 구조물의 규정을 수립하고, 이를 준수하는지 검사하는 역할을 수행한다.

### GPI (Ground Position Indicator)

GPI(지상 위치 지시계)는 항공기의 지상에서의 위치를 표시하는 장비로, 주로 공항 및 비행기 운항 관리 시스템에서 사용된다. 이 장치는 항공기가 활주로와 택시웨이에서 어디에 위치하는지를 실시간으로 파악할 수 있도록 도와주며, 조종사와 관제사가 항공기의 정확한 위치를 확인하는 데 중요한 역할을 한다.

### GPWS (Ground Proximity Warning System)

GPWS(대지 근접 경보 장치)는 항공기가 지면이나 장애물과 위험할 정도로 가까워질 경우 조종사에게 경고를 제공하는 안전 시스템이다. 이 장치는 항공기의 고도, 속도, 하강률 등의 데이터를 실시간으로 모니터링하여 지면과의 위험한 접근이 감지되면 즉시 경고 신호를 보낸다. 대지 접근 경보 장치는 특히 악천후나 시정이 좋지 않은 상황에서 항공기의 안전한 운항을 보장하며, 조종사가 지면 충돌 위험을 피할 수 있도록 중요한 정보를 제공한다.

### GRI (General Rate Increase)

GRI(기본 운임 인상)는 해운 회사가 운송 비용 상승에 대응하여 전반적인 운임을 인상하는 조치를 의미한다. 이 인상은 보통 특정 시점에 맞춰 모든 노선이나 특정 노선의 운임에 일괄적으로 적용되며, 연료비, 운영비, 수요 증가 등의 요인에 의해 결정된다. GRI는 해운사가 수익성을 유지하고, 지속적인 서비스 품질을 제공하기 위한 방안으로 활용된다.

### GT (Gross Tonnage)

GT(총 톤수)는 선박의 전체 용적을 측정하는 단위로, 선박의 크기와 수용 능력을 평가하는 지표이다. 이는 선박 내부의 모든 공간을 포함하여, 선체의 부피를 기준으로 계산되며, 화물과 승객을 위한 공간뿐만 아니라 엔진실과 선원 공간 등도 포함된다. GT는 선박의 운임, 항만 이용료, 세금 등을 산정하는 데 중요한 기준이 되며, 해상 운송 산업에서 선박의 크기를 비교하고 평가하는 데 사용된다.

## H&M (Hull & Machinery Insurance)

H&M(선체 보험)는 선박의 선체 및 기계 장비에 발생할 수 있는 손상이나 손실을 보상하는 보험이다. 이 보험은 주로 해상 운송 중 발생할 수 있는 충돌, 화재, 자연재해 등의 위험으로부터 선박을 보호하기 위해 가입된다. 선체 보험은 선주의 재정적 부담을 줄이고, 예기치 않은 손실에 대비할 수 있도록 도와주는 중요한 해상 보험이다.

## HC (Handling Charge)

HC(취급 수수료)는 화물을 운반, 하역, 보관하는 과정에서 발생하는 서비스 비용을 의미한다. 이 수수료는 화물의 이동과 관리에 필요한 인력, 장비 사용, 행정 처리 등을 포함하여 물류 과정에서 필수적으로 발생하는 비용이다.

## IACS (International Association of Classification Societies)

IACS(국제선급연합회)는 전 세계 주요 선급 협회들이 모여 해상 안전과 환경 보호를 위한 표준과 규정을 설정하는 국제 기구이다. 이 연합회는 선박의 설계, 건조, 운영에 대한 기준을 마련하고, 회원사들이 이러한 기준을 준수하도록 감독하여 해양 산업의 안전성을 높인다.

## IC (Inspection Certificate)

IC(검사 증명서)는 제품이 규정된 품질과 표준을 충족했음을 인증하는 문서로, 특히 국제 무역에서 신뢰를 보장하기 위해 널리 사용된다. 이 증명서는 인증된 검사 기관이 제품의 상태, 규격, 품질 등을 확인하고 승인했음을 나타내며, 이를 통해 구매자와 판매자 모두가 거래 품질에 대해 신뢰를 가질 수 있다. 검사 증명서는 제품이 발송되기 전 또는 목적지에 도착했을 때 수행된 검사를 기반으로 발급되며, 수입자는 이를 통해 해당 제품이 사전에 약속된 기준에 부합하는지 확인할 수 있다.

### ICD (Inland Container Depot)

ICD(내륙 컨테이너 기지)는 내륙 지역에 위치한 컨테이너 보관 및 처리 시설로, 해상 화물이 내륙으로 이동하기 전 다양한 물류 작업을 수행하는 장소이다. 이 기지는 항구에서 멀리 떨어진 곳에서 화물을 보관하고 통관, 하역, 검역 절차 등을 처리하여, 항만의 혼잡을 줄이고 효율성을 높인다. 내륙컨테이너기지는 화주의 편의를 위해 수출입 절차를 항구에 가지 않고도 처리할 수 있도록 돕고, 이를 통해 물류 비용과 시간을 절감하는 데 기여한다.

### ID (Import Declaration)

ID(수입 신고)는 해외에서 수입한 물품에 대해 세관에 신고하는 절차로, 상품의 종류, 수량, 가치 등을 명시하는 문서이다. 이 문서는 세관이 관세를 부과하고, 수입 규정을 준수하는지 확인하는 데 사용되며, 모든 수입 물품에 대해 의무적으로 제출해야 한다. 수입 신고는 수입자가 상품의 합법적인 유통을 보장하고, 세금과 관세를 정확히 납부하기 위해 필수적인 절차이다.

### IL (Import License)

IL(수입 면허)은 특정 상품을 해외에서 수입하기 위해 해당 국가의 정부나 관련 당국으로부터 발급받는 허가서이다. 이 문서는 특정 품목의 수입을 규제하고 관리하기 위해 요구되며, 이를 통해 국가의 경제와 안전을 보호하는 데 목적이 있다. IL은 정부가 수입 품목에 대한 통제를 강화하고, 수입량을 조절하여 국내 산업을 보호하는 수단으로 작용한다. IL은 특히 민감한 품목이나 국가 안보와 관련된 제품의 수입에서 필수적이며, 이를 통해 수입자는 법적 문제를 피하고 안전하게 거래를 진행할 수 있다.

### ILC (Irrevocable Letter of Credit)

ILC(취소 불능 신용장)는 개설된 후에는 개설 은행의 동의 없이 조건 변경이나 취소가 불가능한 신용장을 의미한다. 이 신용장은 개설 은행이 수출자에게 대금 지급을 보장하며, 수출자는 조건이 유지되는 한 안정적으로 대금을 받을 수 있다. 취소 불능 신용장은 거래 당사자 간의 신뢰를 높이고, 거래의 안정성을 보장하는 중요한 수단이다. 국제 무역에서 자주 사용되는 이 신용장은 특히 대금 지급의 확실성을 보장하려는 경우에 유용하며, 수출입 양측 모두에게 법적 안정성과 보호를 제공한다.

### ILS (Instrument Landing System)

ILS(계기 착륙 시스템)는 항공기가 활주로에 접근할 때 정확한 착륙을 지원하는 항법 시스템이다. 이 시스템은 지상에서 전파 신호를 송출하여 조종사에게 항공기의 위치와 각도를 제공하며, 악천후나 시정이 낮은 상황에서도 안전하게 착륙할 수 있도록 돕는다. 계기 착륙 시스템은 항공기의 수평 및 수직 접근을 정밀하게 유도하여 착륙 절차의 안전성을 높이는 데 필수적인 역할을 한다.

### IMDG (International Maritime Dangerous Goods)

IMDG(IMO 위험물 분류 코드)는 국제 해상 운송 기구(IMO; International Maritime Organization)에서 제정한 해상 운송 시 위험물의 안전한 취급, 포장, 라벨링 및 운송을 위한 규정 코드이다. 이 코드는 폭발성, 독성, 부식성 물질 등 다양한 위험물의 분류 기준을 제공하여, 해상 운송 과정에서의 안전을 보장한다. IMO 위험물 분류 코드는 선박에서 발생할 수 있는 사고를 예방하고, 위험물의 운송에 대한 일관된 관리와 감독을 제공하여 해상 안전성을 높인다.

## IMO (International Maritime Organization)

IMO(국제 해상 운송 기구)는 전 세계 해상 운송의 안전과 보안을 촉진하고 해양 환경을 보호하기 위해 설립된 유엔 산하의 국제 기구이다. 이 기구는 해상 안전 규정, 선박의 환경 오염 방지, 항만 보안 등에 관한 국제 표준과 규칙을 제정하여 전 세계적으로 통일된 해상 운송 규정을 마련한다. 회원국들이 해양 사고와 오염을 줄이고, 해상 운송의 효율성과 안전성을 강화할 수 있도록 다양한 협약과 가이드라인을 제공한다.

## INCOTERMS (International Rules for the Interpretation of Trade Terms)

INCOTERMS(무역 조건 해석에 관한 국제 규칙)는 국제 상업회의소(ICC)에서 제정한 규칙으로, 국제 무역에서의 매도인과 매수인의 책임, 비용, 위험을 명확히 규정하는 무역 조건이다. 이 규칙은 EXW(공장 인도 조건), FOB(본선 인도 조건), CIF(운임 및 보험료 포함 인도 조건) 등 다양한 무역 조건을 정의하여, 각 당사자가 거래 과정에서 부담해야 할 의무를 표준화한다. 무역 조건 해석에 관한 국제 규칙은 국제 무역에서 거래의 혼란을 줄이고, 국가 간의 법적 분쟁을 예방하는 데 중요한 역할을 한다. INCOTERMS는 전 세계적으로 사용되며, 매도인과 매수인이 계약 체결 시 명확한 기준에 따라 비용과 책임을 분담할 수 있도록 돕는다. 국제 상업회의소(ICC)에서 국제 무역 환경의 변화에 맞춰 주기적으로 개정된다.

## IP (Insurance Policy)

IP(보험 증권)는 보험계약자가 보험회사와 체결한 보험 계약의 내용을 문서화한 공식적인 증서이다. 이 문서는 보험의 범위, 보상 조건, 보장 항목 및 보험료 납부 조건을 명시하여, 보험 사고 발생 시 보험금 지급의 근거가 된다. 보험 증권은 보험 가입자가 보장받을 수 있는 항목과 조건을 구체적으로 설명하며, 계약의 법적 효력을 갖춘다. 이를 통해 보험 계약자는 예기치 않은 사고나 손실에 대해 재정적인 보호를 받으며, 보험 회사는 명확한 조건 아래 보험금을 지급하게 된다.

## IPI (Interior Point Intermodal)

IPI(내륙지역 복합운송 서비스)는 화물을 해상 운송 후 항구에서 내륙의 특정 지점까지 철도나 트럭을 통해 운송하는 복합운송 방식을 의미한다. 이 서비스는 화물을 항구에서 최종 목적지까지 효율적으로 이동시키기 위해 다양한 운송 수단을 결합하여 제공된다. IPI는 해상, 철도, 도로 운송의 장점을 결합해 운송 비용을 절감하고, 운송 시간을 최적화한다. 미국에서 화물이 항구에 도착한 후 내륙의 특정 지점까지 철도나 트럭으로 운송되는 방식이다. 예를 들어, 아시아에서 출발한 화물이 미국 서부의 항구(예: 로스앤젤레스나 롱비치)에 도착하면, 이 화물은 철도 또는 트럭을 통해 시카고, 댈러스, 애틀랜타와 같은 내륙의 주요 도시에 배송될 수 있다. 미국 내에서 IPI 방식은 해상과 내륙 운송을 결합하여 운송 시간을 줄이고 물류 비용을 절감하는 데 유리하다.

## IS (Intermediate Survey)

IS(중간 선급 검사)는 선박이 정기 검사를 받기 전 일정 기간 내에 실시하는 검사로, 선박의 안전성과 적합성을 확인하기 위해 수행된다. 이 검사는 선박의 주요 구조물, 기계 장비, 안전 장치 등이 규정에 맞게 유지되고 있는지 평가하며, 선박이 지속적으로 해상 운항에 적합한 상태임을 보장한다. 중간 선급 검사는 선박의 운항 중 발생할 수 있는 문제를 사전에 파악하고, 필요 시 유지보수 작업을 수행하여 선박의 안전을 강화한다.

## KIFFA (Korea International Freight Forwarders Association)

KIFFA(한국복합운송주선업협회)는 한국의 복합운송업체와 물류 관련 기업을 대표하며, 국제 화물 운송 및 물류 산업의 발전을 지원하는 협회이다. 이 협회는 회원사 간의 협력을 촉진하고, 물류 산업의 표준화 및 경쟁력 강화를 목표로 다양한 교육, 연구, 정책 지원을 제공한다. KIFFA는 한국 물류 산업의 글로벌 경쟁력을 높이고, 무역 활성화를 위한 정책 제안 및 규제 개선을 추진하며, 회원사들이 안전하고 효율적인 물류 서비스를 제공할 수 있도록 지원한다.

## LC (Letter of Credit)

LC(신용장)는 은행이 수입자의 요청으로 발행하여 수출자에게 대금 지급을 보장하는 금융 수단이다. 이 문서는 수출자가 거래 조건을 충족했을 때, 은행이 수입자를 대신하여 대금을 지급할 것을 약속하는 방식으로, 국제 무역에서 대금 결제의 신뢰성을 높이는 데 중요한 역할을 한다. 신용장은 수출자가 제품을 선적하고 관련 서류를 제출할 때 대금이 안전하게 지급될 수 있도록 보장하며, 거래 당사자 간의 위험을 줄이는 효과가 있다.

## LCL (Less than Container Load)

LCL(소량 컨테이너 화물)은 하나의 컨테이너를 가득 채우지 못하는 소량의 화물을 여러 송화주가 함께 이용하는 운송 방식을 의미한다. 이 방식에서는 여러 화주의 화물을 하나의 컨테이너에 모아 운송하며, 컨테이너 사용 비용을 분담하여 보다 경제적으로 국제 운송이 가능하다. 소량 컨테이너 화물 방식은 소규모 수출입 업체들이 비용 절감과 효율적인 물류 관리를 위해 자주 이용하며, 화주들은 각자의 화물만큼만 비용을 지불하게 된다.

## LG (Letter of Guarantee)

LG(화물 선취 보증장)는 화물이 도착했으나 선하증권(BL)이 아직 도착하지 않은 상황에서, 수입자가 화물을 인도받기 위해 발행하는 보증서이다. 이 보증장을 통해 수입자는 선하증권이 없어도 화물을 먼저 인도받을 수 있으며, 발행 은행이 수출자에게 손실이 발생하지 않도록 보증한다. 화물 선취 보증장은 수입자가 화물을 신속히 인수할 수 있게 하여 물류 지연을 최소화하며, 선하증권 도착 전 화물을 수령해야 하는 경우에 활용된다.

**LI (Letter of Indemnity)**
LI(손상 화물 보상장)는 운송 중 손상되었거나 분실된 화물에 대해 운송 업체나 관련자가 수취인에게 보상할 것을 보증하는 문서이다. 이 증서는 화물의 상태나 운송 과정에서 발생한 손실에 대해 책임을 지고, 보상 약속을 제공함으로써 운송 업체와 수취인 간의 신뢰를 유지하는 역할을 한다. LI는 화물 손상으로 인한 분쟁을 최소화하고, 거래의 원활한 진행을 보장하는 데 사용된다.

**LTA (Long Term Agreement)**
LTA(장기 운송 계약)는 화주와 운송업체가 일정 기간 동안 지속적으로 화물을 운송하기 위해 체결하는 계약을 의미한다. 이 계약은 양측이 안정적인 운송 서비스를 제공하고 받을 수 있도록 하며, 운송 비용, 서비스 조건, 물량 등을 사전에 합의하여 장기적인 협력을 도모한다. 장기 운송 계약은 물류 비용 절감과 안정적인 운송 일정을 보장하며, 특히 대규모 화주나 정기적인 물류가 필요한 기업에서 자주 활용된다.

**MBL (Master Bill of Landing)**
MBL(선사 발행 선하 증권)은 운송 선사가 발행하는 선하 증권으로, 화물의 운송 경로, 출발지, 도착지 및 화물 정보를 포함한 공식 문서이다. 이 증권은 운송 선사가 화물의 수령 및 운송을 책임진다는 법적 근거가 되며, 물류의 전체 흐름을 관리하는 데 필수적인 역할을 한다. MBL은 주로 운송사가 화물 포워더나 직접 수출입자와의 계약에 따라 발행하며, 최종 수취인이 화물을 수령할 수 있는 권한을 제공한다.

### MCI (Marine Cargo Insurance)

MCI(해상 적하 보험)는 화물이 해상 운송 중 손실되거나 손상되는 경우에 대비하여 보상하는 보험이다. 이 보험은 화주가 화물을 안전하게 운송할 수 있도록 보호하며, 해상 운송 중 발생할 수 있는 다양한 위험(자연재해, 사고, 도난 등)에 대한 재정적 손실을 보장한다. MCI는 화주의 운송 리스크를 줄이고, 예상치 못한 사고에 대비해 국제 무역의 안정성을 높이는 중요한 수단이다.

### MF (Manifest)

MF(적하 목록)는 선박이나 항공기에 실린 모든 화물의 목록을 기록한 공식 문서이다. 이 목록은 화물의 상세 정보(화물의 종류, 수량, 목적지 등)를 포함하며, 세관 및 항만 당국이 화물의 운송 및 통관 절차를 신속하고 정확하게 처리할 수 있도록 돕는다. 적하 목록은 화물의 관리와 추적을 용이하게 하고, 국제 무역에서의 투명성과 효율성을 높이는 데 중요한 역할을 한다.

### MFCS (Manifest Consolidation System)

MFCS(적하 목록 취합 시스템)는 여러 개의 개별 적하 목록을 하나의 통합 목록으로 관리하고 취합하는 시스템이다. 이 시스템은 다양한 화주와 운송사의 화물 정보를 하나로 통합하여 세관 및 항만 당국이 보다 효율적으로 화물 내용을 검토하고 통관 절차를 진행할 수 있도록 돕는다.

### MLB (Mini Land Bridge)

MLB(북미 대륙 횡단 철도)는 아시아에서 출발한 화물이 미국 서안 항구로 도착한 후, 철도나 트럭을 이용해 북미 대륙을 횡단하여 동부 항구로 운송되는 복합 운송 방식이다. 이 경로는 서부 항구에서 화물을 내륙까지 육상 운송한 뒤, 동부 항구에서 다시 해상 운송으로 유럽 등 최종 목적지까지 이동시키는 효율적인 방식이다.

## MLC (Master Letter of Credit)

MLC(국제 신용장)는 글로벌 거래에서 수출업체와 수입업체 간의 신용을 보장하기 위해 은행이 발행하는 신용장으로, 여러 거래나 다수의 하위 신용장 발행이 필요한 경우에 주로 사용된다. MLC는 신용도가 높은 수출입 거래에서 활용되며, 대금 지급을 보증하여 국제 무역에서의 위험을 줄인다. 국제 신용장은 하위 거래가 많거나 대규모 거래에서의 대금 결제를 용이하게 하며, 각 거래 당사자가 안정적이고 안전한 무역을 진행할 수 있도록 지원한다.

## MR (Mate's Receipt)

MR(본선 수취증)은 화물이 선박에 적재된 것을 증명하기 위해 선박의 책임자가 발행하는 문서이다. 이 수취증은 화물이 제대로 선적되었음을 나타내며, 선적 후에 발행되는 선하증권(Bill of Lading)을 준비하기 위한 기초 문서로 활용된다.

## MT (Metric Ton)

MT(미터 톤)는 1,000킬로그램(kg)에 해당하는 중량 단위로, 주로 대량 화물이나 국제 물류에서 사용된다. 미터 톤은 원자재, 농산물, 에너지 자원 등의 무게를 측정할 때 널리 쓰이며, 국제적으로 표준화된 중량 단위로 인식된다.

## MTO (Multimodal Transport Operator)

MTO(복합운송인)는 여러 운송 수단을 결합하여 하나의 계약으로 화물을 최종 목적지까지 운송하는 역할을 수행하는 운송업체이다. 해상, 항공, 철도, 도로 등을 포함한 다양한 운송 수단을 활용하여 효율적인 물류 서비스를 제공하며, 화물의 운송 책임을 일괄적으로 관리한다. 복합운송인은 국제 무역에서 물류 과정의 복잡성을 줄이고, 운송 시간과 비용을 최적화하는 데 기여한다. MTO는 화주의 편의를 위해 통합된 서비스를 제공하며, 운송 계약, 서류 준비, 보험, 통관 등을 포함하여 전체 물류 과정을 관리하는 중요한 역할을 맡는다.

### MV (Mother Vessel)

MV(모선)는 해상 운송에서 주요 항로를 담당하며 대량의 화물을 운반하는 대형 선박을 의미한다. 모선은 주로 장거리 국제 항로에 투입되며, 허브 항구에서 화물을 작은 선박(피더선)에 분배하여 최종 목적지로 운송하는 방식으로 운영된다. 모선은 대량 화물 운송의 효율성을 높이고, 국제 물류에서의 물동량을 관리하는 데 중요한 역할을 한다. MV는 화주와 물류업체가 장거리 운송을 비용 효율적으로 진행할 수 있도록 지원한다.

### NLC (Negotiation Letter of Credit)

NLC(매입 신용장)는 수출자가 은행에 선적 서류를 제시하여 대금을 미리 지급받을 수 있도록 보장하는 신용장이다. 수출자가 서류를 제출하고 대금을 조기에 확보할 수 있게 하며, 은행이 서류를 검토한 후 수입자의 은행으로부터 최종 대금을 회수한다. 수출자에게 자금 회수의 신속성을 제공하고, 거래의 유동성을 확보하는 중요한 금융 도구로, 국제 무역에서 자주 활용된다.

### NVOCC (Non Vessel Operating Common Carrier)

NVOCC(무선박 운송인)는 자체 선박은 소유하지 않지만, 화물 운송 계약을 체결하고, 운송 서비스를 제공하는 운송업체이다. 화주와 계약을 맺고 선박 소유 운송사로부터 선복을 확보하여, 고객의 화물을 운송하며, 선하증권(Bill of Lading)도 발행할 수 있다. 화주와 선박 소유 운송사 간의 중간 역할을 하며,

고객에게 효율적이고 유연한 운송 서비스를 제공한다. NVOCC는 특히 소규모 화주들에게 편리한 운송 옵션을 제공하여, 국제 물류의 복잡성을 줄이고 원활한 화물 이동을 지원하는 데 중요한 역할을 한다.

## OA (Open Account)

OA(사후 송금)는 수입자가 상품을 수령한 후 일정 기간이 지난 뒤에 대금을 지급하는 결제 방식이다. 이 방식은 수출자가 먼저 상품을 인도하고, 사전에 합의된 신용 조건에 따라 수입자가 후불로 대금을 지급하도록 한다. 신뢰가 높은 거래 관계에서 사용되며, 수입자에게 유리한 결제 조건을 제공하여 국제 무역에서 자주 활용된다. OA는 수출자가 대금 회수에 대한 리스크를 감수해야 하지만, 고객 유치와 거래 편의성을 높이는 데 기여할 수 있다.

## OBL (Original Bill of Lading)

OBL(선하증권 원본)은 화물이 선적되었음을 증명하는 공식 문서의 원본으로, 화물의 소유권을 나타내고 수취인이 화물을 인도받을 수 있는 권리를 제공한다. 이 문서는 물품의 운송 경로와 화물의 상태를 명시하며, 수출자에서 수입자에게 화물이 안전하게 전달되었음을 확인하는 역할을 한다. 국제 무역에서 화물의 인도 절차와 관련된 중요한 서류로, 수입자가 화물을 인수할 때 반드시 제출해야 한다.

## ODM (Original Development/Design Manufacturing)

ODM(제조업자 개발 생산)은 제조업체가 자체적으로 제품을 설계하고 개발하여, 다른 브랜드의 요청에 따라 생산 및 납품하는 방식을 의미한다. 이 방식에서 제조업체는 제품의 개발부터 생산까지 전 과정을 담당하며, 최종 브랜드는 해당 제품에 자사 브랜드를 부착해 판매한다. 브랜드 기업이 개발 비용과 시간을 절감할 수 있게 하며, 제조업체는 자체 개발한 제품을 통해 수익을 창출할 수 있는 장점이 있다. ODM은 특히 전자기기, 의류 등 다양한 산업에서 활용되며, 국제 시장에서의 제품 공급과 브랜드 확장에 중요한 역할을 한다.

### OEM (Original Equipment Manufacturing)

OEM(주문자 상표 부착 생산)은 제조업체가 제품을 생산하지만, 브랜드의 요청에 따라 그 브랜드의 상표를 부착해 공급하는 생산 방식이다. 이 방식에서 제조업체는 디자인이나 설계 없이 생산만을 담당하며, 최종 제품은 브랜드의 이름으로 시장에 출시된다. OEM 방식은 브랜드가 생산 설비에 투자하지 않고도 제품을 확보할 수 있는 장점을 제공하며, 제조업체는 대량 생산을 통해 안정적인 수익을 얻을 수 있다. OEM은 전자제품, 자동차 부품, 의류 등 다양한 산업에서 활용되며, 효율적인 생산과 유통을 지원하는 중요한 역할을 한다.

### OF (Ocean Freight)

OF(해상 운임)는 해상 운송을 통해 화물을 운송할 때 발생하는 운임 비용을 의미한다. 이 비용은 화물의 크기, 무게, 운송 거리 및 특정 운송 조건에 따라 결정되며, 주로 국제 무역에서 대규모 화물의 장거리 운송에 적용된다. 수출입 비용을 산정하는 중요한 요소로, 무역 계약 시 운송비 분담과 관련된 조건을 명확히 규정한다. 특히 원자재, 기계, 대형 상품 등 대량 화물을 경제적으로 운송할 수 있어, 국제 무역의 필수적인 비용 항목으로 작용한다.

### OSC (Over Storage Charge)

OSC(지체 보관료)는 화물이 정해진 무료 보관 기간을 초과하여 보관될 때 부과되는 추가 비용을 의미한다. 이 비용은 항구, 창고 또는 컨테이너 야드에서 발생하며, 화물의 신속한 이동을 촉진하고 보관 공간의 효율적 사용을 유도하기 위해 설정된다. 지체 보관료는 물류 운영의 효율성을 높이는 데 기여하며, 화주가 화물 처리와 운송 일정을 신속하게 조정하도록 유도하는 역할을 한다.

## OTC (Open Top Container)

OTC(오픈 탑 컨테이너)는 상단이 개방된 형태의 컨테이너로, 크기나 형태가 특이한 화물의 적재에 적합한 컨테이너이다. 크레인이나 다른 장비를 사용해 상단으로 화물을 적재하거나 하역할 수 있어, 높이가 높은 장비나 대형 기계류 등 일반 컨테이너에 들어가지 않는 화물 운송에 자주 사용된다.

## PA (Particular Average)

PA(단독 해손)는 해상 운송 중 특정 화물에 발생한 손해에 대해 해당 화물 소유자가 단독으로 책임지는 손실을 의미한다. 이는 사고나 자연재해로 인해 특정 화물에만 발생한 손해로, 전체 화물이나 선박에 대한 손실과는 구별된다. 보험 계약 조건에 따라 손해를 보상받을 수 있으며, 화물 소유자가 자신에게 발생한 손실만 부담하게 된다. PA는 공동 해손(GA)과는 달리 다른 이해관계자가 비용을 분담하지 않는 특징을 가진다.

## PCS (Port Congestion Surcharge)

PCS(체선료)는 항구가 혼잡하여 선박의 정박 및 하역 작업이 지연될 때 부과되는 추가 요금이다. 항만 혼잡으로 인해 발생하는 추가 비용을 운송업체가 화주에게 전가하는 방식으로, 지연으로 인한 운송 일정의 변동성을 반영한다.

## PL (Packing List)

PL(포장 명세서)은 수출입 화물의 내용물, 수량, 중량, 포장 방식 등을 상세히 기재한 문서이다. 이 문서는 화물의 정확한 내용을 파악하고 검수하기 위한 기준 자료로, 세관과 수입자가 화물을 확인할 때 유용하게 사용된다.

## PSS (Peak Season Surcharge)

PSS(성수기 할증료)는 화물 운송 수요가 급증하는 성수기에 추가로 부과되는 요금이다. 주로 해상 운송에서 성수기에 발생하는 선박 공간 부족과 항만 혼잡을 관리하기 위해 설정되며, 여름 휴가철, 연말 등 수요가 높아지는 기간에 적용된다. 운송업체가 성수기 비용 상승을 반영하고, 화물의 우선 배치를 확보하기 위해 화주에게 추가 요금을 청구하는 방식이다.

### RIPI (Revised Interior Point Intermodal)

RIPI(개정 내륙 점 복합 운송)는 기존의 IPI(Interior Point Intermodal) 서비스에서 개선된 복합 운송 방식으로, 아시아에서 출발한 화물이 미국 서해안 항구에 도착한 후 철도와 도로를 통해 미국 내륙의 특정 목적지로 운송되는 경로를 포함한다. 이 방식은 특히 파나마 운하를 경유하여 미국 동부 및 걸프 연안까지 운송한 뒤, 철도와 트럭을 통해 내륙 지역으로 화물을 이동시키는 방법으로 운영된다.

### RORO (Roll On Roll Off Vessel)

RORO(자동차 전용 적재 선박)는 자동차나 트럭과 같은 차량을 선박에 직접 운반하는 방식으로 설계된 선박 유형이다. 차량은 선박의 램프를 통해 스스로 주행하여 선박에 탑재되며, 목적지에 도착하면 동일한 방식으로 하역된다. 이 방식은 크레인 등 특별한 하역 장비가 필요 없고, 적재 및 하역 시간이 단축되어 효율적인 운송이 가능하다.

### RT (Revenue Ton)

RT(운임 적용톤)는 화물 운송 요금을 산정할 때 기준이 되는 중량 또는 부피 단위를 의미한다. 화물의 중량(톤)과 부피(입방미터) 중 운임이 더 많이 발생하는 기준으로 선택되며, 이를 통해 화물의 크기와 무게에 따라 적절한 운송 요금을 계산할 수 있다. 이러한 방식은 운송업체가 효율적으로 비용을 관리하고, 화주에게 공정한 운송 요금을 제공하는 데 필수적이다.

### RVP (Reid Vapor Pressure)
RVP(리드식 증기압)는 액체 연료(특히 원유 및 석유 제품)의 휘발성을 측정하는 압력 기준으로, 일정 온도(화씨 100도, 약 섭씨 37.8도)에서 액체가 증기를 발생시키는 압력을 나타낸다. RVP는 연료의 휘발성 정도를 평가하는 데 사용되며, 저장과 운송 과정에서 증기 압력에 의한 위험성을 관리하기 위해 지표로 활용된다.

### RVR (Runway Visual Range)
RVR(활주로 가시 거리)은 조종사가 활주로를 따라 시각적으로 확인할 수 있는 최대 거리로, 주로 기상 조건에 따라 측정된다. RVR은 활주로의 안전한 이착륙을 위해 중요한 기준이며, 안개, 비, 눈 등 날씨에 따라 변동될 수 있다. 항공기의 안전한 접근과 착륙을 지원하며, 조종사와 항공 관제사에게 활주로 상태에 대한 중요한 정보를 제공한다. 항공 안전을 보장하는 주요 지표로, 특정 기상 조건에서 이착륙 가능 여부를 결정하는 데 사용된다.

### RVV (Runway Visibility Value)
RVV(활주로 시정치)는 활주로를 따라 측정된 가시 거리로, 조종사가 활주로 상에 있는 장애물이나 표지판 등을 시각적으로 확인할 수 있는 거리를 나타낸다. 이 값은 특정 지점에서 관측되는 시정을 기준으로 산출되며, 기상 조건에 따라 달라진다. 항공기 이착륙 시 안전성을 평가하는 중요한 기준으로, 조종사와 관제사에게 활주로의 가시 상태를 명확히 전달하는 역할을 한다.

### SBL (Surrender Bill of Lading)
SBL(권리 포기 선하증권)은 수출자가 선하증권 원본을 반납하고 전자 서류로 처리함으로써, 수입자가 원본 선하증권 없이도 화물을 수령할 수 있도록 허용하는 선하증권이다. 이를 통해 화물이 목적지에 도착하자마자 신속히 인도될 수 있어, 문서 교환 시간을 단축하고 수입 절차를 효율화한다. 특히 긴급한 화물 인도에 유리하며, 국제 무역에서 문서 분실 위험을 줄이고 신속한 화물 처리를 지원하는 방식으로 널리 사용된다.

### SBL (Switch Bill of Lading)

SBL(스위치 선하증권)은 원본 선하증권을 새로운 선하증권으로 교체하여 발행하는 서류로, 주로 중개업자가 개입된 무역 거래에서 사용된다. 중개업자가 화물의 원산지, 판매자 정보를 숨기거나 거래 정보를 수정할 필요가 있을 때 발행되며, 최종 구매자에게만 필요한 정보를 제공한다. 국제 무역에서 거래의 민감한 정보를 보호하고, 중개업자가 거래를 보다 유연하게 관리할 수 있도록 하는 도구이다.

### SC (Service Contract)

SC(우대운송계약)는 화주와 운송업체 간 장기 계약으로, 정해진 운송 요율과 조건에 따라 일정 기간 동안 운송 서비스를 제공하는 계약이다. 대규모 화물 운송이나 정기적인 물량이 필요한 경우에 체결되며, 양측이 사전에 합의한 운임과 서비스를 보장받을 수 있도록 한다. 화주에게 안정적인 운송 비용을 제공하고, 운송 업체는 일정한 화물 물량을 확보할 수 있는 장점이 있다.

### SC (Shipping Company)

SC(선박회사)는 해상 운송 서비스를 제공하는 기업으로, 화물을 선박으로 운송하는 역할을 담당한다. 다양한 종류의 선박을 소유하거나 운영하며, 화주와 계약을 통해 원자재, 제품, 차량 등을 전 세계 항구로 운송하는 서비스를 제공한다. 국제 무역에서 화물의 이동을 책임지고, 항로 관리, 운임 설정, 물류 계획 등을 통해 원활한 해상 운송을 보장한다. 선박회사는 또한 효율적인 운송 경로를 개발하고, 고객의 요구에 맞춘 맞춤형 서비스를 제공한다.

## SC (Shoring Charge)

SC(고박 비용)는 선박이나 화물 운송 차량에 화물이 안전하게 고정되도록 설치하는 작업에 대한 비용을 의미한다. 고박 작업은 운송 중 화물이 이동하거나 손상되지 않도록 지지대나 고정 장치를 사용하여 화물을 안정시키는 과정으로, 안전한 운송을 보장한다. 고박 비용은 대형 기계류, 차량, 중량 화물 등과 같이 특별한 고정이 필요한 화물에 부과되며, 운송 과정에서의 화물 손상을 방지하는 역할을 한다.

## SCR (Specific Commodity Rate)

SCR(특정 품목 운임율)은 특정 화물이나 품목에 대해 일반 화물 운임과 달리 별도로 설정된 특별 운임 요율을 의미한다. 이는 주로 부피가 크거나 특수한 취급이 필요한 화물, 예를 들어 농산물, 화학 제품, 가전 제품 등과 같은 특정 품목에 적용된다. 화물의 특성과 운송 조건에 맞춘 요율을 적용함으로써, 화주와 운송업체가 상호 합리적인 비용을 책정하고 보다 효율적인 운송 서비스를 제공할 수 있도록 한다.

## SD (Shipping Date)

SD(선적일)는 화물이 운송을 위해 출발하는 날짜로, 계약 상 중요한 일정 기준을 제공한다. 이 날짜는 화물의 배송 일정과 관련 비용을 결정하며, 수출자와 수입자 간의 계약 조건에 따라 정해진다.

## SD (Shipping Document)

SD(선적 서류)는 화물의 운송에 필요한 모든 서류로, 송장, 선하증권, 포장 명세서 등과 같은 문서가 포함된다. 이 서류들은 화물의 수출입 절차에서 필수적이며, 화물의 종류, 수량, 가격, 운송 경로 등을 명확히 기재하여 세관과 운송업체가 화물을 확인하고 처리할 수 있도록 한다.

## SGS (Societe Generale de Surveillance)

SGS(스위스검정회사)는 스위스에 본사를 둔 세계적인 검사, 검증, 시험, 인증 서비스 회사로, 다양한 산업 분야에서 품질과 표준을 보증하는 역할을 한다. 제품의 품질 관리, 안전성 검증, 법적 규제 준수 여부 등을 확인하며, 이를 통해 기업과 소비자 간 신뢰를 구축한다.

## SO (Sipping Order)

SO(선적지시서)는 화물을 선적할 때 화물의 종류, 수량, 목적지 등을 명시하여 운송 업체에 전달하는 공식 지시 문서이다. 이 서류는 화주의 선적 요청을 구체화하며, 운송업체가 화물을 정확히 선적하고 운송할 수 있도록 필요한 정보를 제공한다.

## SOC (Shipper's Own Container)

SOC(화주 소유 컨테이너)는 화주가 직접 소유하거나 임대한 컨테이너를 사용하여 화물을 운송하는 방식을 가리킨다. 이 방식에서는 화주가 운송 회사의 컨테이너를 대여하지 않고, 자신의 컨테이너를 활용하기 때문에 컨테이너 사용료를 절약할 수 있다. 화주가 운송 일정과 위치를 더 유연하게 관리할 수 있으며, 특수한 화물이나 특정 요구 사항이 있는 경우에 자주 사용된다.

## SR (Shipping Request)

SR(선적 요청서)은 화주가 운송 업체에게 화물을 선적해 줄 것을 요청하는 문서로, 화물의 종류, 수량, 목적지, 선적 일정 등 구체적인 정보를 포함한다. 이 요청서는 화물이 정해진 일정에 따라 정확히 선적될 수 있도록 하기 위해 필요한 서류이며, 운송 업체는 이를 기반으로 선적 계획을 수립하고 운송 절차를 준비한다. 선적 요청서는 운송 과정의 효율성을 높이고, 모든 관련 당사자가 필요한 정보를 명확히 이해할 수 있도록 하며, 원활한 물류 운영에 기여한다.

## SSC (Security Surcharge)

SSC(보안 할증료)는 운송 과정에서 발생할 수 있는 보안 관련 비용을 보전하기 위해 부과되는 추가 요금이다. 이 요금은 테러, 도난, 밀수 등 보안 위협을 방지하기 위한 보안 강화 조치에 사용되며, 화물의 안전한 운송을 보장하기 위해 설정된다.

## TC (Tally Charge)

TC(계수 비용)는 화물의 적재, 하역 과정에서 화물의 개수, 무게, 상태 등을 확인하기 위해 부과되는 추가 요금이다. 이 비용은 화물이 손상 없이 정확하게 운송되었는지 확인하는 계수 작업에 사용되며, 화주의 화물 관리와 운송 과정의 정확성을 보장한다. 특히 대규모나 다양한 품목이 포함된 화물의 경우에 발생하며, 무역에서 화물의 일관성과 품질 관리를 지원하는 데 역할을 한다.

## TC (Time Charter)

TC(정기용선)는 선박 소유주가 일정 기간 동안 선박을 임대하고, 용선자가 그 기간 동안 선박을 사용하며 운항에 필요한 연료비 및 운영비를 부담하는 계약이다. 이 계약 방식에서는 선박의 소유주가 선장을 포함한 승무원을 제공하지만, 용선자는 선박의 운항 스케줄과 화물 운송을 직접 관리한다. 용선자가 특정 기간 동안 선박을 자유롭게 운항할 수 있는 유연성을 제공하며, 장기적인 운송 계획이 필요한 무역업체에서 선호된다.

## TC (Trucking Charge)

TC(트럭 운송료)는 화물을 항구, 창고, 공장 등 목적지까지 트럭으로 운송할 때 발생하는 비용을 의미한다. 이 운송료는 화물의 크기, 무게, 운송 거리, 트럭의 종류에 따라 달라지며, 국제 물류에서 화물의 마지막 구간을 책임지는 중요한 비용 항목이다.

## TEU (Twenty Foot Equivalent Unit)

TEU(20피트 컨테이너 단위)는 표준 크기의 20피트(6.1미터) 컨테이너 하나를 기준으로 한 화물 운송 단위이다. 선박, 항구, 화물 터미널 등에서 화물 용량을 측정하고 비교하는 데 사용되며, 국제 물류에서 컨테이너 화물의 운송 규모를 파악하는 표준 지표이다. 물류와 해상 운송에서 효율적인 용량 관리와 계획 수립에 기여하며, 선박의 화물 적재량을 쉽게 비교하고 계산할 수 있도록 한다.

## THC (Terminal Handling Charge)

THC(터미널 화물 처리비)는 화물이 항구나 터미널에서 적재, 하역, 이동, 보관 등을 처리하는 데 발생하는 비용이다. 이 비용은 화물의 입출항 절차에 따라 지게차, 크레인 등 장비를 사용하여 화물을 처리하는 작업에 사용되며, 항만 운영사나 터미널에서 부과된다.

## TL (Total Loss)

TL(전손)은 화물이 손상되거나 파손되어 완전히 손실된 상태를 의미하며, 복구나 수리가 불가능한 경우를 가리킨다. 주로 보험에서 사용되는 용어로, 화물이나 선박의 가치를 완전히 잃은 경우 보험금을 청구할 수 있는 기준이 된다. 화물의 완전한 손실로 인해 보험사가 전체 보험금을 지급해야 하는 상황을 발생시키며, 무역 거래에서 화주의 재정적 리스크를 줄이는 중요한 개념이다.

## TR (Trust Receipt)

TR(화물 대조증)은 수입자가 은행으로부터 수입 화물을 담보로 대출을 받을 때, 화물의 소유권을 은행에 임시로 맡기고 해당 화물을 수입자가 판매 또는 유통할 수 있도록 허용하는 문서이다. 이를 통해 수입자는 화물을 처분할 수 있으며, 판매 후 대금을 은행에 상환하게 된다. 수입자가 수입 대금을 전액 지불하기 전에 화물을 인도받아 자금 회전에 활용할 수 있는 방법으로, 국제 무역에서 자금 유동성을 지원하는 역할을 한다. 특히 신속한 재고 회전이 필요한 경우 유용하며, 수입업체의 운영 자금을 효율적으로 관리할 수 있게 해준다.

## TS (Trans-shipment)

TS(환적)는 화물이 한 운송 수단에서 다른 운송 수단으로 옮겨지는 과정으로, 보통 화물이 최종 목적지에 도달하기 위해 중간 항구에서 다른 선박이나 차량으로 전환되는 경우를 의미한다. 환적은 국제 물류에서 흔히 발생하는 과정으로, 여러 국가나 대륙을 거쳐 화물을 운송할 때 필수적이다.

## TSCS (Trans-Siberian Container Service)

TSCS(시베리아 횡단 컨테이너 서비스)는 아시아에서 유럽까지의 화물을 시베리아 철도를 이용하여 신속하고 효율적으로 운송하는 서비스를 의미한다. 해상 운송과 육상 운송을 결합하여, 극동 아시아의 항구에서 출발한 화물이 시베리아를 지나 유럽의 주요 도시로 빠르게 도착할 수 있도록 한다.

## TSR (Trans-Siberian Railway)

TSR(시베리아 횡단 철도)은 러시아를 동서로 가로지르는 세계에서 가장 긴 철도 노선으로, 모스크바에서 블라디보스토크까지 이어진다. 이 철도는 약 9,289 킬로미터의 거리로, 아시아와 유럽을 연결하며, 다양한 화물과 승객을 운송하는 중요한 교통 수단이다.

## TT (Telegraphic Transfer)

TT(전신환)는 은행이나 금융 기관을 통해 송금하는 방식으로, 전자 통신을 이용해 즉각적으로 자금을 이체하는 방법이다. 이 방식은 국제 거래에서 널리 사용되며, 송금인이 지불할 금액과 수취인 정보만으로 간편하게 송금할 수 있다. 신속하고 안전하게 자금을 이동할 수 있는 장점이 있어, 특히 해외 거래에서 빠른 결제가 필요한 경우에 유용하다.

### TT (Transit Time)
TT(운항소요시간)는 화물이 출발지에서 목적지까지 이동하는 데 소요되는 시간을 의미한다. 이 시간은 물류 및 운송 과정에서 매우 중요한 요소로, 화물의 운송 일정과 계획에 직접적인 영향을 미친다. 물류 운영의 효율성을 평가하는 데 필수적이며, 고객에게 정확한 배송 일정을 제공하는 데 도움을 준다.

### TTC (Through Transport Club)
TTC(화물 배상 책임 보험 조합)는 국제 운송에서 화물 손실이나 손상에 대한 배상 책임을 보장하기 위해 설립된 보험 조합이다. 이 조합은 운송 업체와 화주 간의 리스크를 분담하며, 화물 운송 과정에서 발생할 수 있는 사고로부터 보호받을 수 있는 기회를 제공한다.

### TVP (True Vapor Pressure)
TVP(실제 증기압)는 액체가 기체 상태로 변할 때 발생하는 압력으로, 주어진 온도에서 액체의 증기가 압력을 생성하는 정도를 나타낸다. 이 값은 주로 석유 및 화학 산업에서 중요하며, 저장 및 운송 과정에서 안전성을 평가하는 데 사용된다. 물질의 특성과 환경 조건에 따라 달라지며, 특히 고온에서 휘발성이 큰 화학 물질이나 원유의 안전한 취급을 위해 필수적인 지표로 작용한다.

### TWRA (Transpacific Westbound Rate Agreement)
TWRA(아시아북미수입운임협정)는 아시아와 북미 간의 화물 운송에 적용되는 운임을 조정하기 위한 협정이다. 이 협정은 선사와 화주 간의 운임 및 서비스 조건을 규정하여, 효율적인 물류 운영과 안정적인 운송 서비스를 제공하는 것을 목표로 한다. 화물의 운송 비용을 예측 가능하게 하고, 시장에서의 경쟁력을 유지하는 데 기여한다.

## UCP (Uniform Customs and Practice for Documentary Credits)

UCP(신용장 통일 규칙)는 국제 무역에서 신용장 거래에 적용되는 표준화된 규정으로, 화주와 수출자 간의 금융 거래를 명확히 하고 신뢰를 높이는 역할을 한다. 이 규칙은 국제상업회의소(ICC)에 의해 제정되었으며, 전 세계에서 신용장 거래에 일관성을 제공하기 위해 사용된다. 문서 요구 사항, 지급 조건 및 기타 거래 관련 규정을 규정하여, 무역 거래의 투명성과 효율성을 높인다. UCP는 국제 무역에서 신용장 거래를 원활하게 진행할 수 있도록 지원하며, 거래의 안전성을 보장하는 중요한 기반으로 작용한다.

## ULC (Usance Letter of Credit)

ULC(기한부 신용장)는 수출자가 상품을 선적한 후, 수입자가 일정 기간 후에 대금을 지급하는 조건을 포함한 신용장이다. 이 신용장은 보통 수입자가 상품을 받은 후 대금을 지불할 수 있는 기한을 제공하여, 화주의 자금 흐름을 원활하게 하고 무역 거래를 지원한다. 수입자가 지급 기한 동안 상품을 판매하고 수익을 확보할 수 있도록 하여, 무역 거래의 유연성을 높이는 중요한 금융 도구로 활용된다.

## VOY (Voyage)

VOY(항차)는 선박이 출발지에서 목적지까지 이동하는 일련의 과정을 의미하며, 일반적으로 해상 운송에서 사용되는 용어이다. 특정 화물을 실어나르는 목적을 가지고 있으며, 선박의 출발, 운항, 도착까지의 전체 경로를 포함한다.

## VSL (Vessel)

VSL(선박)은 화물이나 승객을 운송하기 위해 설계된 해상 운송 수단을 의미한다. 선박은 다양한 형태와 크기로 존재하며, 화물선, 여객선, 컨테이너선 등 여러 종류가 있다. 각 유형의 선박은 특정 용도에 맞게 설계되어 있으며, 국제 물류와 상업 활동에서 주된 역할을 한다.

### WA (With Average)

WA(분손 담보)는 보험에서 일부 손실에 대해 보장하는 조건으로, 화물 운송 중 손실이 발생할 경우 보험사가 해당 손실에 대해 분손이 발생한 경우만 보상하는 형태를 의미한다. 이 조건은 특히 해상 보험에서 일반적으로 사용되며, 특정 기준에 따라 손실이 발생했을 때 적용된다. 화물의 일부만 손실된 경우에도 보험금이 지급되므로, 화주가 손실을 최소화할 수 있는 방법을 제공한다.

### WCS (Weight Surcharge)

WCS(중량 초과 할증료)는 화물의 중량이 정해진 한계를 초과할 때 추가로 부과되는 비용을 의미한다. 이 할증료는 일반적으로 항공 및 해상 운송에서 적용되며, 화물의 과중으로 인해 발생하는 추가 운송 비용을 반영한다.

### WFG (Wharfage)

WFG(항만 사용료)는 화물이 항구에서 하역, 적재 또는 보관될 때 부과되는 요금을 의미한다. 이 비용은 항구의 운영 및 유지 관리, 화물 처리 시설 사용 등을 포함하여, 화주가 항만에서 서비스를 이용하는 대가로 지불하는 것이다. 화물의 종류, 양 및 항구에서의 처리 방식에 따라 달라진다.

### WRS (War Risk Surcharge)

WRS(전쟁 할증료)는 해상 운송 중 전쟁, 내전, 테러 등으로 인한 위험을 커버하기 위해 부과되는 추가 요금이다. 이 할증료는 특정 지역에서의 운송이 전쟁이나 정치적 불안정으로 인해 더 높은 리스크를 동반할 때 적용되며, 보험료와 운송 비용에 포함된다.

## WT (Weight Ton)

WT(중량톤)는 화물의 무게를 측정하는 단위로, 일반적으로 1톤(1,000킬로그램)을 기준으로 한다. 이 용어는 국제 물류 및 운송에서 화물의 중량을 평가하고 운송 요금을 산정하는 데 사용된다.

# 영문 색인

| | |
|---|---|
| AAP (Age Additional Premium) | 225 |
| AB (Accepting Bank) | 225 |
| AB (Accommodation Bill) | 25 |
| AB (Advising Bank) | 225 |
| ABL (Asset Backed Loan) | 25 |
| ABS (Asset Backed Securities) | 25 |
| AC (Account Current) | 226 |
| ACC (Air Cargo Consolidator) | 226 |
| ACT (Air Cargo Transportation) | 227 |
| ADR (European Agreement concerning the International Carriage of Dangerous Goods by Road) | 227 |
| ADS (Alternative Depreciation System) | 26 |
| AIV (Agreed Insurable Value) | 227 |
| ALB (America Land Bridge) | 228 |
| ALC (Acceptance Letter of Credit) | 228 |
| ALM (Asset Liability Management) | 26 |
| AMC (Asset Management Company) | 177 |
| AML (Anti-Money Laundering) | 27 |
| AMR (Agreed Minimum Rate) | 229 |

| | |
|---|---|
| AMS (Automatic Manifest System Charge) | 229 |
| AOG (Arrival of Goods) | 230 |
| AON (Accident of Navigation) | 230 |
| APM (Asset Performance Management) | 177 |
| AR (Acceptance Rate) | 230 |
| AR (Advance Remittance) | 230 |
| AR (Annual Report) | 27 |
| AS (Adverse Selection) | 28 |
| AS (Annual Survey) | 231 |
| ASF (Available Stable Funding) | 28 |
| ASR (Airport Surveillance Radar) | 231 |
| ASRS (Automated Storage and Retrieval System) | 232 |
| ATA (Actual Time of Arrival) | 232 |
| ATD (Actual Time of Departure) | 232 |
| ATL (Absolute Total Loss) | 233 |
| AWB (Air-way Bill) | 233 |
| B2B (Business to Business) | 177 |
| B2C (Business to Customer) | 178 |

| | |
|---|---|
| BA (Banker's Acceptance) | 29 |
| BA (Banker's Acceptance) | 233 |
| BAF (Bunker Adjustment Factor) | 234 |
| BC (Block Chain) | 29 |
| BCP (Business Continuity Plan) | 178 |
| BCR (Benefit Cost Ratio) | 30 |
| BD (Big Data) | 179 |
| BE (Bandwagon Effect) | 30 |
| BE (Base Effect) | 30 |
| BEP (Break Even Point) | 31 |
| BIS (Bank for International Settlements) | 31 |
| BL (Bill of Lading) | 234 |
| BM (Business Model) | 180 |
| BMC (Business Model Canvas) | 180 |
| BMS (Budgetary Management System) | 32 |
| BOD (Board of Directors) | 181 |
| BOP (Balance of Payments) | 32 |
| BPM (Business Process Management) | 181 |

| | |
|---|---|
| BPS (Book-value per Share) | 33 |
| BR (Bank Run) | 33 |
| BS (Balance Sheet) | 34 |
| BSC (Balanced Score Card) | 182 |
| BSI (Business Survey Index) | 182 |
| BW (Bond with Warrant) | 34 |
| CA (Correction Advice) | 234 |
| CAD (Cash against Documents) | 235 |
| CAF (Currency Adjustment Factor) | 235 |
| CAGR (Compound Annual Growth Rate) | 183 |
| CAPEX (Capital Expenditure) | 35 |
| CB (Circuit Breaker) | 35 |
| CB (Commercial Bank) | 36 |
| CB (Commercial Bill) | 37 |
| CB (Convertible Bond) | 37 |
| CB (Covered Bond) | 37 |
| CBM (Cubic Meter) | 235 |
| CBO (Collateralized Bond Obligation) | 38 |

| | |
|---|---|
| CBR (Critical Bunker Recovery) | 236 |
| CC (Credit Creation) | 38 |
| CC (Credit Crunch) | 39 |
| CCB (Contingent Convertible Bond) | 39 |
| CCF (Collect Charge Fee) | 236 |
| CCF (Container Cleaning Fee) | 236 |
| CCF (Credit Conversion Factor) | 40 |
| CCP (Central Counter Party) | 41 |
| CCSI (Composite Consumer Sentiment Index) | 41 |
| CD (Certificate of Deposit) | 42 |
| CD (Countervailing Duties) | 42 |
| CD (Credit Derivative) | 43 |
| CDD (Commercial Due Diligence) | 183 |
| CDO (Collateralized Debt Obligation) | 44 |
| CEA (Credit Equivalent Amount) | 44 |
| CET1 (Common Equity Tier 1) | 45 |
| CF (Crowd Funding) | 45 |
| CFC (Common Fund for Commodities) | 46 |

CFP (Capital Facilities Plan)   184

CFR (Cost and Freight)   237

CFS (Cash Flow Statement)   46

CFS (Container Freight Station)   237

CGT (Compensated Gross Tonnage)   237

CI (Commercial Invoice)   238

CI (Composite Indexes of Business Indicators)   47

CIA (Certified Internal Auditor)   48

CIF (Cost Insurance and Freight)   238

CL (Credit Leverage)   48

CLC (Confirmed Letter of Credit)   238

CLN (Credit Linked Notes)   48

CLO (Collateralized Loan Obligation)   49

CM (Capital Market)   50

CMA (Cash Management Account)   50

CMO (Collateralized Mortgage Obligation)   50

CMS (Cash Management Service)   51

CMS (Credit Management System)   52

| | |
|---|---:|
| CO (Call Option) | 52 |
| CO (Certificate of Origin) | 239 |
| COD (Cash on Delivery) | 239 |
| COFIX (Cost of Funds Index) | 53 |
| COGS (Cost of Goods Sold) | 54 |
| CONSOL (Consolidation) | 239 |
| CP (Capital Productivity) | 54 |
| CP (Charter Party) | 240 |
| CP (Commercial Paper) | 55 |
| CP (Contractionary Policy) | 56 |
| CPA (Certified Public Accountant) | 56 |
| CPFR (Collaborative Planning Forecasting Replenishment) | 240 |
| CPI (Consumer Price Index) | 57 |
| CPI (Cost-Push Inflation) | 57 |
| CPT (Carriage Paid To) | 240 |
| CR (Capitalization Rate) | 58 |
| CRAs (Credit Ratings Agencies) | 59 |
| CRM (Customer Relationship Management) | 184 |

CS (Credit Spread) 59

CS (Customer Satisfaction) 185

CSD (Central Securities Depository) 60

CSI (Consumer Survey Index) 60

CSI (Customer Satisfaction Index) 185

CSR (Corporate Social Responsibility) 186

CSS (Credit Scoring System) 61

CT (Container Terminal) 241

CW (Chargeable Weight) 241

CWM (Chain Weighted Method) 61

CY (Container Yard) 241

D&A (Depreciation and Amortization) 62

DC (Demurrage Charge) 242

DC (Detention Charge) 242

DC (Drayage Charge) 242

DCB (Dual Currency Bond) 63

DD (Demand Draft) 242

DDC (Destination Delivery Charge) 242

| | |
|---|---:|
| DDM (Dividend Discount Model) | 63 |
| DDP (Delivered Duty Paid) | 243 |
| DDU (Delivered Duty Unpaid) | 243 |
| DE (Demonstration Effect) | 64 |
| DEQ (Delivered Ex Quay) | 243 |
| DES (Delivered Ex Ship) | 244 |
| DF (Direct Financing) | 64 |
| DGR (Dangerous Goods Regulations) | 244 |
| DLC (Documentary Letter of Credit) | 244 |
| DLT (Distributed Ledger Technology) | 65 |
| DO (Delivery Order) | 245 |
| DP (Document against Payment) | 245 |
| DPI (Demand-Pull Inflation) | 66 |
| DPI (Disposable Personal Income) | 66 |
| DPL (Deposit Placement Line) | 67 |
| DR (Depositary Receipts) | 67 |
| DRP (Distribution Requirement Planning) | 186 |
| DS (Docking Survey) | 245 |

| | |
|---|---:|
| DSCR (Debt Service Coverage Ratio) | 68 |
| DSR (Debt Service Ratio) | 68 |
| DTI (Debt to Income Ratio) | 69 |
| DVP (Delivery versus Payment) | 69 |
| DWT (Dead Weight Tonnage) | 246 |
| EAD (Exposure at Default) | 70 |
| EAM (Enterprise Asset Management) | 186 |
| EAMS (Enterprise Architecture Management System) | 187 |
| EB (Exchangeable Bond) | 70 |
| EBITDA (Earnings Before Interest, Tax, Depreciation, and Amortization) | 71 |
| EBS (Emergency Bunker Surcharge) | 246 |
| EC (Electronic Commerce) | 187 |
| EC (Executive Committee) | 188 |
| ECA (Export Credit Agency) | 246 |
| ECCS (Enterprise Controlling and Consolidation System) | 188 |
| ED (External Debt) | 72 |
| EDI (Electronic Data Interchange) | 188 |
| EEF (Exchange Equalization Fund) | 72 |

| | |
|---|---:|
| EIS (Executive Information Systems) | 189 |
| EITC (Earned Income Tax Credit) | 73 |
| EL (Export License) | 246 |
| ELD (Equity Linked Deposit) | 73 |
| ELF (Equity Linked Fund) | 74 |
| ELS (Equity Linked Security) | 74 |
| EM (Electronic Money) | 75 |
| EMBI (Emerging Market Bond Index) | 76 |
| EMV (Expected Monetary Value) | 76 |
| EOC (Error and Omission Clause) | 247 |
| EOS (Economy of Scope) | 77 |
| EPS (Earnings per Share) | 77 |
| ERP (Enterprise Resource Planning) | 189 |
| ES (Exit Strategy) | 190 |
| ESG (Environment Social Governance) | 190 |
| ESI (Employee Satisfaction Index) | 191 |
| ESI (Export Similarity Index) | 78 |
| ETA (Estimated Time of Arrival) | 247 |

ETD (Estimated Time to Departure) 247

ETF (Exchange Traded Fund) 78

EURIBOR (Euro Interbank Offered Rate) 79

EV (Enterprise Value) 191

EVA (Economic Value Added) 79

EXW (Ex-Work) 247

FAF (Fuel Adjustment Factor) 248

FAS (Free Alongside Ship) 248

FC (Factor Cost) 80

FC (Forward Contracts) 80

FC (Forwarding Company) 248

FCA (Free Carrier) 249

FCL (Full Container Load) 249

FD (Final Demand) 81

FD (Financial Derivatives) 81

FE (Fountain Effect) 82

FEU (Forty-foot Equivalent Units) 249

FHC (Financial Holdings Company) 192

| | |
|---|---|
| FI (Financial Investor) | 192 |
| FIATA (International Federation of Freight Forwarders Associations) | 249 |
| FIFO (First In First Out) | 250 |
| FL (Freight List) | 250 |
| FM (Facility Management) | 192 |
| FMV (Fair Market Value) | 193 |
| FO (Firm Offer) | 250 |
| FOB (Free On Board) | 250 |
| FOP (Free of Payment) | 83 |
| FRM (Financial Risk Management) | 193 |
| FRN (Floating Rate Note) | 83 |
| FRS (Fractional Reserve System) | 84 |
| FS (Feasibility Study) | 194 |
| FSC (Fuel Surcharge) | 251 |
| FT (Free Time) | 251 |
| FT (Futures Transactions) | 84 |
| FTA (Free Trade Agreement) | 251 |
| FV (Face Value) | 85 |

| | |
|---|---|
| FWM (Fixed Weighted Method) | 86 |
| FX (Foreign Exchange) | 86 |
| GA (General Average) | 251 |
| GAAP (Generally Accepted Accounting Principles) | 86 |
| GATT (General Agreement on Tariffs and Trade) | 252 |
| GCA (Ground Controlled Approach) | 252 |
| GCF (Green Climate Fund) | 194 |
| GDI (Gross Domestic Investment Ratio) | 87 |
| GDP (Gross Domestic Product) | 87 |
| GDR (Global Depositary Receipts) | 88 |
| GDS (General Depreciation System) | 89 |
| GFCF (Gross Fixed Capital Formation) | 89 |
| GL (General Ledger) | 90 |
| GL (Germanischer Lloyd) | 252 |
| GL (Gross Loss) | 90 |
| GMA (Geometric Moving Average) | 90 |
| GNI (Gross National Income) | 91 |
| GP (General Provisions) | 91 |

| | |
|---|---|
| GP (Gross Profit) | 92 |
| GPI (Ground Position Indicator) | 253 |
| GPWS (Ground Proximity Warning System) | 253 |
| GRI (General Rate Increase) | 253 |
| GRI (Global Reporting Initiative) | 195 |
| GT (Gross Tonnage) | 253 |
| GT (Group Technology) | 195 |
| GVA (Gross Value Added) | 92 |
| GVC (Global Value Chain) | 93 |
| H&M (Hull & Machinery Insurance) | 254 |
| HC (Handling Charge) | 254 |
| HDI (Household Disposable Income) | 93 |
| HE (Hidden Economy) | 94 |
| HHI (Herfindahl-Hirschman Index) | 94 |
| HRD (Human Resources Development) | 196 |
| HSS (Hybrid Settlement System) | 94 |
| HTBC (Historical Trend Base Change) | 196 |
| IA (Information Asymmetry) | 197 |

| | |
|---|---|
| IACS (International Association of Classification Societies) | 254 |
| IB (Investment Bank) | 95 |
| IC (Inspection Certificate) | 254 |
| IC (Intermediate Consumption) | 95 |
| ICD (Inland Container Depot) | 255 |
| ICO (Initial Coin Offering) | 96 |
| ID (Import Declaration) | 255 |
| IF (Indirect Financing) | 96 |
| IFRS (International Financing Reporting Standards) | 97 |
| IL (Import License) | 255 |
| ILC (Irrevocable Letter of Credit) | 256 |
| ILG (Income-Led Growth) | 97 |
| ILS (Instrument Landing System) | 256 |
| IMDG (International Maritime Dangerous Goods) | 256 |
| IMO (International Maritime Organization) | 257 |
| INCOTERMS (International Rules for the Interpretation of Trade Terms) | 257 |
| IOT (Input-Output Tables) | 98 |
| IP (Insurance Policy) | 257 |

| | |
|---|---:|
| IP (Intellectual Property) | 197 |
| IPI (Interior Point Intermodal) | 258 |
| IPO (Initial Public Offering) | 198 |
| IPR (Intellectual Property Rights) | 198 |
| IR (Investor Relations) | 199 |
| IRR (Internal Rate of Return) | 98 |
| IRS (Interest Rate Swaps) | 99 |
| IS (Intermediate Survey) | 258 |
| ISDS (Investor-State Dispute Settlement) | 199 |
| IT (Impossible Trinity, Impossible Trilemma) | 100 |
| JB (Junk Bond) | 100 |
| KIFFA (Korea International Freight Forwarders Association) | 259 |
| KIKO (Knock-In Knock-Out) | 101 |
| KMS (Knowledge Management System) | 199 |
| KPI (Key Performance Indicator) | 200 |
| KYC (Know Your Customer) | 102 |
| LBO (Leveraged Buy Out) | 102 |
| LC (Letter of Credit) | 259 |

| | |
|---|---|
| LCL (Less than Container Load) | 259 |
| LCR (Liquidity Coverage Ratio) | 103 |
| LDR (Law of Diminishing Returns) | 103 |
| LE (Leverage Effect) | 104 |
| LG (Letter of Guarantee) | 259 |
| LGD (Loss Given Default) | 104 |
| LI (Letter of Indemnity) | 260 |
| LT (Liquidity Trap) | 105 |
| LTA (Long Term Agreement) | 260 |
| LTV (Loan to Value Ratio) | 105 |
| M&A (Mergers & Acquisition) | 200 |
| M&O (Monopoly and Oligopoly) | 201 |
| MACRS (Modified Accelerated Cost Recovery System) | 106 |
| MBA (Master of Business Administration) | 201 |
| MBL (Master Bill of Landing) | 260 |
| MBO (Management by Objectives) | 202 |
| MBS (Mortgage Backed Securities) | 107 |
| MCI (Marine Cargo Insurance) | 261 |

| | |
|---|---|
| MF (Manifest) | 261 |
| MFCS (Manifest Consolidation System) | 261 |
| MLB (Mini Land Bridge) | 261 |
| MLC (Master Letter of Credit) | 262 |
| MMF (Money Market Fund) | 108 |
| MOS (Margin of Safety) | 108 |
| MPB (Monetary Policy Board) | 109 |
| MR (Mate's Receipt) | 262 |
| MS (Market Share) | 202 |
| MT (Metric Ton) | 262 |
| MTM (Mark to Market) | 110 |
| MTO (Multimodal Transport Operator) | 260 |
| MV (Mother Vessel) | 263 |
| MVA (Market Value Added) | 111 |
| NBD (New Business Development) | 203 |
| NCD (Negotiable Certificate of Deposit) | 111 |
| NDC (Net Debit Caps) | 112 |
| NDF (Non-Deliverable Forward) | 112 |

| | |
|---|---|
| NDI (National Disposable Income) | 113 |
| NEER (Nominal Effective Exchange Rate) | 113 |
| NGDP (Nominal Gross Domestic Product) | 114 |
| NGT (New Growth Theory) | 114 |
| NI (Net Income) | 115 |
| NI (Nominal Income) | 116 |
| NIM (Net Interest Margin) | 116 |
| NL (Net Loss) | 117 |
| NLC (Negotiation Letter of Credit) | 263 |
| NM (Natural Monopoly) | 117 |
| NNI (Net National Income) | 118 |
| NOC (No Occupancy Cost) | 119 |
| NOE (Non-Observed Economy) | 120 |
| NOI (Net Operating Income) | 121 |
| NP (Notional Principal) | 121 |
| NPV (Net Present Value) | 122 |
| NSFR (Net Stable Funding Ratio) | 122 |
| NVOCC (Non Vessel Operating Common Carrier) | 263 |

| | |
|---|---|
| O&M (Operation & Maintenance) | 203 |
| OA (Open Account) | 264 |
| OB (Offshore Banking) | 123 |
| OBL (Original Bill of Lading) | 264 |
| OBS (Organizational Breakdown Structure) | 204 |
| OC (Opportunity Cost) | 204 |
| OCC (Occupancy) | 124 |
| ODM (Original Development/Design Manufacturing) | 264 |
| OEM (Original Equipment Manufacturing) | 265 |
| OF (Ocean Freight) | 265 |
| OI (Operating Income) | 124 |
| OMO (Open Market Operation) | 205 |
| OPEX (Operating Expenditures) | 125 |
| OR (Operational Risk) | 205 |
| ORA (Official Reserve Assets) | 126 |
| OS (Operating Surplus) | 126 |
| OSC (Over Storage Charge) | 265 |
| OTC (Open Top Container) | 266 |

| | |
|---|---|
| OTC (Over-The-Counter) | 127 |
| PA (Particular Average) | 266 |
| PAC (Planning Advisory Committee) | 127 |
| PAM (Plant Asset Management) | 206 |
| PB (Protection Buyer) | 128 |
| PBR (Price on Book-value Ratio) | 128 |
| PCS (Port Congestion Surcharge) | 266 |
| PD (Probability of Default) | 129 |
| PDI (Personal Disposable Income) | 129 |
| PED (Price Elasticity of Demand) | 130 |
| PER (Price Earnings Ratio) | 130 |
| PF (Project Financing) | 206 |
| PFV (Project Financing Vehicle) | 206 |
| PG (Payment Gateway) | 131 |
| PI (Payment Instruments) | 131 |
| PI (Property Income) | 132 |
| PL (Packing List) | 266 |
| PL (Profit and Loss Statement) | 132 |
| PLG (Profit-Led Growth) | 133 |
| PM (Primary Market) | 133 |

| | |
|---|---|
| PO (Put Option) | 134 |
| PPI (Producer Price Index) | 134 |
| PPP (Purchasing Power Parity) | 135 |
| PR (Principal Risk) | 135 |
| PS (Protection Seller) | 136 |
| PSS (Peak Season Surcharge) | 266 |
| PT (Program Trading) | 136 |
| PTC (Propensity to Consume) | 137 |
| PV (Present Value) | 137 |
| PVP (Payment versus Payment) | 138 |
| QE (Qualitative Easing) | 138 |
| QE (Quantitative Easing) | 139 |
| R&D (Research and Development) | 207 |
| RB (Reserve Base) | 139 |
| RCA (Revealed Comparative Advantage) | 140 |
| RE (Ratchet Effect) | 140 |
| REER (Real Effective Exchange Rate) | 141 |
| REITs (Real Estate Investment Trust) | 141 |
| RI (Real Income) | 142 |
| RIPI (Revised Interior Point Intermodal) | 267 |

| | |
|---|---|
| RML (Reverse Mortgage Loan) | 142 |
| ROA (Return on Asset) | 143 |
| ROE (Return on Equity) | 143 |
| ROI (Return on Investment) | 143 |
| ROR (Return on Revenue) | 144 |
| RORO (Roll On Roll Off Vessel) | 267 |
| RP (Repurchase Agreements) | 144 |
| RPS (Retail Payment System) | 145 |
| RSF (Required Stable Funding) | 145 |
| RT (RegTech; Regulatory Technology) | 146 |
| RT (Revenue Ton) | 267 |
| RVP (Reid Vapor Pressure) | 268 |
| RVR (Runway Visual Range) | 268 |
| RVV (Runway Visibility Value) | 268 |
| RWA (Risk-Weighted Assets) | 146 |
| S&P (Standard & Poor) | 147 |
| SAP (System Application and Programs in Data Process) | 147 |
| SAS (Statistical Analysis System) | 148 |
| SB (Specialized Banking) | 148 |
| SB (Straight Bond) | 149 |

| | |
|---|---:|
| SBL (Surrender Bill of Lading) | 268 |
| SBL (Switch Bill of Lading) | 269 |
| SC (Service Contract) | 269 |
| SC (Shipping Company) | 269 |
| SC (Shoring Charge) | 270 |
| SC (Sunk Cost) | 149 |
| SC (Supplementary Capital) | 150 |
| SCF (Sunk Cost Fallacy) | 150 |
| SCM (Supply Chain Management) | 151 |
| SCR (Specific Commodity Rate) | 270 |
| SD (Shipping Date) | 270 |
| SD (Shipping Document) | 270 |
| SDR (Special Drawing Rights) | 151 |
| SE (Snob Effect) | 152 |
| SEEA (System of Integrated Environmental and Economic Accounts) | 152 |
| SF (Settlement Finality) | 153 |
| SGS (Societe Generale de Surveillance) | 271 |
| SI (Social Insurance) | 153 |
| SI (Strategic Investor) | 207 |
| SIFIs (Systemically Important Financial Institutions) | 153 |

| | |
|---|---|
| SIO (Stock Index Options) | 154 |
| SM (Secondary Market) | 154 |
| SNA (System of National Accounts) | 155 |
| SO (Sipping Order) | 271 |
| SO (Smoothing Operation) | 155 |
| SO (Stock Option) | 156 |
| SOC (Shipper's Own Container) | 271 |
| SOHO (Small Office Home Office) | 156 |
| SOW (Share of Wallet) | 208 |
| SP (Sterilization Policy) | 157 |
| SPC (Special Purpose Company) | 208 |
| SPM (Strategic Performance Measurement) | 209 |
| SR (Shipping Request) | 271 |
| SR (Swap Rate) | 157 |
| SRI (Socially Responsible Investment) | 209 |
| SSC (Security Surcharge) | 272 |
| ST (Security Thread) | 158 |
| ST (Stress Test) | 158 |
| SU (Statistical Underground) | 159 |
| SUT (Supply and Use Tables) | 159 |

| | |
|---|---|
| SWIFT (Society of Worldwide Interbank Financial Telecommunication) | 160 |
| SWOT (Strengths, Weaknesses, Opportunities, Threats) | 210 |
| TB (Trading Book) | 160 |
| TC (Tally Charge) | 272 |
| TC (Time Charter) | 272 |
| TC (Trucking Charge) | 272 |
| TCO (Total Cost of Ownership) | 210 |
| TDE (Trickle-Down Effect) | 161 |
| TEU (Twenty Foot Equivalent Unit) | 273 |
| TFR (Total Fertility Rate) | 161 |
| THC (Terminal Handling Charge) | 273 |
| TiVA (Trade in Value Added) | 162 |
| TL (Total Loss) | 273 |
| TR (Trust Receipt) | 273 |
| TRS (Total Return Swap) | 162 |
| TS (Trans-shipment) | 274 |
| TSCS (Trans-Siberian Container Service) | 274 |
| TSR (Total Share Return) | 163 |
| TSR (Trans-Siberian Railway) | 274 |
| TT (Telegraphic Transfer) | 274 |

| | |
|---|---|
| TT (Transit Time) | 275 |
| TTC (Through Transport Club) | 275 |
| TUE (Trickle-Up Effect) | 163 |
| TVP (True Vapor Pressure) | 275 |
| TWRA (Transpacific Westbound Rate Agreement) | 275 |
| UB (Universal Banking) | 164 |
| UCP (Uniform Customs and Practice for Documentary Credits) | 276 |
| UE (Underground Economy) | 164 |
| ULC (Usance Letter of Credit) | 276 |
| USDI (US Dollar Index) | 165 |
| VAIC (Value Added Inducement Coefficients) | 165 |
| VAR (Value at Risk) | 166 |
| VC (Virtual Currency) | 167 |
| VE (Veblen's Effect) | 167 |
| VOC (Voice of Customer) | 211 |
| VOY (Voyage) | 276 |
| VSL (Vessel) | 276 |
| WA (With Average) | 277 |
| WACC (Weighted Average Cost of Capital) | 168 |
| WCS (Weight Surcharge) | 277 |

| | |
|---|---:|
| WFG (Wharfage) | 277 |
| WLG (Wage-Led Growth) | 168 |
| WRS (War Risk Surcharge) | 277 |
| WT (Weight Ton) | 278 |
| YTM (Yield to Maturity) | 169 |
| AAP (Age Additional Premium) | 225 |
| AB (Accepting Bank) | 225 |
| AB (Accommodation Bill) | 25 |
| AB (Advising Bank) | 225 |

# 한글 색인

| | |
|---|---:|
| 20피트 콘테이너 단위 (TEU) | 273 |
| 2차 시장 (SM) | 154 |
| 40피트 컨테이너 (FEU) | 249 |
| IMO 위험물 분류 코드 (IMDG) | 256 |
| 가계 가처분 소득 (HDI) | 93 |
| 가상 화폐 (VC) | 167 |
| 가용 안정 자금 조달 (ASF) | 28 |
| 가중 평균 자본 비용 (WACC) | 168 |
| 가처분 소득 (DPI) | 66 |
| 간접 금융 (IF) | 96 |
| 감가상각 (D&A) | 62 |
| 강점 약점 기회 위협 (SWOT) | 210 |
| 개인 가처분 소득 (PDI) | 129 |
| 개인 신용 평가 시스템 (CSS) | 61 |
| 개정 내륙 점 복합 운송 (RIPI) | 267 |
| 검사 증명서 (IC) | 254 |
| 결제 게이트웨이 (PG) | 131 |
| 결제 수단 (PI) | 131 |

결제 최종성 (SF) 153

경영 위원회 (EC) 188

경영진 정보 시스템 (EIS) 189

경영학 석사 (MBA) 201

경제적 부가 가치 (EVA) 79

계기 착륙 시스템 (ILS) 256

계수 비용 (TC) 272

계획 자문 위원회 (PAC) 127

고객 관계 관리 (CRM) 184

고객 만족 (CS) 185

고객 만족 지수 (CSI) 185

고객 확인 절차 (KYC) 102

고객의 소리 (VOC) 211

고박 비용 (SC) 270

고정 가중법 (FWM) 86

고정 금리부 채권 (SB) 149

공개 시장 운영 (OMO) 205

공급 및 사용표 (SUT) 159

| | |
|---|---|
| 공급망 관리 (SCM) | 151 |
| 공동 해손 (GA) | 251 |
| 공식 준비 자산 (ORA) | 126 |
| 공인 인증 내부 감사 (CIA) | 48 |
| 공인회계사 (CPA) | 56 |
| 공장 인도 조건 (EXW) | 247 |
| 공장 자산 관리 (PAM) | 206 |
| 공정 시장 가치 (FMV) | 193 |
| 공항 감시 레이더 (ASR) | 231 |
| 과거 트렌드 기반 변경 (HTBC) | 196 |
| 관세 미지급 반입 인도 조건 (DDU) | 243 |
| 관세 및 무역에 관한 일반 협정 (GATT) | 252 |
| 관세 지급 반입 인도 조건 (DDP) | 243 |
| 교환 사채 (EB) | 70 |
| 구매력 평가 (PPP) | 135 |
| 국가 간 위험 물질의 수송에 관한 유럽 협약 (ADR) | 227 |
| 국내 총 생산 (GDP) | 87 |
| 국내 총 투자율 (GDI) | 87 |

| | |
|---|---|
| 국민 계정 체계 (SNA) | 155 |
| 국민 처분 가능 소득 (NDI) | 113 |
| 국민총소득 (GNI) | 91 |
| 국제 결제 은행 (BIS) | 31 |
| 국제 무역 수지 (BOP) | 32 |
| 국제 신용장 (MLC) | 262 |
| 국제 은행 간 금융 통신 협회 (SWIFT) | 160 |
| 국제 재무 보고 기준 (IFRS) | 97 |
| 국제 해상 운송 기구 (IMO) | 257 |
| 국제복합운송업협회 (FIATA) | 249 |
| 국제선급연합회 (IACS) | 254 |
| 권리 포기 선하증권 (SBL) | 268 |
| 균형 성과 카드 (BSC) | 182 |
| 그룹 기술 (GT) | 195 |
| 근로 장려 세제 (EITC) | 73 |
| 글로벌 가치 사슬 (GVC) | 93 |
| 글로벌 리포팅 이니셔티브 (GRI) | 195 |
| 글로벌 예탁 증서 (GDR) | 88 |

| | |
|---|---:|
| 금리 스왑 (IRS) | 99 |
| 금융 리스크 관리 (FRM) | 193 |
| 금융 지주 회사 (FHC) | 192 |
| 금융 통화 위원회 (MPB) | 109 |
| 금전적 기대값 (EMV) | 76 |
| 기본 운임 인상 (GRI) | 253 |
| 기업 가치 (EV) | 191 |
| 기업 간 거래 (B2B) | 177 |
| 기업 경기 실사 지수 (BSI) | 182 |
| 기업 공개 (IPO) | 198 |
| 기업 설명회 (IR) | 199 |
| 기업 아키텍처 관리 시스템 (EAMS) | 187 |
| 기업 어음 (CP) | 55 |
| 기업 자산 관리 (EAM) | 186 |
| 기업 재무 통합 시스템 (ECCS) | 188 |
| 기업과 소비자 간 거래 (B2C) | 178 |
| 기업의 사회적 책임 (CSR) | 186 |
| 기저 효과 (BE) | 30 |

| | |
|---|---:|
| 기하 이동 평균 (GMA) | 90 |
| 기한부 신용장 (ULC) | 276 |
| 기회비용 (OC) | 204 |
| 긴급 유류 할증료 (CBR) | 236 |
| 긴급 유류 할증료 (EBS) | 246 |
| 긴축 정책 (CP) | 56 |
| 낙수 효과 (TDE) | 161 |
| 내륙지역 복합운송 서비스 (IPI) | 258 |
| 내륙컨테이너기지 (ICD) | 255 |
| 내부 고객 만족도 (ESI) | 191 |
| 내부 수익률 (IRR) | 98 |
| 내부 점유율 (SOW) | 208 |
| 녹색 기후 기금 (GCF) | 194 |
| 녹인 녹아웃 옵션 (KIKO) | 101 |
| 단독 해손 (PA) | 266 |
| 담보 인정 비율 (LTV) | 105 |
| 당좌 계정 (AC) | 226 |
| 대지 접근 경보 장치 (GPWS) | 253 |

| | |
|---|---|
| 대차 대조표 (BS) | 34 |
| 대체 상각법 (ADS) | 26 |
| 대출 담보부 증권 (CLO) | 49 |
| 도착지 화물 인도 비용 (DDC) | 242 |
| 독일 선급 (GL) | 252 |
| 독점과 과점 (M&O) | 201 |
| 동시 결제 (DVP) | 69 |
| 레그 테크 (RT) | 146 |
| 레버리지 인수 (LBO) | 102 |
| 레버리지 효과 (LE) | 104 |
| 리드식 증기압 (RVP) | 268 |
| 리스크 기반 가치 (VAR) | 166 |
| 만기 수익률 (YTM) | 169 |
| 매몰 비용 (SC) | 149 |
| 매몰 비용 오류 (SCF) | 150 |
| 매입 신용장 (NLC) | 263 |
| 매출 총손실 (GL) | 90 |
| 매출 총이익 (GP) | 92 |

| | |
|---|---|
| 머니 마켓 펀드 (MMF) | 108 |
| 명목 국내 총생산 (NGDP) | 114 |
| 명목 소득 (NI) | 116 |
| 명목 실효 환율 (NEER) | 113 |
| 명목 원금 (NP) | 121 |
| 모기지 담보 채권 (CMO) | 50 |
| 모선 (MV) | 263 |
| 목표 관리 (MBO) | 202 |
| 무선박 운송인 (NVOCC) | 263 |
| 무역조건 해석에 관한 국제 규칙 (INCOTERMS) | 257 |
| 무점유 비용 (NOC) | 119 |
| 미 관세청 적하 목록 시스템 (AMS) | 229 |
| 미 달러 인덱스 (USDI) | 165 |
| 미국 횡단 철도 (ALB) | 228 |
| 미터톤 (MT) | 262 |
| 반동 효과 (RE) | 140 |
| 발행 시장 (PM) | 133 |
| 배당 할인 모형 (DDM) | 63 |

| | |
|---|---:|
| 밴드웨건 효과 (BE) | 30 |
| 뱅크런 (BR) | 33 |
| 범위의 경제 (EOS) | 77 |
| 베블런 효과 (VE) | 167 |
| 변동 금리부 채권 (FRN) | 83 |
| 보안 은선 (ST) | 158 |
| 보안 할증료 (SSC) | 272 |
| 보완 자본 (SC) | 150 |
| 보정 총 톤수 (CGT) | 237 |
| 보통주 자본 (CET1) | 45 |
| 보험 증권 (IP) | 257 |
| 보호 매도자 (PS) | 136 |
| 보호 매수자 (PB) | 128 |
| 복합운송인 (MTO) | 260 |
| 본선 수취증 (MR) | 262 |
| 본선 인도 조건 (FAS) | 248 |
| 본선 인도 조건 (FOB) | 250 |
| 본원 통화 (RB) | 139 |

| | |
|---|---:|
| 부가가치 기준 무역 (TiVA) | 162 |
| 부가가치 유발 계수 (VAIC) | 165 |
| 부도 시 노출 (EAD) | 70 |
| 부도 시 손실률 (LGD) | 104 |
| 부도 확률 (PD) | 129 |
| 부동산 투자 신탁 (REITs) | 141 |
| 부두 이송 내륙 운송료 (DC) | 242 |
| 부두 인도 조건 (DEQ) | 243 |
| 부분 준비금 제도 (FRS) | 84 |
| 부채 담보부 증권 (CDO) | 44 |
| 부채 상환 비율 (DSCR) | 68 |
| 북미 대륙 횡단 철도 (MLB) | 261 |
| 분리 결제 (FOP) | 83 |
| 분배 자원 계획 (DRP) | 186 |
| 분산 원장 기술 (DLT) | 65 |
| 분손 담보 (WA) | 277 |
| 분수 효과 (FE) | 82 |
| 분수 효과 (TUE) | 163 |

| | |
|---|---|
| 블록 체인 (BC) | 29 |
| 비관측 경제 (NOE) | 120 |
| 비용 인상 인플레이션 (CPI) | 57 |
| 비즈니스 모델 (BM) | 180 |
| 비즈니스 모델 캔버스 (BMC) | 180 |
| 비즈니스 연속성 계획 (BCP) | 178 |
| 비즈니스 프로세스 관리 (BPM) | 181 |
| 빅 데이터 (BD) | 179 |
| 사전 송금 (AR) | 230 |
| 사회 보험 (SI) | 153 |
| 사회적 책임 투자 (SRI) | 209 |
| 사후 송금 (OA) | 264 |
| 삼불 원칙 (IT) | 100 |
| 상계 관세 (CD) | 42 |
| 상업 송장 (CI) | 238 |
| 상업 실사 (CDD) | 183 |
| 상업 어음 (CB) | 37 |
| 상업 은행 (CB) | 36 |

| | |
|---|---|
| 상장 지수 펀드 (ETF) | 78 |
| 상품 공동 기금 (CFC) | 46 |
| 상품 도착 시 (AOG) | 230 |
| 생산자 물가 지수 (PPI) | 134 |
| 서류 인도 결제 (CAD) | 235 |
| 서킷 브레이커 (CB) | 35 |
| 선도 계약 (FC) | 80 |
| 선령 할증 (AAP) | 225 |
| 선물 거래 (FT) | 84 |
| 선박 (VSL) | 276 |
| 선박회사 (SC) | 269 |
| 선사 발행 선하 증권 (MBL) | 260 |
| 선입선출 (FIFO) | 250 |
| 선적 서류 (SD) | 270 |
| 선적 요청서 (SR) | 271 |
| 선적일 (SD) | 270 |
| 선적지시서 (SO) | 271 |
| 선체 보험 (H&M) | 254 |

| | |
|---|---:|
| 선하 증권 (BL) | 234 |
| 선하증권 원본 (OBL) | 264 |
| 성수기 할증료 (PSS) | 266 |
| 소득 주도 성장 (ILG) | 97 |
| 소량 컨테이너 화물 (LCL) | 259 |
| 소비 성향 (PTC) | 137 |
| 소비자 동향 지수 (CSI) | 60 |
| 소비자 물가 지수 (CPI) | 57 |
| 소비자 심리 지수 (CCSI) | 41 |
| 소액 결제 시스템 (RPS) | 145 |
| 속물 효과 (SE) | 152 |
| 손상 화물 보상장, 면책 증서 (LI) | 260 |
| 손익 계산서 (PL) | 132 |
| 손익 분기점 (BEP) | 31 |
| 송금환 수표 (DD) | 242 |
| 수요 견인 인플레이션 (DPI) | 66 |
| 수요의 가격 탄력성 (PED) | 130 |
| 수익 대비 이익율 (ROR) | 144 |

| | |
|---|---:|
| 수입 승인서 (IL) | 255 |
| 수입 신고 (ID) | 255 |
| 수입 어음 결제율 (AR) | 230 |
| 수정 가속상각 시스템 (MACRS) | 106 |
| 수출 경합도 지수 (ESI) | 78 |
| 수출 면허 (EL) | 246 |
| 수출 신용 기관 (ECA) | 246 |
| 수확 체감의 법칙 (LDR) | 103 |
| 순 안정 자금 조달 비율 (NSFR) | 122 |
| 순 운영 수익 (NOI) | 121 |
| 순 이익 (EBITDA) | 71 |
| 순 이자 마진 (NIM) | 116 |
| 순국민소득 (NNI) | 118 |
| 순손실 (NL) | 117 |
| 순이익 (NI) | 115 |
| 순차감 한도 (NDC) | 112 |
| 순현재가치 (NPV) | 122 |
| 스무딩 오퍼레이션 (SO) | 155 |

| | |
|---|---:|
| 스왑 금리 (SR) | 157 |
| 스위스검정회사 (SGS) | 271 |
| 스위치 선하증권 (SBL) | 269 |
| 스탠더드 앤 푸어스 (S&P) | 147 |
| 스톡 옵션 (SO) | 156 |
| 스트레스 테스트 (ST) | 158 |
| 시가 평가 (MTM) | 110 |
| 시베리아 횡단 철도 (TSR) | 274 |
| 시베리아 횡단 컨테이너 서비스 (TSCS) | 274 |
| 시스템적으로 중요한 금융기관 (SIFIs) | 153 |
| 시장 가치 부가액 (MVA) | 111 |
| 시장 점유율 (MS) | 202 |
| 신사업 개발 (NBD) | 203 |
| 신성장 이론 (NGT) | 114 |
| 신용 경색 (CC) | 39 |
| 신용 관리 시스템 (CMS) | 52 |
| 신용 등가액 (CEA) | 44 |
| 신용 레버리지 (CL) | 48 |

| | |
|---|---:|
| 신용 스프레드 (CS) | 59 |
| 신용 연계 증권 (CLN) | 48 |
| 신용 전환 계수 (CCF) | 40 |
| 신용 창조 (CC) | 38 |
| 신용 파생 상품 (CD) | 43 |
| 신용 평가 회사 (CRAs) | 59 |
| 신용장 (LC) | 259 |
| 신용장 통일 규칙 (UCP) | 276 |
| 신주 인수권부 사채 (BW) | 34 |
| 신흥 시장국 채권 지수 (EMBI) | 76 |
| 실제 도착 시간 (ATA) | 232 |
| 실제 증기압 (TVP) | 275 |
| 실제 출발 시간 (ATD) | 232 |
| 실질 소득 (RI) | 142 |
| 실질 실효 환율 (REER) | 141 |
| 아시아북미수입운임협정 (TWRA) | 275 |
| 안전 마진 (MOS) | 108 |
| 액면가 (FV) | 85 |

| | |
|---|---:|
| 양도성 예금 증서 (NCD) | 111 |
| 양도성 예금증서 (CD) | 42 |
| 양적 완화 (QE) | 139 |
| 역 모기지 론 (RML) | 142 |
| 역선택 (AS) | 28 |
| 역외 금융 (OB) | 123 |
| 연구 및 개발 (R&D) | 207 |
| 연례 보고서 (AR) | 27 |
| 연쇄 가중법 (CWM) | 61 |
| 연차 선급 검사 (AS) | 231 |
| 연평균 복합 성장률 (CAGR) | 183 |
| 영업 이익 (OI) | 124 |
| 영업 잉여 (OS) | 126 |
| 영업비용 (OPEX) | 125 |
| 예산 관리 시스템 (BMS) | 32 |
| 예상 도착일 (ETA) | 247 |
| 예상 출발일 (ETD) | 247 |
| 예치 한도 (DPL) | 67 |

| | |
|---|---|
| 오픈 탑 컨테이너 (OTC) | 266 |
| 외국환 평형 기금 (EEF) | 72 |
| 외채 (ED) | 72 |
| 외환 거래 (FX) | 86 |
| 외환 동시 결제 (PVP) | 138 |
| 요소 비용 (FC) | 80 |
| 용선 계약서 (CP) | 240 |
| 우대운송계약 (SC) | 269 |
| 우발 전환 사채 (CCB) | 39 |
| 운송비 지급 인도 조건 (CPT) | 240 |
| 운송인 인도 조건 (FCA) | 249 |
| 운영 리스크 (OR) | 205 |
| 운영 및 유지보수 (O&M) | 203 |
| 운임 목록 (FL) | 250 |
| 운임 보험료 포함 조건 (CIF) | 238 |
| 운임 산출 중량 (CW) | 241 |
| 운임 적용톤 (RT) | 267 |
| 운임 포함 조건 (CFR) | 237 |

| | |
|---|---:|
| 운항소요시간 (TT) | 275 |
| 원금 리스크 (PR) | 135 |
| 원산지 증명서 (CO) | 239 |
| 위험 가중 자산 (RWA) | 146 |
| 위험물 규정 (DGR) | 244 |
| 유니버설 뱅킹 (UB) | 164 |
| 유동성 커버리지 비율 (LCR) | 103 |
| 유동성 함정 (LT) | 105 |
| 유로 은행간 금리 (EURIBOR) | 79 |
| 유류 할증료 (BAF) | 234 |
| 유류 할증료 (FAF) | 248 |
| 유류 할증료 (FSC) | 251 |
| 융통 어음 (AB) | 25 |
| 은행 인수 어음 (BA) | 29 |
| 은행 인수 어음 (BA) | 233 |
| 이사회 (BOD) | 181 |
| 이윤 주도 성장 (PLG) | 133 |
| 이중 통화채 (DCB) | 63 |

| | |
|---|---:|
| 인수 신용장 (ALC) | 228 |
| 인수 은행 (AB) | 225 |
| 인수 합병 (M&A) | 200 |
| 인적 자원 개발 (HRD) | 196 |
| 일반 상각 시스템 (GDS) | 89 |
| 일반 충당금 (GP) | 91 |
| 임금 주도 성장 (WLG) | 168 |
| 입거 선급 검사 (DS) | 245 |
| 입방 미터 (CBM) | 235 |
| 자금 관리 서비스 (CMS) | 51 |
| 자금 세탁 방지 (AML) | 27 |
| 자금 조달 비용 지수 (COFIX) | 53 |
| 자금 중화 정책 (SP) | 157 |
| 자기 자본 이익률 (ROE) | 143 |
| 자동 창고 시스템 (ASRS) | 232 |
| 자동차 전용 적재 선박 (RORO) | 267 |
| 자본 생산성 (CP) | 54 |
| 자본 시설 계획 (CFP) | 184 |

한글 색인 | 329

| | |
|---|---:|
| 자본 시장 (CM) | 50 |
| 자본 환원율 (CR) | 58 |
| 자산 관리 (FM) | 192 |
| 자산 담보부 대출 (ABL) | 25 |
| 자산 부채 관리 (ALM) | 26 |
| 자산 성과 관리 (APM) | 177 |
| 자산 소득 (PI) | 132 |
| 자산 유동화 증권 (ABS) | 25 |
| 자산운용사 (AMC) | 177 |
| 자연 독점 (NM) | 117 |
| 자유 무역 협정 (FTA) | 251 |
| 자유 장치 기간 (FT) | 251 |
| 장기 운송 계약 (LTA) | 260 |
| 장외 거래 (OTC) | 127 |
| 재무 회계 기준 (GAAP) | 86 |
| 재무적 투자자 (FI) | 192 |
| 재화 중량 톤수 (DWT) | 246 |
| 적하 목록 (MF) | 261 |

| | |
|---|---|
| 적하목록 취합 시스템 (MFCS) | 261 |
| 전략적 성과 측정 (SPM) | 209 |
| 전략적 투자자 (SI) | 207 |
| 전문 은행업 (SB) | 148 |
| 전문인 배상 책임보험 (EOC) | 247 |
| 전사적 자원 관리 (ERP) | 189 |
| 전손 (TL) | 273 |
| 전시 효과 (DE) | 64 |
| 전신환 (TT) | 274 |
| 전자 문서 교환 (EDI) | 188 |
| 전자 상거래 (EC) | 187 |
| 전자 화폐 (EM) | 75 |
| 전쟁 할증료 (WRS) | 277 |
| 전체 컨테이너 중량 (FCL) | 249 |
| 전환 사채 (CB) | 37 |
| 절대 전손 (ATL) | 233 |
| 점유율 (OCC) | 124 |
| 정기용선 (TC) | 272 |

| | |
|---|---:|
| 정보 비대칭 (IA) | 197 |
| 정정 통지서 (CA) | 234 |
| 정크 본드 (JB) | 100 |
| 제조업자 개발 생산 (ODM) | 264 |
| 조직 분할 구조 (OBS) | 204 |
| 종합 경기 지표 (CI) | 47 |
| 주가 수익 비율 (PER) | 130 |
| 주가 순 자산 비율 (PBR) | 128 |
| 주가 연계 예금 (ELD) | 73 |
| 주가 연계 증권 (ELS) | 74 |
| 주가 연계 펀드 (ELF) | 74 |
| 주가지수 옵션 (SIO) | 154 |
| 주당 순이익 (EPS) | 77 |
| 주당 순자산 (BPS) | 33 |
| 주문자 상표 부착 생산 (OEM) | 265 |
| 주식 예탁 증서 (DR) | 67 |
| 주택 저당 증권 (MBS) | 107 |
| 중간 선급 검사 (IS) | 258 |

| | |
|---|---:|
| 중간 소비 (IC) | 95 |
| 중량 초과 할증료 (WCS) | 277 |
| 중량톤 (WT) | 278 |
| 중앙 거래 당사자 (CCP) | 41 |
| 중앙 예탁 기관 (CSD) | 60 |
| 지급도 어음 (DP) | 245 |
| 지상 위치 지시계 (GPI) | 253 |
| 지상 통제 접근 (GCA) | 252 |
| 지식 관리 시스템 (KMS) | 199 |
| 지적 소유권 (IP) | 197 |
| 지적 재산권 (IPR) | 198 |
| 지체 보관료 (OSC) | 265 |
| 지체료 (DC) | 242 |
| 지하 경제 (HE) | 94 |
| 지하 경제 (UE) | 164 |
| 직접 금융 (DF) | 64 |
| 질적 완화 (QE) | 138 |
| 집중도 지수 (HHI) | 94 |

| | |
|---|---|
| 차액 결제 선도 (NDF) | 112 |
| 착선 인도 조건 (DES) | 244 |
| 착지불 수수료 (CCF) | 236 |
| 체선료 (DC) | 242 |
| 체선료 (PCS) | 266 |
| 초기 코인 공개 (ICO) | 96 |
| 총 계정 원장 (GL) | 90 |
| 총 고정 자본 형성 (GFCF) | 89 |
| 총 부채 상환 비율 (DTI) | 69 |
| 총 부채 원리금 상환 비율 (DSR) | 68 |
| 총 소유 비용 (TCO) | 210 |
| 총 수입 스왑 (TRS) | 162 |
| 총 자산 이익율 (ROA) | 143 |
| 총 주주 수익율 (TSR) | 163 |
| 총 톤수 (GT) | 253 |
| 총부가가치 (GVA) | 92 |
| 최저 운임제 (AMR) | 229 |
| 최종 수요 (FD) | 81 |

| | |
|---|---:|
| 출구 전략 (ES) | 190 |
| 취급 수수료 (HC) | 254 |
| 취소 불능 신용장 (ILC) | 256 |
| 커버드 본드 (CB) | 37 |
| 컨테이너 집하장 (CY) | 241 |
| 컨테이너 청소료 (CCF) | 236 |
| 컨테이너 터미널 (CT) | 241 |
| 컨테이너 화물 집화소 (CFS) | 237 |
| 콜 옵션 (CO) | 52 |
| 크라우드 펀딩 (CF) | 45 |
| 타당성 조사 (FS) | 194 |
| 터미널 화물 처리비 (THC) | 273 |
| 통계 분석 시스템 (SAS) | 148 |
| 통계 사각지대 (SU) | 159 |
| 통지 은행 (AB) | 225 |
| 통화 할증료 (CAF) | 235 |
| 투입산출표 (IOT) | 98 |
| 투자 비용 (CAPEX) | 35 |
| 투자 수익률 (ROI) | 143 |
| 투자 은행 (IB) | 95 |

| | |
|---|---|
| 투자자와 국가간 분쟁 해결 (ISDS) | 199 |
| 트럭 운송료 (TC) | 272 |
| 트레이딩 북 (TB) | 160 |
| 특별인출권 (SDR) | 151 |
| 특수 목적 법인 (SPC) | 208 |
| 특정 품목 운임율 (SCR) | 270 |
| 파생 금융 상품 (FD) | 81 |
| 판매 비용 (COGS) | 54 |
| 편익 비용 비율 (BCR) | 30 |
| 포워딩 업체 (FC) | 248 |
| 포장 명세서 (PL) | 266 |
| 풋 옵션 (PO) | 134 |
| 프로그램 매매 (PT) | 136 |
| 프로젝트 파이낸싱 (PF) | 206 |
| 프로젝트 파이낸싱 시행사 (PFV) | 206 |
| 필요 안정 자금 (RSF) | 145 |
| 한국복합운송주선업협회 (KIFFA) | 259 |
| 합계 출산율 (TFR) | 161 |
| 항공 화물 운송 (ACT) | 227 |
| 항공 화물 운송장 (AWB) | 233 |

| | |
|---|---|
| 항공 화물 혼재 업자 (ACC) | 226 |
| 항만 사용료 (WFG) | 277 |
| 항차 (VOY) | 276 |
| 해상 사고 (AON) | 230 |
| 해상 운임 (OF) | 265 |
| 해상 적하 보험 (MCI) | 261 |
| 핵심 성과 지표 (KPI) | 200 |
| 현금 관리 계좌 (CMA) | 50 |
| 현금 흐름표 (CFS) | 46 |
| 현물 인도 결제 (COD) | 239 |
| 현시 비교 우위 지수 (RCA) | 140 |
| 현재 가치 (PV) | 137 |
| 협업적 기업간 수요 예측 (CPFR) | 240 |
| 협정 보험 가액 (AIV) | 227 |
| 혼재 작업 (CONSOL) | 239 |
| 혼합 결제 시스템 (HSS) | 94 |
| 화물 대조증 (TR) | 273 |
| 화물 배상 책임 보험 조합 (TTC) | 275 |
| 화물 선취 보증장 (LG) | 259 |
| 화물 인도 지시서 (DO) | 245 |

| | |
|---|---|
| 화주 소유 콘테이너 (SOC) | 271 |
| 화환 신용장 (DLC) | 244 |
| 확인 신용장 (CLC) | 238 |
| 확정 오퍼 (FO) | 250 |
| 환경 경제 통합 계정 체계 (SEEA) | 152 |
| 환경 사회 지배구조 (ESG) | 190 |
| 환매 조건부 채권 매매 (RP) | 144 |
| 환적 (TS) | 274 |
| 활주로 가시 거리 (RVR) | 268 |
| 활주로 시정치 (RVV) | 268 |
| 회사채 담보부 증권 (CBO) | 38 |